Siegfried Trebuch & Gaby Teroerde

Aufbruch ins Goldene Zeitalter

Was kommt nach 2012?

T&T

Originalausgabe

Copyright © 2011 Siegfried Trebuch & Gaby Teroerde

Besuchen Sie uns im Internet:

www.SiegfriedTrebuch.com
www.GabyTeroerde.com
www.Bewusstseinsentwicklung.com

Kontakt: Info@Bewusstseinsentwicklung.com

Erste Auflage März 2011

Coverfoto Vorne: © Fotolia .shock
Coverfoto Hinten: © Eva-Maria Griese, www.eva-maria-griese.at

Verlag: T&T Verlags GbR, Postfach, 83471 Berchtesgaden

Lektor: Brigitte Stief
Covergestaltung: Mag. Siegfried Trebuch
Satz und Druck: Julia Stecker, OH Druck GmbH, 83410 Laufen

ISBN 978-3-942500-16-6

Inhalt

»Sei du selbst die Veränderung,
die du dir wünschst für diese Welt.«
Mahatma Gandhi

Einleitung

Dieses Buch entstand zwischen September 2009 und Februar 2011. Es enthält Dialoge zwischen mir und Wesenheiten aus der *Geistigen Welt*, die durch das professionelle Medium *Gaby Teroerde* gechannelt wurden. Unter den Gesprächspartnern finden sich so klingende Namen wie Franz von Assisi, Leonardo da Vinci oder Jesus von Nazareth. Eine Kurzbeschreibung aller im Buch zur Sprache kommenden Wesenheiten finden Sie im Anhang unter *„Unsere Gesprächspartner in der Geistigen Welt".*

Durch den Hype um das *„Gesetz der Anziehung"* hat sich das seit Urzeiten bekannte Resonanzprinzip in einer breiteren Öffentlichkeit herumgesprochen. Es besagt, dass jeder Mensch seine individuellen Erfahrungen gemäß seiner persönlichen Bewusstseinsfrequenz anzieht. Vereinfacht gesagt: Wer negativ denkt, zieht negative Erfahrungen an – wer positiv denkt, zieht positive Erfahrungen an. Die Diskussion um das 2012-Phänomen ist überwiegend negativ geprägt. Ständig ist von Naturkatastrophen, politischen Unruhen bis hin zum drohenden Weltkrieg die Rede. Natürlich gehören turbulente Erscheinungen zu einer globalen Zeitenwende, wie wir sie gerade erleben. Damit das Neue kommen kann, muss das Alte vergehen. Auch das wird hier klar und deutlich angesprochen. Allerdings geht bei einer zu einseitigen Betrachtungsweise der positive Aspekt völlig verloren.

Der Grundgedanke dieses Buches ist, ein positives Gegengewicht zur allgemeinen negativen Stimmung zu bieten und somit das Resonanzprinzip zu unserem Wohl zu nutzen. Denn im Kern birgt das Jahr 2012 eine positive Botschaft: Es markiert den Anbruch eines neuen Zeitalters, in dem wir die einzigartige Möglichkeit erhalten, eine völlig neue Welt zu kreieren. Damit sich die Menschen heute schon eine konkrete Vorstellung davon machen können, habe ich dieses Buch in Zusammenarbeit mit geistigen Wesenheiten geschrieben. Sie haben einen wesentlich besseren Überblick über das, was gerade auf der Erde geschieht und was auf uns zukommt, als wir Menschen mit unserem beschränkten Horizont.

Sie erzählen uns, dass die Erde in ihrer Entwicklung hinterherhinkt und andere Planeten diesen Aufstiegsprozess schon längst hinter sich haben. Aus diesem Wissen heraus können sie uns ein klares Bild davon geben, wohin die Reise der Menschheit geht, nämlich ins so genannte *„Goldene Zeitalter"*. Es wird von den universellen Prinzipien der Liebe, Freiheit und Wertschätzung allen Lebens geprägt. Dieses Buch trägt dazu bei, eine durch und durch freudige Zukunftsvision in den Herzen der Menschen zu verankern und somit ihre Manifestation zu fördern. Manches von dem, was Sie hier lesen werden, mag Ihnen vielleicht unglaublich oder sogar utopisch erscheinen, aber wenn Sie es mit einem offenen Herzen aufnehmen, werden Sie die zugrunde liegende Wahrheit erkennen.

Siegfried Trebuch
Februar 2011

1
Wirtschaft, Arbeit und Geld

Siegfried: Kuthumi, wir begrüßen dich.

Kuthumi: Ich grüße euch auch, meine Lieben.

Siegfried: Wir befinden uns derzeit mitten in einer globalen Wirtschaftskrise. Was kannst du uns über die Entwicklung des Wirtschaftssystems in den nächsten Jahren sagen?

Kuthumi: Das Wirtschaftssystem wird sich grundlegend ändern, weil alles auf einer höheren Bewusstseinsebene stattfinden wird. Das betrifft alle Lebensbereiche und jede zwischenmenschliche Interaktion. Im wirtschaftlichen Bereich wird es zu einem kleinteiligeren Austausch von Waren und Dienstleistungen kommen. Es wird nicht mehr im bisherigen Ausmaß möglich sein, global zu wirtschaften. Ihr werdet es gar nicht mehr wollen. Wenn ihr die weitere Entwicklung betrachten wollt, bitte ich hier zeitlich zu differenzieren. Vom heutigen Standpunkt aus gesehen steht euch ein Zeitraum der Krise bevor, welcher ein paar Jahre dauern wird. Danach kommt die Zeit der Konsolidierung und des Aufbaus. Dieser wird nicht so schnell vorübergehen, wie ihr hofft. Anschließend kommt eine Zeit hoher Stabilität, in der sich die wirtschaftlichen, politischen und gesellschaftlichen Strukturen gefestigt haben. Ich bitte hier entsprechend zu differenzieren, wenn du deine Fragen stellst, damit hier klar geantwortet werden kann, denn es ist jede Phase für sich zu sehen. In dieser Konsolidierungsphase nach der Krise, wird es der Menschheit nicht möglich sein, in diesem größeren, globalen wirtschaftlichen Rahmen zu interagieren. Sie wird auf sehr kleinteilige, regionale Strukturen zurückgeworfen sein. Du kannst dich an diesen Ländern orientieren, die es auch in den letzten Jahrzehnten geschafft haben zu überleben, obwohl sie keine nennenswerten Wirtschaftsstrukturen hatten. Selbstversorgung und regionale, genossenschaftliche Kreisläufe werden von großer Bedeutung sein. Not macht erfinderisch und dieser Erfindungsreichtum wird in der Übergangsphase sehr stark zum Tragen kommen.

Siegfried: Kannst du uns einen groben Zeitrahmen für diese Phasen nennen? Wie lange wird die Krisenphase und die Aufbauphase dauern? Wann wird das Goldene Zeitalter anbrechen?

Kuthumi: Die Grenzen sind nicht ganz fix, denn es hängt stark davon ab, wie die Menschen agieren. Je schneller sich die Bevölkerung nach der Krise wieder stabilisiert, desto eher kann die Aufbauphase beginnen. Aber du hast nach einem groben Rahmen gefragt und ich werde ihn dir sagen, wie ich ihn jetzt sehe: Es wird sich um eine Krisenzeit von zirka fünf bis sechs Jahren handeln. Das ist ein langer Zeitraum und wir wünschen uns, dass er nicht so lange dauern wird. Aber das Jahr 2012 wird weitreichende Konsequenzen haben und sehr vieles an Strukturen jeglicher Art zerstören. Erst einmal wird es einen großen Schock geben, der aufgearbeitet werden muss.

Siegfried: Du hast von kleingliedrigem, regionalem Handel gesprochen. Wird es Handel auch in der Aufbauphase und im Goldenen Zeitalter geben?

Kuthumi: Ja. Handel wird für das Überleben in der Aufbauphase sehr wichtig sein, denn die Menschen müssen auf der physischen Ebene existieren können. Im Goldenen Zeitalter wird ein anderer Austausch stattfinden. In der fünften Dimension wird es nicht mehr länger nötig sein, auf die althergebrachte Art und Weise Handel zu treiben. Es wird eine andere Art von Austausch stattfinden, weil die Menschen auch dann tätig sein wollen, obwohl sie es nicht mehr müssten. Sie werden arbeiten wollen, sie werden kreativ sein wollen und sie werden gegenseitig die Früchte ihrer Arbeit austauschen, weil es ihnen Freude macht.

Siegfried: Lass uns noch einmal über den Handel sprechen: Wir verwenden als Tauschmittel Geld. Werden wir es in Zukunft noch brauchen?

Kuthumi: Es wird in naher Zukunft neue Tauschmittel geben. An Regionalwährungen wird schon gearbeitet. Für eine gewisse Zeit werden sie als Tauschmittel dienen. Gleichzeitig entstehen immer mehr Tauschringe. Dabei werden verschiedene Anbieter von Waren oder Leistungen zusammengeführt, ohne dass dabei Geld fließt. Das alles existiert schon. Es geht also auch ohne Geld.

Siegfried: Bei Tauschringen gibt es auch so etwas wie ein Tauschmittel, nur ist es eben nicht Geld, sondern Zeit.

Kuthumi: Zeit als Tauschmittel ist weit neutraler und gerechter als Geld. Alle werden davon profitieren. Kein Einziger wird einen negativen Austausch erleben, bei dem er nur ausgebeutet oder übers Ohr gehauen wird. Der Tausch von Zeit ist eine faire Methode, wie jeder das, was er einbringt, entsprechend vergütet bekommt.

Siegfried: Wie sieht es denn mit unterschiedlichen Qualifikationen aus? Eine Stunde hochqualifizierte Arbeit mit einer Stunde einfacher Arbeit gleichzusetzen ist ja auch wieder nicht gerecht.

Kuthumi: Das ist altes Denken, mein Lieber. Die neue Zeit wird keine solchen Wertungen mehr vornehmen. Ihr könnt sie getrost hinter euch lassen. Wer bestimmt denn, welche Tätigkeit hochqualifiziert ist und welche nicht? Jeder hat sein Arbeitspensum einzubringen und für jeden ist es das, was er am besten kann und was ihm möglich ist. Wer will die Qualifikation von Tätigkeiten bewerten? Nimm nur eines dieser weniger qualifizierten Puzzlestücke weg und das ganze System wird kranken, weil diese Leistung ebenso wichtig ist, wie alle anderen. Du musst das aus einer anderen Warte sehen. Die Gesamtbedürfnisse der Bevölkerung sind viele kleine Partikel, wo jedes der Arbeitskraft eines besonderen Menschen bedarf. Wenn einer dieser Menschen in seiner simplen, niederen Tätigkeit nicht gewürdigt wird, dann fehlt dieses Stück und es ergibt kein Ganzes.

Siegfried: Das macht Sinn, aber wie sieht es mit Tätigkeiten aus, für die langjährige Ausbildungen und Studien notwendig sind?

Kuthumi: Tja, mein Lieber, da sei jetzt einmal ganz kritisch und überlege, ob diese langjährigen Ausbildungen und Studien wirklich nötig sind. Wieviel von diesem angesammelten Wissen dient der Menschheit wirklich? Wenn du diese hoch dotierten Berufe wie Ärzte, Rechtsanwälte, Politiker, Banker oder Wissenschaftler nimmst, dann frage ich dich, wie hoch ihre Qualifikation wirklich ist? Wie nahe sind sie am Menschen, an der Mitmenschlichkeit, an der Liebe? Diese Worte kommen in ihren langjährigen und teuren Ausbildungen nicht einmal vor. Wenn du zum Beispiel als kranker Mensch Hilfe suchst und sie bei diesen hochdotierten, überqualifizierten Menschen in diesem Moloch der Krankenindustrie nicht findest, wohin wendest du dich dann? Dann wird es dir egal sein, ob der liebevolle Heiler viele teure Ausbildungen hinter sich hat. Entscheidend für dich wird sein, ob er an die göttliche Liebe und Heilkraft angeschlossen ist. Es wird hier ein fundamentales Umdenken stattfinden. Viele Berufe werden sich in die neue Zeit nicht retten können, weil ihre Existenzgrundlage schlicht und einfach verschwinden wird. Ein Rechtsanwalt hat in vielen Jahren gelernt zu kämpfen, zu argumentieren, seine Worte wie geschliffene Messer zu verwenden und die geringste Schwäche seines Gegners zu seinem Vorteil zu nutzen, ganz gleich, ob er wirklich Recht und Wahrheit vertritt oder nicht. Um Gerechtigkeit geht es meistens gar nicht, lediglich um die Durchsetzung von Interessen. Daran kannst du erkennen, dass so ein Beruf im Goldenen Zeitalter keine Berechtigung mehr haben wird. Es wird andere Wege der Konfliktlösung geben. Weisheit, Liebe und klares Denken werden zählen.

Siegfried: Danke für dieses Beispiel. Das kann ich gut nachvollziehen. Trotzdem möchte ich noch ein weiteres Beispiel ins Gespräch bringen: die Ingenieure. Leute, die mit Technik arbeiten, benötigen doch zurecht eine langjährige Ausbildung. Wie wird das in Zukunft aussehen?

Kuthumi: Es wird auch in Zukunft längere Ausbildungen geben. Ihr werdet in jedem Beruf immer dazulernen und niemals fertig sein. Aber jeder Beruf sollte immer auch eine Berufung sein. Dann wird ein Aspekt dieser Ausbildung die Freude an der eigenen Arbeit und Leistung sein, die ich für andere erbringen kann. Die Wertigkeit wird eine andere sein. Wenn du dem gegenüber einen simplen Beruf stellst wie zum Beispiel eine Reinigungskraft, dann wird auch diese Leistung sehr geschätzt und gewürdigt werden. Auch eure Landwirte werden wieder geschätzt werden, weil sie euch füttern.

Viele Berufe, die jetzt gering geschätzt werden, werden an Wert gewinnen. Genau diese Wertschätzung, die auf Liebe und Würdigung basiert, wird es Menschen erleichtern, ihre einfachen Berufe in innerer Erfüllung zu leben. Sie werden in ihrer Wertigkeit gleichgestellt sein. Natürlich werden auch die Berufe, die einer jahrelangen Ausbildung bedürfen, wie zum Beispiel Ingenieure, Heiler oder Lehrer gewürdigt werden. Die Arbeitswelt wird sich grundlegend verändern.

Siegfried: Wird es im Goldenen Zeitalter auch so etwas wie persönliches Eigentum geben?

Kuthumi: Ja, es wird persönliches Eigentum geben. Diese kommunistischen Gedankenkonstrukte, wo alles allen gehört, sind nicht tragbar. Es ist in Ordnung, wenn jeder die Dinge hat, die er zu seinem persönlichen Wohlergehen braucht. Aber es wird genauso in Ordnung sein, wenn ich diese Dinge weitergebe, wenn sie ein anderer braucht. Ihr werdet nicht mehr so krampfhaft an Eigentum festhalten wie heute. Wenn ich erkenne, dass ich zuviel habe und ein anderer zu wenig, werde ich etwas abgeben. Dieses Loslassen wird zum Prinzip werden. Ich werde mich nur mit den Dingen umgeben, die mir nützlich sind, die mir gut tun und die ich brauche. Hingegen werde ich mich von Dingen trennen, die ihren Zweck erfüllt haben und die ich nicht mehr brauche. Dann werde ich sie weitergeben an jemanden, der sie jetzt braucht. Loslassen wird in allen Bereichen wichtig sein. Du wirst dich auch leichter von einem Ort lösen, an dem du wohnst, weil ein anderer Ort dich anzieht. Jemand anders wird dann in deinem Heim wohnen und es wird für alle so passen.

Siegfried: Ich denke, wenn es persönliches Eigentum gibt, wird es wieder zu Ungleichgewicht kommen. Manche werden viel, manchen wenig haben. Besteht dann nicht wieder die Gefahr von Armut?

Kuthumi: In der Übergangszeit kann das passieren. Im Goldenen Zeitalter wird es das aber nicht mehr geben. Du wirst es nicht ertragen können, wenn einer deiner Brüder oder Schwestern Mangel leidet. Alles wird auf einem offenen Herzen und auf Nächstenliebe basieren. Wie könntest du dem Leiden zusehen und nicht sofort deinem Bruder oder deiner Schwester das geben, wessen er oder sie bedarf, wenn es in deiner Macht steht? Es wird auch Gruppeninitiativen geben, die jenen helfen, denen es nicht so gut geht. Man wird sich darum kümmern, dass sie wieder Fuß fassen können, wieder integriert werden und alles haben, was sie zum Leben brauchen.

Siegfried: Wir leben heute in einer Zeit, in der es einige sehr reiche Menschen gibt, die anscheinend sehr gut damit klarkommen, dass es um sie herum große Armut gibt. Du meinst, im Goldenen Zeitalter werden das die Reichen nicht mehr ertragen können?

Kuthumi: So ist es. Stell dir vor, die Herzen dieser Reichen öffnen sich weit und Liebe strömt hindurch. Wie soll da ein Reicher mit seinem Gold glücklich werden, wenn neben ihm ein Armer nichts zu essen hat? Das wird nicht möglich sein. Er wird in die Augen dieses vermeintlich Armen blicken und wird darin eine Seele sehen, die der eigenen gleicht. Wenn ihr euch in die Augen seht, ist es nicht mehr möglich, das zu ignorieren. Das wird die Basis euerer Existenz im Goldenen Zeitalter sein. Jeder wird den anderen annehmen, wahrnehmen und wertschätzen. Es ist der natürlichste Zustand, jeden als seinen Bruder, seine Schwester zu betrachten. Du wirst nicht wollen, dass es anderen schlechter geht als dir.

Siegfried: Es gibt dieses Sprichwort bei uns Menschen: „Jedem ist das eigene Hemd am nächsten." Viele sind ja heute durchaus schon guten Willens, nur wenn massiver Mangel herrscht, dann kümmert sich der Mensch primär um sich selbst und erst danach kommen die anderen. Ich denke, das hat mit Existenzangst zu tun. Wie kann diese in Zukunft überwunden werden?

Kuthumi: Das ist eine sehr gute Frage, denn Existenzangst ist die Basis vieler weiterer Ängste und Emotionen, die derzeit hochkochen. Wenn du Existenzangst von der Erde ausradieren könntest, dann wäre auf einen Schlag alles total anders. Diese großen Krisen, durch die die Menschen gehen müssen um sich zu reinigen, werden in erster Linie an der Existenzangst rütteln. Sie werden lernen, dass sie nicht auf äußere Sicherheiten bauen können. Einige werden entdecken, dass sie ihre Sicherheit ganz woanders finden, nämlich in ihrem Inneren. Dann wird sich diese Angst zunehmend auflösen. Natürlich werde ich mein Hemd selbst tragen, aber wenn ich ein zweites besitze und mein Bruder keines, dann werde ich nicht an meinem zweiten Hemd hängen, vor lauter Angst, dass ich dann nur mehr eines habe. Es wird ein anderes Denken herrschen. Ihr werdet lernen, auf euren göttlichen Vater und eure göttliche Mutter zu vertrauen, die euch schon bisher getragen und versorgt haben. Ihr werdet in Fülle leben und alles, was ihr benötigt, wird euch zuströmen.

Ihr braucht nicht länger ständig an der Angst zu kleben, eure Existenzgrundlage zu verlieren. Das Bewusstsein des Mangels wird durch ein Bewusstsein der Fülle ersetzt werden. Dann wird die Existenzangst keine Macht mehr über euch haben. Ihr werdet geben können, weil ihr wisst, was ihr gebt ist ein Abfluss von Energie, der sofort einen Sog in euch erzeugt, der euch neue Energie zuführt. So funktionieren die geistigen Gesetze. Alles, was ihr aus vollem Herzen gebt, wird euch von anderer Seite wieder zufließen. Es gibt keinen Mangel.

Siegfried: Ein zentrales Element unseres Wirtschaftssystems sind Unternehmen. Sie stellen Mitarbeiter an um Produkte herzustellen oder Dienstleistungen anzubieten. Wird es das Unternehmertum im Goldenen Zeitalter noch geben?

Kuthumi: Es wird bestimmte Unternehmen tatsächlich weiterhin geben, weil viele Waren erst in Zusammenarbeit mehrerer Menschen produziert werden können. Aber es ist immer die spirituelle Ausrichtung des gesamten Unternehmens maßgebend. Unternehmer, die heute auf ausbeuterische Art und Weise ihre Untergebenen tyrannisieren, werden längerfristig nicht existenzfähig sein. Es wird komplett anders ablaufen. Teamarbeit wird sehr geschätzt werden, denn sie ist ein Pool an verschiedenen Fähigkeiten und Ideen, der in Summe mehr bringt als der einzelne Mitarbeiter leisten kann. Auch Unternehmerpersönlichkeiten, die mit Kreativität die Richtung vorgeben, wird es weiterhin geben. Sie werden jedoch ihre Führungsqualitäten auf eine liebevolle Art ausüben. Würdigung, Wertschätzung und Fairness werden selbstverständlich sein. Die Mitarbeiter werden sich in ihrer Individualität gewürdigt, geschätzt und angenommen fühlen. Sie werden genau das tun, was ihren Qualifikationen entspricht. Sie werden ihre Berufung leben. Zufriedenheit aller Beteiligten wird die Basis der Unternehmen der Zukunft sein.

Siegfried: Wie wird sich ein Unternehmer für die Arbeitsleistung seiner Mitarbeiter revanchieren?

Kuthumi: Es wird eine Art Tausch stattfinden, denn die Angestellten können nicht ausschließlich mit den Produkten oder Dienstleistungen ihres Unternehmens vergütet werden. So läuft es nicht, deshalb wird es groß angelegte Tauschmöglichkeiten geben, wie sie schon in Tauschringen, Tauschbörsen oder Genossenschaften vorhanden sind.

Jeder wird von der Arbeit, die er einbringt, profitieren. Auch der Unternehmer wird profitieren und für seine Leistungen vergütet werden. Ihr werdet sehr kreativ sein eine Art Tauschmittel zu finden, sei es Zeitguthaben, sei es eine neue Form von Geld, aber nicht in dem Sinne, wie es bisher verwendet wurde. Ihr werdet in der Aufbauphase ein neutrales Tauschmittel mit einem bestimmten Wert erschaffen, auf das sich alle Menschen einigen. Zeit wäre eine gute Möglichkeit für ein neutrales Tauschmittel. Aber es ist auch möglich, das Leben völlig ohne Tauschmittel zu gestalten. Bis ins Goldene Zeitalter wird hier eine Art Evolution stattfinden. Eines Tages wird es nicht mehr nötig sein, sich mit materiellen Dingen zu umgeben, weil ihr alles was ihr braucht, selbst aus euch entstehen lassen könnt. Aber das ist noch Zukunftsmusik.

Siegfried: Unser heutiges Wirtschaftssystem basiert auf dem Leistungsprinzip. Man suggeriert uns, dass der mehr verdienen soll, der mehr Leistung bringt. Wird das im Goldenen Zeitalter auch noch so eine große Rolle spielen?

Kuthumi: Dieses Prinzip ist jetzt schon marode und unfair, denn wer bestimmt, was Leistung ist? Du kennst Menschen, die sich von morgens bis spät abends abplagen und sich mit verschiedenen Jobs über Wasser halten. Sie arbeiten, was der Körper hergibt. Du wirst mir darin zustimmen, dass diese Menschen nicht gemäß ihrer Leistung bezahlt werden. Leistung wird jetzt schon sehr unterschiedlich bewertet. Konkurrenz ist etwas sehr maskulines. Sie wird in Zukunft nicht mehr diese Bedeutung haben. Jeder wird gemäß seinen Fähigkeiten und seiner Einsatzbereitschaft seinen Beitrag erbringen. Es liegt beim Arbeitenden, wie viel er an Zeit und Energie geben will. Konkurrenzdenken wird es nicht mehr geben, denn das sind maskuline Werte, die in einer feminin orientierten Zukunft an Bedeutung verlieren. Die jetzt noch vorherrschenden männlichen Energien werden durch die zunehmend einstrahlenden weiblichen Energien ausgeglichen. Die Gesellschaft der Zukunft wird nicht auf Konkurrenz, sondern auf einem Miteinander aufgebaut.

Siegfried: Woher werden dann die Menschen die Motivation nehmen, überhaupt aktiv tätig zu werden?

Kuthumi: Die Menschen werden an ihrer spirituellen Ausrichtung sehr zu arbeiten haben. Das ist in diesen Entwicklungen der nächsten Jahre unumgänglich. Die Menschen werden immer intensiveren geistigen Austausch mit ihrem höheren Selbst pflegen. Jeder wird seine Lebensaufgabe erkennen und leben wollen, weil er weiß, dass er nur so zu seiner eigenen Erfüllung und Freude gelangt. Das allein ist Motivation genug. Ein weiterer Beweggrund wird sein, der Gemeinschaft zu dienen. Es wird natürlich Tätigkeiten geben, die nicht so ganz auf dem Lebensweg liegen, wie zum Beispiel alltägliche Haushaltsarbeiten. Aber diese werden aus Liebe zum Nächsten erledigt werden. Dann wirst du dir auch deine Zeiten der Muße und Auszeit nehmen wollen. Es wird sehr wichtig sein in die Stille und in die Natur zu gehen, Zwiesprache mit der göttlichen Führung zu halten. Wenn dieses Bedürfnis gestillt ist, werdet ihr wieder die Aktivität suchen, aber sie wird euren Tag nicht mehr so füllen wie jetzt. Ihr werdet viel mehr Freizeit haben.

Siegfried: Wir werden in Zukunft mehr unseren Hobbys frönen können?

Kuthumi: So ist es. Hobbys werden eine neue Bedeutung bekommen. In der Vergangenheit sah man in ihnen Beschäftigungen ohne wirtschaftlichen Wert. Das wird sich grundlegend ändern. Die geliebten Steckenpferde der Menschen werden eine weitaus größere Gewichtung bekommen. Alle diese Hobbys, die ihr jetzt als Zeitvertreib seht, werden gerade in der Übergangszeit sehr wichtig sein, weil die lieblose maschinelle Fertigung weniger gefragt sein wird. Das Handwerk wird wieder viel mehr geschätzt werden.

Siegfried: Du hast jetzt maschinelle Produktion angesprochen. Heutzutage wird in großen Mengen industriell produziert. Wird das so weitergehen?

Kuthumi: Das wird nicht mehr möglich sein, denn diese monströsen Produktionsstätten sind alle abhängig von mehr oder weniger großen Mengen an Energie. Diese Energiezufuhr wird nicht immer im erforderlichen Ausmaß zur Verfügung stehen. Außerdem entspricht es nicht dem liebevollen Miteinander. Wenn du diese großen Produktionsstätten betrachtest, ist der einzelne Mitarbeiter nur ein unbekanntes Rädchen, das weder gewürdigt noch gesehen wird und nur wie ein Roboter zu funktionieren hat.

Dieses System basiert nicht auf dem Bewusstsein, das kommen wird. Deshalb wird es andere Produktionsstätten in der Art von Manufakturen geben, wie ihr sie aus früheren Zeiten kennt. Menschen werden wieder mehr mit ihren eigenen Händen herstellen und darin persönliche Erfüllung und Wertschätzung finden. Es wird auch nicht mehr diesen Drang geben, ständig das Neueste haben zu müssen und das Alte, das noch gut genug wäre, wegzuwerfen. Nehmen wir ein Paar Schuhe, die jeder Mensch zum Schutz seiner Füße braucht. Sie können in liebevoller Handarbeit gefertigt werden. Der Hersteller wird für sein wertvolles Produkt gewürdigt werden und wird seinen Leistungsausgleich erhalten. Der Erwerber wird diese Schuhe schätzen, weil er spürt, dass in ihnen viel menschliche liebevolle Energie steckt, sehr viel Kreativität und Wissen. Und einst, wenn sie den Weg alles Physischen gehen, wird er sich um ein neues Paar bemühen und somit ist der Kreislauf geschlossen. Diese Schuhe werden natürlich aus Materialien hergestellt, die Mutter Erde nicht schädigen. Es wird nicht länger nötig sein, für jede neue Modephase neue Schuhe zu kaufen, nur um nach außen zu zeigen, dass ich es wert bin. Eitelkeiten werden nicht mehr wichtig sein. Die Kleider der neuen Zeit werden auch schön sein, aber diesen Konsumdruck, wie ihr ihn heute kennt, wird es nicht mehr geben.

Siegfried: Ein großes Problem unserer verschwenderischen Konsumgesellschaft ist Umweltverschmutzung. Das Bild, das du zeichnest, entspricht eher einem nachhaltigen Wirtschaften, in dem wir mit den Ressourcen sparsamer umgehen und auf Wiederverwertbarkeit achten. Wird das so sein?

Kuthumi: Ja, genau so kannst du es dir vorstellen. Die Menschen werden lernen, dass die Erde tatsächlich ein lebendiges Wesen ist. Es wird für all seine Gaben, die es dem Menschen zur Verfügung stellt, wertgeschätzt werden. Das ist das Prinzip der Fülle. Seid gesegnet!

»Es ist besser, ein einziges kleines Licht anzuzünden,
als die Dunkelheit zu verfluchen.«
Konfuzius

2

Globalisierung, Erdöl, Internet, Umweltschutz, Gold

Siegfried: Ein wesentliches Merkmal unseres derzeitigen Wirtschaftssystems ist die Globalisierung. Das Finanzsystem, die Produktion und der Handel sind global vernetzt. Die Produkte legen riesige Distanzen zurück, werden von vielen Menschen bearbeitet und weltweit verkauft. Werden wir im Goldenen Zeitalter auch noch so global wirtschaften?

Kuthumi: Nein, nicht in diesem Ausmaß. Es wird nach wie vor Vernetzungen geben, aber diese multinationalen Konzerne werden keine Existenzberechtigung mehr haben, weil der einzelne Mensch nicht gewürdigt wird und nur eine Ameise im Wirtschaftsgetriebe ist. Bestand wird nur mehr haben, was sich am Wohlbefinden und an der bewusstseinsmäßigen Weiterentwicklung des Menschen orientiert. Das sind die einzigen Grundsätze, die es im Goldenen Zeitalter einzuhalten gilt. Daran kannst du alles messen. Die Globalisierung schädigt sowohl die Erde als auch die Menschen. Sie bringt kaum Vorteile und verschwendet Ressourcen in gigantischen Ausmaßen. Wieviele Transportwege müssen unterhalten werden, damit die Waren von A nach B, von dort nach C und D und wieder zurück nach A gelangt? Das alles ist totaler Irrsinn, von dem nur einzelne Personen profitieren. Dazu kommt noch, dass unter der Massenproduktion die Qualität leidet. Wenn ein

Produkt mit Liebe und Bedacht angefertigt wird, strömt die Energie des Erschaffenden in sie hinein. Wenn du es erwirbst, bekommst du auch die Energie des Produzenten dazu. Deswegen werdet ihr wahre Qualität im neuen Zeitalter wieder zu schätzen lernen.

Siegfried: Heißt das, die Produktion wird wieder regionalisiert? Schuhe kommen zum Beispiel nicht mehr aus einer Riesenfabrik um dann über die internationalen Märkte verkauft zu werden, sondern sie werden wieder in kleineren Manufakturen hergestellt und über kurze Vertriebswege regional verkauft?

Kuthumi: So wird es sein und die Produktion wird an die Bedürfnisse der jeweilige Region angepasst sein. Es wird nicht mehr alles über einen Kamm geschoren, sondern sehr individuell gearbeitet. Die Wünsche des Käufers werden mehr berücksichtigt und es wird eine Art interaktive Kommunikation stattfinden, so dass auch der Produzent sich am Käuferwillen orientieren kann und somit kreativen Input erhält, wie er seine Ware verbessern oder anpassen kann.

Siegfried: Du hast gesagt, die Transportwege werden sich verkürzen. Wie wird sich denn der Transportsektor in Zukunft entwickeln?

Kuthumi: Da gilt es wieder zwischen den Zeiträumen Krisenphase, Aufbauphase und Goldenes Zeitalter zu unterscheiden. In der Krisenphase wird es chaotisch werden. Es wird hin und wieder Energie zur Verfügung stehen und hin und wieder nicht. Hier wird Erfindungsreichtum gefragt sein. Manchmal wird man sogar auf Muskelkraft zurückgreifen müssen. In der Aufbauphase wird es wieder eher in Richtung Massentransportmittel gehen, die auch in früheren Zeiten schon vielen Menschen dienlich waren. Aber es wird besser überlegt werden, welche Reisen wirklich nötig sind. Es wird zu Einschränkungen kommen, die manchen gar nicht gefällt, aber so ist es nun mal in einer Aufbauphase. Im Goldenen Zeitalter werden ganz neue Transportmittel zur Verfügung stehen. Einmal die, die ähnlich dem herkömmlichen Prinzip mit Verbrennungsmotoren arbeiten, aber dann mit einer autarken, voll-kommen umweltfreundlichen Energiequelle. Weiters wird ein Teil der Menschen lernen, sich selbst dorthin zu senden, wo sie hinkommen wollen. Diese Fähigkeiten, die in euch allen latent schlummern, wie Bilokation oder der Besuch eines anderen Ortes durch Projektion des Bewusstseins, werden wieder zum Vorschein kommen. Telepathische Verbindungen werden viele Reisen unnötig machen, da Kommunikation unabhängig von Entfernung und technischen Hilfsmitteln erfolgen kann. Bewusstseinsprojektion an andere Orte, „Astralreisen" wie ihr es nennt, wird gang und gäbe sein. Es werden sich bei hochbewussten Menschen viele innere Kanäle öffnen. Ihr alle seid auf dem Weg dort hin. Der eine wird es früher zustande bringen, der andere später.

Siegfried: Wenn es also zu einer erneuten Regionalisierung kommt, laufen wir dann nicht Gefahr, in eine Provinzmentalität zurückzufallen?

Kuthumi: Nein. Ihr sollt ja nicht in mittelalterliche Zeiten zurückfallen. Es geht lediglich darum, die Notwendigkeiten des täglichen Lebens nachhaltig auf regionaler Basis zu erwirtschaften, ohne dass Mutter Erde dabei Schaden erleidet. Das wird die Basis eures Lebens sein. Trotzdem werdet ihr mobil sein und es wird reges Kommen und Gehen herrschen. Ihr werdet euch nicht mehr so sehr an einen Ort gebunden fühlen, wie ihr es jetzt tut. Ihr werdet lernen, dass die vermeintliche Scherheit einer Heimat auch Unbeweglichkeit mit sich bringt. Ein zu sehr Verankert-Sein an einem Platz, obwohl dich deine Seele schon wo anders hinzieht, ist nicht gut. Mobilität und kultureller Austausch sind ein Merkmal des Goldenen Zeitalters. Auch das Internet wird nach wie vor genutzt werden, denn es ist eine sehr wichtige Art der Vernetzung. Mein Bruder Saint Germain kümmert sich auf geistiger Ebene um das Internet. Er hat sehr früh erkannt, dass es eine Möglichkeit der Kommunikation für euch darstellt, die an den offiziellen Kanälen vorbei geht. Das war absolut nötig. Du erlebst es Tag für Tag, wie sinnvoll und wichtig das Internet ist und weiterhin sein wird. Das Thema offizielle Information liegt ja vielen Menschen schwer im Magen. Sie sind dankbar und froh, dass es diese Form der alternativen und interaktiven Kommunikation gibt.

Siegfried: Wird uns das Internet durch die Krisen- und Aufbauphase weiterhin zur Verfügung stehen?

Kuthumi: Es wird mit Unterbrechungen zur Verfügung stehen. Es wird sich auch in das Goldene Zeitalter retten, weil sein Grundprinzip Freiheit ist. Aber es wird dann nicht mehr so wichtig sein, weil ihr andere Möglichkeiten der Kommunikation entwickeln werdet. Es gibt ja auch ein Gegenstück zum Internet im geistigen Bereich. Was denkst du, warum wir Aufgestiegene Meister jeden euerer Gedanken kennen? Wir können uns in ein bestehendes Informationssystem einklinken. Ihr alle sendet ständig Informationen in Form von Gedanken aus. Sie haben ganz konkrete Formen und bewegen sich auf Bahnen, die wir anzapfen können. Darüber hinaus sind alle Informationen, die jemals auf diesem Planeten oder im Universum geschaffen wurden, jederzeit verfügbar. Den Zugang dazu erreicht man allerdings nur, wenn die Eigenschwingung hoch genug ist. Dahin werdet ihr euch entwickeln. Es wird nach und nach immer mehr Individuen möglich sein, sich an dieses kosmische Internet anzuschließen und dort alles an Informationen herunterzuladen, was im Moment gerade gebraucht wird. Unabhängig davon werdet ihr auch mehr und mehr Zugang zu euerem höheren Selbst entwickeln. Jedes höhere Selbst ist vernetzt mit dem höheren Selbst eines jeden anderen Menschen auf dem Planeten. Du kannst dir noch gar nicht vorstellen, wie gewaltig dieser Informationspool ist. Im Vergleich dazu kann man über euer irdisches Internet nur lachen.

Siegfried: Danke für diese spannenden Informationen! Ich möchte wieder zum Thema Transport zurückkehren. Der Treibstoff, der heute die Weltwirtschaft antreibt, ist Erdöl. Welche Bedeutung wird es in der Aufbauphase und danach im Goldenen Zeitalter haben?

Kuthumi: Das ist eine wichtige Frage. Es ist gar nicht gut, dass der Erde so viel Erdöl entnommen wird. Die Erde braucht diese Flüssigkeit. Sie ist wie ihr Gehirnwasser und sie leidet sehr unter dem Verlust. Es wird nicht mehr lange dauern und Erdöl, das nur in bestimmten Regionen aus der Erde sprudelt, wird als Faustpfand herhalten müssen. Die Erdöl produzierenden Länder werden durch ihre Monopolstellung andere Länder erpressen. In der Krisenphase wird mit massivsten Ängsten zu rechnen sein, die auch die Regierungen erfassen. Natürliche Ressourcen werden dann scharf bewacht und als Druckmittel eingesetzt. Ihr werdet erleben, wie von heute auf morgen bestimmte Ressourcen nicht mehr zugänglich sein werden, weil sie in diesem gigantischen globalen Pokerspiel zurückgehalten werden. In der Aufbauphase wir die Bedeutung von Erdöl stark abnehmen, weil ihr alternative Energiequellen entdecken werdet.

Im Goldenen Zeitalter wird es dann nicht mehr nötig sein, der Erde diese lebenswichtige Flüssigkeit zu rauben. Sie kann natürlich für bestimmte Bedürfnisse weiterhin genutzt werden. Die Erde ist, wie gesagt, ein Organismus. Sie reproduziert das Erdöl. Wenn man ihr einen Teil davon entnimmt, schadet es ihr nicht. Auch euch kann man eine gewisse Menge Blut abnehmen, ohne dass ihr dabei Schaden nehmt. Euer Organismus wird es wieder nachproduzieren. So kann auch die Erde bestimmte Bodenschätze, die ihr entnommen werden, aus eigener Kraft wieder ersetzen. Die Erde gibt liebend ihren Wesen. Sie will sie beschützen und mit Fülle überhäufen. Das wird sich nicht ändern, aber es wird zu einer schonenden Nutzung der Ressourcen zurückgekehrt werden müssen. Die Menschen werden aus sich heraus das Bedürfnis entwickeln, die Erde zu würdigen, sie zu schätzen, ihr zu danken für all das, was sie gibt. Diese Dankbarkeit wird immens wichtig sein. Die Erde wird davon profitieren und so mit auch die Menschen, die auf ihr leben.

Siegfried: Unsere Wissenschaftler meinen, dass Erdöl eine begrenzte Ressource ist. Wenn wir sie weiterhin hemmungslos aus der Erde pumpen, wir es eines Tages kein Erdöl mehr geben. Du sagst jedoch, dass die Erde in der Lage ist, Öl zu reproduzieren. Kannst du uns das genauer erläutern?

Kuthumi: Es ist eine Art Produktion im Inneren eines Organismus. Auch auf diesem Planeten findet Stoffwechsel statt und es wird einiges nachwachsen, was ihr euch noch gar nicht vorstellen könnt, weil eure Wissenschaft hier auf alten Glaubensmustern basiert. Auch der Erdölbestand wird sich regenerieren, einfach weil es der Gesamtorganismus produziert. Die Erde verfügt über Mechanismen, die von Naturwesen geleitet werden und die dafür sorgen, dass sich die Erde im Gleichgewicht befindet, genauso wie euer Körper immer wieder sein Gleichgewicht sucht. In der Erde werden Bodenschätze und Ressourcen nachproduziert. Momentan wird aber ein so intensiver Raubbau betrieben, dass die Erde mit der Produktion nicht mehr nachkommt. Sie ist vollkommen überfordert. Wenn euch unzumutbare Mengen an Blut, Lymphflüssigkeit oder Gehirnflüssigkeit entnommen werden, würdet ihr auch darunter leiden. So geht es jetzt der Erde. Darum muss das ein Ende haben.

Siegfried: In Zukunft werden wir also nachhaltig wirtschaften und der Erde nur mehr so viel entnehmen, wie sie wirklich verträgt?

Kuthumi: So ist es. Ihr werdet spüren, wie viel das sein kann. Die Entnahme wird in Kommunikation mit dem Planeten stattfinden. Er ist ja ansprechbar und antwortet. Ihr werdet genau die Menge, die ihr entnehmen könnt, intuitiv erspüren, so wie es auch schamanische Kulturen in der Vergangenheit erspürt haben. Sei es aus der geologischen Zusammensetzung der Erde, sei es aus dem Pflanzenreich, sei es aus dem Tierreich. Es wird nicht so sein, dass ihr in Zukunft kein Tier mehr berühren dürft, kein Tier mehr töten dürft oder tierische

Produkte nicht mehr verwenden dürft. Auch Tieren ist ihre Bestimmung bekannt. Aber es wird nicht mehr diesen Raubbau geben. Jedes Tier, das sich als Ressource zur Verfügung stellt, wird gewürdigt werden. Es wird weiterhin Leder geben, es wird tierisches Material für alles erdenkliche, was ihr in der Aufbauphase braucht, genutzt werden. Es wird für euch auch im Pflanzenreich fühlbar werden, wie viele Pflanzen und Bäume ihr für menschliche Zwecke entnehmen dürft. Dankbarkeit als Gegenleistung für Pflanzen und Tiere, die sich euch opfern, wird wieder von großer Bedeutung sein. Es geht um Wertschätzung für die Schöpfung. In euch wird ein Bewusstsein wachsen, dass nicht alles selbstverständlich ist und dass die Natur nicht endlos ausgebeutet werden kann.

Siegfried: Durch unser Wirtschaften wurden der Erde schon massive Schäden zugefügt. Wie werden sich diese wieder reparieren lassen?

Kuthumi: Das ist eine Sache, die zu erklären für mich wunderschön ist. Die Erde wurde leider schon sehr geschädigt, aber sie findet zum Teil selbst einen Weg, sich zu reinigen und zu regenerieren. Das sind diese geologischen Veränderungen, seien es Erdbeben, Vulkanausbrüche, Brände, Überschwemmungen oder Wirbelstürme. Der zweite Teil wird ganz aktiv von Menschen durchgeführt werden, die ein ganz deutliches Herzensbedürfnis verspüren, das was Menschen verbrochen haben auch wieder gutzumachen. Um es ganz plakativ zu sagen: Es wird vielen Menschen, die mehr und mehr ihr Herzzentrum öffnen, bewusst werden, dass sie diese Scholle im Weltraum, die sie ernährt, nicht schädigen und verunreinigen dürfen. So werdet ihr gezielt nach Möglichkeiten suchen, diese Verschmutzungen und Schädigungen wieder rückgängig zu machen.

Hier kommt noch ein Faktor dazu, über den ich gerne zu euch spreche: Ihr werdet euch einer Quelle bedienen, der ihr bisher noch zu wenig Be-achtung geschenkt habt. Ihr werdet Kontakt zu Naturwesen aufnehmen, die immer schon dafür gesorgt haben, dass es der Erde und allen Lebewesen gut geht. Wenn ihr lernt, mit Naturgeistern in Interaktion zu treten, dann wird es euch immer leichter fallen, geologische und pflanzliche Schädigungen zu heilen. Die darin liegenden Möglichkeiten übersteigen euer Vorstellungsvermögen bei weitem. Ihr werdet dann mit Methoden Umweltschutz und Umweltreparatur betreiben, die euch heute noch sehr seltsam erscheinen würden. Hier liegt ein großes Betätigungsfeld, welches sehr viel Potential beinhaltet. Mit Klang, mit Musik und mit Farben wird es möglich sein, in Zusammenarbeit mit Naturwesen, die Umweltschäden zu verringern und vieles wieder ins Lot zu bringen. Seid hier für ganz neue Möglichkeiten offen, an die ihr noch nicht einmal im Traum zu denken wagt.

Siegfried: Das ist eine erfreuliche Nachricht. Wir werden auf dieses Thema später noch einmal in einem anderen Kapitel eingehen. Ich möchte jetzt mit dir noch über eine andere gesellschaftlich Thematik sprechen. Wir haben ein Sozialversicherungssystem in unserer Gesellschaft aufgebaut, das insbesondere alten, kranken und sozial schwachen Menschen helfen soll. Mittlerweile ist es so überschuldet, dass es fraglich erscheint, wie lange es in dieser Form noch weiterexistieren wird. Was kannst du uns darüber sagen?

Kuthumi: Diese Konstrukte basieren alle auf menschlichen Ängsten und darauf, dass ihr verlernt habt, euch gegenseitig zu helfen. Darum wurden diese fiktiven Konstrukte, die eine Art Sicherheit herstellen sollen, geschaffen. Ihr habt verlernt, auf andere, tatsächliche Sicherheiten, die in euch zu finden sind, zu vertrauen. In der Krisenphase wird die Sozialversicherung eines der Systeme sein, welches als erstes zusammenbricht. Das wird ganz viele erschrecken, weil sie so sehr auf dieses soziale Sicherheitsnetz vertraut haben. Diese vermeintliche Sicherheit wird jedoch wegfallen. In der Aufbauphase werden dann Menschen, die guten Willens sind, kreativ werden und Alternativen entwickeln um gebrechlichen, kranken oder arbeitslosen Menschen zu helfen. Es sind verschiedene Modelle denkbar und einige existieren ja schon jetzt.

Alle diese Modelle, das wird euch jetzt nicht überraschen, werden auf Nächstenliebe und Mitmenschlichkeit basieren. Aus Liebe zum Nächsten werdet ihr nicht zusehen können, wenn es einem euerer Brüder oder Schwestern schlecht geht. Ihr werdet Ressourcen locker machen, auch wenn ihr selbst nicht aus dem Vollen schöpfen könnt. Es wird immer noch ein Plätzchen am warmen Ofen frei sein und es wird immer noch ein Teller Suppe da sein, um den letzten Frierenden zu wärmen und den letzten Hungernden zu füttern. Es wird auch immer ausreichend heilerisches Geschick da sein, um Kranken zu helfen. Es wird Mitmenschlichkeit in jeder Form geben. Im Goldenen Zeitalter wird es natürlich die heutige Art der Sozialversicherung überhaupt nicht mehr geben, weil ihr sofort spüren werdet, wenn euer Mitmensch etwas braucht. Es wird jedem ein tiefes

Herzensbedürfnis sein, ohne lange zu fragen dem anderen seine Hilfe anzubieten. Euer gesteigertes Mitgefühl wird es euch unerträglich machen, einen Mitmenschen darben zu sehen.

Siegfried: Die Sozialversicherung der Zukunft wird also auf Mitgefühl und gegenseitigem Dienen basieren?

Kuthumi: So wird es sein. Die Sozialversicherung der Zukunft wird nicht auf Angst und einer Institution basieren, bei der man sich versichern muss, um Geld zu bekommen, wenn es einem schlecht geht. Ihr wisst ja schon, dass Geld im Goldenen Zeitalter keine Bedeutung mehr haben wird. Das Sozialversicherungssystem basiert auf Angst und auf der Verbindung zu diesem kranken Finanzsystem. Es hängt alles zusammen. Die Sozialversicherungen, die ihr heute habt, sind stark mit Wirtschaft, Politik und Finanzwesen verstrickt. All diese Strukturen werden zerbröckeln, weil sie so, wie sie jetzt funktionieren, unmenschlich sind und keine Zukunft mehr haben.

Siegfried: Eine Frage, die viele Menschen heute beschäftigt, mit denen ich über die Krise spreche, ist die Bedeutung des Edelmetalls Gold. Welche Rolle wird es in der Krisenphase, der Aufbauphase und danach im Goldenen Zeitalter spielen?

Kuthumi: Gold wird in allen diesen Teilbereichen sehr wichtig sein. Flüchtet euch jetzt schon in Sachwerte, die immer ihren Wert behalten werden. Gold ist eine der Möglichkeiten, um es ganz schnöde auszudrücken, eure Ersparnisse zu retten. Soviel zur Rolle von Gold in der Krisenphase. In der Aufbauphase wird es für euch immer noch ein stabiles Tauschmittel sein. All diese wertvollen Münzen werden weltweit als das gelten, was sie schon immer waren: Ein Tauschmittel, mit einem stabilen Wert, welches aber weder Zinsen bringt noch Zinsen kostet. Das ist der Unterschied zu dem Geld, das ihr jetzt habt. Gold- und Silbermünzen werden in der Aufbauphase sehr gut als Tauschmittel genutzt werden können. Die spirituelle Bedeutung des Goldes wird aber erst im Goldenen Zeitalter, welches nicht umsonst diesen Namen trägt, zum Vorschein kommen. Hier ist es wichtig zu erwähnen, dass einige Informationen zu diesem Zeitpunkt noch nicht freigegeben werden dürfen, weil sie sonst in falsche Hände geraten könnten. Ich möchte mich darauf beschränken euch zu sagen, dass Gold eine immens hohe Schwingung hat, die es für vielerlei Zwecke sehr geeignet macht. Einer davon liegt in seiner Heilwirkung. Diese Information kann ich gefahrlos preisgeben.

Ihr habt schon erkannt, dass Gold vielfältige Erscheinungsformen besitzt, nicht nur die des gelblich glänzenden Metalls, sondern auch als weißes Pulver. Gold und Silber in ionisierter Form in Wasser gelöst sind ein Heil-mittel. Wenn ihr Gold so zu euch nehmt, wir das einen starken Schub für euer Bewusstsein auslösen. Weiters wirken sich Goldmünzen am Körper getragen sehr wohltuend und ausgleichend auf euere Energiekörper aus. Es verbindet euch mit der Urquelle des Lebens, welche in der Sonne zu finden ist. So viel kann ich euch sagen. Gold ist in Resonanz mit Sonnenlicht und Sonnenlicht ist viel mehr als ihr wahrnehmt, mehr als nur Wärme und Licht. Es besitzt eine Strahlung, die es erst möglich macht, dass die Erde und auch ihr jetzt in diese Schwingungserhöhung geht. Wenn ihr Gold am Körper tragt, wird es euch in Resonanz zur Sonne bringen. Ihr werdet diese Sonnenqualitäten in eurem Energiesystem viel leichter entwickeln können und so selbst zu strahlenden Sonnen werden.

Siegfried: Sehr interessant! Kannst du uns im Vergleich dazu noch etwas zu Silber sagen?

Kuthumi: Silber hat eine komplett andere Schwingung. Das ist nichts Neues. Schon eure alten Kulturen haben entdeckt, dass Gold mit der Sonne in Verbindung steht und Silber mit dem Mond, während die Sonne das männliche und der Mond das weibliche Prinzip verkörpert. Ihr könnt auch Silber sehr zu eurem Wohle verwenden, euch verbinden mit der weiblichen, mystischen, geheimnisvollen Energie des Mondes. Beides wird euch gut tun, denn ihr wisst, dass Harmonie in euren Körpern nur entstehen kann, wenn beide Pole ausgeglichen werden, wenn Gegensätzlichkeiten zur Verschmelzung gelangen und alles seinen gebührenden Platz findet. Es ist durchaus ratsam, euch hin und wieder mit der Mondenergie zu verbinden, die jetzt noch sehr schwankend ist, sich aber auch stabilisieren wird, wenn die Erde in den neuen Zyklus eintritt. Verwendet Silber auch als Heil-mittel. Ihr habt schon entdeckt, dass Silber eine antiseptische Wirkung hat, die eueren Organismus vor vielen schädlichen Einflüssen schützt. Ihr könnt euch selbst darüber informieren. Dieses Wissen ist frei zugänglich. Seid gesegnet!

*»Die Welt wird von ganz anderen Persönlichkeiten regiert,
als gemeinhin von Personen, die keinen Blick hinter
die Kulissen werfen können, angenommen wird.«*
Benjamin Disraeli

3

Politik, Macht, RFID

Siegfried: Liebe El Morya, es freut uns mit dir über die Politik der Zukunft und das allgemeine gesellschaftliche Zusammenleben zu sprechen. Kuthumi hat die kommenden Jahre in drei Phasen eingeteilt: Von 2008 bis etwa 2014 befinden wir uns in der Krisenphase. Danach folgen etwa zehn Jahre Aufbauphase mit einem fließenden Übergang ins Goldene Zeitalter. Wir leben heute in einem extrem zentralisierten Machtsystem. Eine Handvoll Menschen haben die Macht über praktisch den ganzen Globus, indem sie aus dem Verborgenen heraus die Massenmedien, das Finanzsystem, die Politik, die Energieversorgung, die Weltwirtschaft, das Gesundheitssystem, die Nahrungsmittelversorgung, u.a. kontrollieren. Wie wird sich diese Machtstruktur in der Krisenphase entwickeln?

El Morya: Ihr werdet in der Krisenphase sehr viel kopfloses Verhalten von diesen Mächtigen erleben und ihr werdet mit noch mehr Desinformation zu rechnen haben. Es wird einige geben, die trotz allem den Überblick behalten werden und das sind die, vor denen ihr euch am meisten in Acht nehmen solltet. Es gibt spirituell gebildete Machthaber, die sich aber nicht mit der lichtvollen Seite verbündet haben. Trotzdem kennen sie die geistigen Gesetzmäßigkeiten und sie wissen, was jetzt hinter den Kulissen abläuft. Sie nutzen ihr Wissen für ihre dunklen Zwecke und werden viele Fäden noch lange in ihrer Hand halten. Sie werden die „grauen Eminenzen" genannt. Bei ihnen liegt die irdische Macht. Die Politiker, die ihr aus den Massenmedien kennt, sind wie kopflose Hühner ohne fundiertes spirituelles Wissen. Sie sind Systemgläubige, die größtenteils gar nicht wissen, dass sie benutzt werden. Ihnen werden bald die Felle davon schwimmen. Alle diese Sicherheiten, auf die sie aufgebaut haben, werden sich in Nichts auflösen. Es wird jetzt den sogenannten Spitzenpolitikern immer mehr bewusst, dass sie das Volk gar nicht so im Griff haben, wie sie es sich immer selbst vorgegaukelt hatten. Sie werden in Angst und Panik ausbrechen, es euch aber nur in einzelnen Fällen zeigen. Sie werden sehr viele planlose Entscheidungen treffen, die ihr als Folge ihrer Panikattacken einordnen müsst. Ihr erlebt ein letztes Aufbäumen, etwas zu retten, was nicht mehr zu retten ist. Sie sind bloß Schachfiguren in einem größeren Spiel, welche sie nicht durchschauen.

Siegfried: Die Präsidenten und Premierminister, die wir aus den Medien kennen, sind also gar nicht die Menschen, welche die Macht auf dieser Welt inne haben?

El Morya: So ist es. Sie sind arme Menschen, die von einer Vision getrieben wurden, welche anfangs noch rein und gut war. Je weiter sie die Karriereleiter nach oben erklommen haben, desto mehr wurden sie jedoch vom System korrumpiert. Es hat sie verschluckt. Wenn du dich auf so ein mächtiges System einlässt, musst du deinen Eigenwillen abgeben und dich dem größeren Ganzen beugen. Und so sind sie immer weiter an die Spitze emporgehoben worden, vom Volk, aber auch von den Medien, die viele Illusionen um sie herum gewoben haben. Als sie dann am Ende ihres Weges an der Spitze angekommen waren und sich als Sieger dünkten, umworben und bejubelt waren, erkannten sie, dass jetzt der Punkt erreicht war, an dem die eigene Ohnmacht beginnt. Sie wurden plötzlich mit Tatsachen konfrontiert, die ihnen bis dahin nicht bewusst waren. Ihnen wurden die wahren Hintergründe enthüllt, aber da war es schon zu spät. Es gab kein Zurück mehr. Sie haben dieses Spiel schon viel zu lange mitgespielt, um sich jetzt noch daraus lösen zu können, ohne dabei ihre Karriere zu ruinieren. Ab da hat sie das System fest im Griff. Dieser Griff besteht nicht nur aus Erpressung und Drohungen, sondern auch aus dem süßen Geschmack der Macht und dem guten Leben, das damit verbunden ist. Dieser Fülle an Versuchungen kann kaum einer widerstehen. Und wer es tut, wird viel verlieren, manchmal sogar das Leben. Durch ihren langen Werdegang haben sie verlernt, in ihre eigene Macht zu gehen. Sie haben ihre persönliche Macht abgegeben und sich einer höheren Macht übereignet. Sie werden schwach und schwächer. Mit ihnen wird gespielt wie mit leblosen Marionetten. Sie werden auf dem Schachbrett hin und her geschoben, ob es ihnen passt oder nicht. Aber das Spiel ist schon viel zu weit fortgeschritten, als dass sie noch aussteigen könnten.

Siegfried: Ist es als Teil dieses Systems überhaupt möglich, etwas zum Besseren zu verändern?

El Morya: Nein, das ist unmöglich. Das sage ich laut und deutlich. Daher muss es zerbrechen. Es hat keinen Sinn, wenn gutmeinende Seelen hier noch versuchen, auf politischem Wege das Ruder herumzureißen. Es ist nicht möglich. Das Energiefeld ist viel zu stark.

Siegfried: Viele Amerikaner setzen große Hoffnungen in ihren Präsidenten Obama. Ist er auch nur eine Schachfigur oder kann er wirklich etwas Positives bewirken?

El Morya: In seinem Herzen sind gute Absichten zu sehen, aber auch er spielt dieses böse Spiel mit. Niemand würde in diesem mächtigen Land bis an die Spitze gelangen, wenn es von den grauen Eminenzen nicht gewollt wäre. Die Drahtzieher haben Obama fest in der Hand. Sie haben die Kontrolle darüber, wer auf dem Präsidentenstuhl landet.

Siegfried: Man muss also die Hoffnung vieler Menschen enttäuschen, die meinen, dieser Präsident würde das Ruder herumreißen und vieles zum Besseren wenden?

El Morya: So ist es. Dieses System erlaubt nicht, dass eine wohlmeinende, lichtvolle Seele die Herrschaft übernimmt. Was denkst du denn, wie schnell so ein Mensch vom System ausgespuckt wird? Er wird geprüft auf Herz und Nieren und wer nicht pariert, wer sich nicht korrumpieren lässt, fliegt raus. Das geschieht nicht unbedingt durch Gewalt, sondern durch Verführung. Die dunkle Seite arbeitet mit den Werkzeugen der Verführung und Verlockung. Wenn ein Mensch nicht nachgibt und sich dem System nicht beugt, wird er ausgespien, weil er unverdaulich ist. Ein lichtvoller Fremdkörper wird in so einer dunklen Hierarchie niemals bis an die Spitze gelangen.

Siegfried: Wir haben vom Schachspiel und den Schachfiguren gesprochen. Mich würde interessieren, wer denn die eigentlichen Schachspieler sind?

El Morya: Sie werden, wie ich schon gesagt habe, „graue Eminenzen" genannt. Sie sind spirituell weit entwickelten Menschen, die Zugang in die geistige Ebene haben. Sie verfügen über das gleiche Wissen, welches auch lichtvolle Wesen haben. Dieses Wissen kann immer für beide Zwecke, lichtvoll oder dunkel, verwendet werden. Deshalb können wir manches nicht bekannt geben, damit es nicht für dunkle Zwecke missbraucht wird. Diese grauen Eminenzen gab es zu allen Zeiten. Sie sind Magier, uralte Seelen, die auch vermögen, lückenlos zu inkarnieren. Sie müssen nicht wieder alles von der Pike auf lernen, wenn sie neu inkarnieren. Sie können sofort dort weitermachen, wo sie zuerst aufgehört haben. Sie nehmen all ihr Wissen mit. Das ist bei normalen Menschen nicht der Fall. Die grauen Eminenzen beherrschen die Kunst der Magie und setzen sie auch konsequent ein. Sie werden von einem dunklen Energiefeld getragen, welches nicht das Wohl der Menschheit und des Universums zum Ziel hat, sondern eigennützige Machtziele verfolgt. Sie stehen an der Spitze dieses Feldes. Sie sind die Sturmtruppe. Es ist leider eine Tatsache, dass dieses machtvolle, dunkle Energiefeld von außerplanetarischen Wesenheiten genährt wird. Es gibt ein Dunkelfeld im Universum, welches diese irdischen Machtstrukturen unterstützt. Sie wurden von Menschen gebeten, sich einzumischen. Du weißt, wie geistige Gesetzmäßigkeiten funktionieren: Wenn es der Wille der Menschen ist, so muss dem stattgegeben werden, obwohl sie nicht das Wohl der Erde im Sinn haben. Das Energiefeld, welches die grauen Eminenzen auf irdischer Ebene errichtet haben, ist stockdunkel und tiefschwarz. Traurig, aber wahr.

Siegfried: Wenn diese grauen Eminenzen Zugang zu hohem spirituellen Wissen haben, dann müssten sie doch einsehen, dass sie sich mit ihrem Tun nur schaden. Warum tun sie es trotzdem?

El Morya: Du verstehst das nicht, mein Lieber. Sie fühlen sich als Herr der Lage. Sie sind die Herrscher der Welt. Sie haben alle Macht und alle Möglichkeiten. Sie haben jeden Menschen in der Hand, der sich auf sie einlässt. Sie werden von diesem Machtrausch genährt und erfüllt. Du kannst dir das wie einen gigantischen Drogenrausch vorstellen, der auf einer völlig anderen Ebene immens befriedigt.

Siegfried: Das ist etwas, was wir uns, ich sag jetzt einmal als „normale Menschen", nicht vorstellen können.

El Morya: So ist es.

Siegfried: Und darin liegt für diese Wesen auch die Motivation, damit weiter zu machen?

El Morya: Ja, denn dieser Drogenrausch verlangt nach immer mehr Stoff. Diese Wesen sind massiv abhängig. Was glaubst du, was ihre Droge ist? Na? Ihre Droge ist menschliche Lebensenergie. Damit gehen natürlich auch materielle Güter einher. An diesen leiden die Drahtzieher wahrlich keinen Mangel. Du kannst dir gar nicht vorstellen, welche Reichtümer sie über viele Jahrtausende angesammelt haben. Neben den materiellen Reichtümern werden auch Wissensreichtümer gehortet. Es ist eine traurige Tatsache, dass der Menschheit viel hohes Wissen vorenthalten wurde. Die grauen Eminenzen haben es sich unter den Nagel gerissen und vor euch weggeschlossen. Diese dunklen Wesen kennen die geistigen Gesetze wie ihre Westentasche. Sie wissen genau, wie man Menschen um deren Lebensenergie betrügt und wie man starke Energiefelder anzapft und aussaugt. Sie setzen hochmoderne Technologien ein, um euch die Lebensenergie abzusaugen. Über Medien aller Art wird Manipulation auf die perfideste Weise ganz unentdeckt ausgeübt. Diese Wesen haben ihr Handwerkszeug gelernt. Sie wissen genau, wie man Menschen fängt und die merken es nicht einmal. Sie gehen freudig wie ahnungslose Schafe ihrem Schlächter entgegen. Abermals: Traurig, aber wahr.

Siegfried: Du hast davon gesprochen, dass hier außerplanetarische Mächte eine Rolle spielen. Manche vermuten, dass hinter den Mächtigen dieser Welt reptilienartige Wesen stehen. Stimmt das?

El Morya: Ja. Das ist eine der Sorten außerirdischer Wesen, die dieses Energiefeld nähren. Aber das sind noch die harmlosesten. Sie sind noch gar nicht so tief dunkel. Es gibt noch dunklere, die ebenfalls seit sehr langer Zeit auf der Erde mitwirken.

Siegfried: Kommen wir wieder zurück zu den aktuellen Entwicklungen. Es stehen uns also Chaos und noch mehr Desinformation bevor. Wie wird sich dann die politische Situation weiterentwickeln?

El Morya: Sie wird ihren ganz normalen Gang gehen. Du weißt, dass im Rahmen der Schwingungserhöhung nur diejenigen stabil sein werden, die in sich Halt gefunden haben und gefestigt sind. Du kannst dir ausrechnen, dass viele der jetzigen Machthaber diesen Halt nicht in sich spüren. Sie werden in Verzweiflung ausbrechen, krank, wahnsinnig und depressiv werden. Es wird eine ganz natürliche Auslese stattfinden und das alte niedrigschwingende System wird in sich zusammenbrechen wie ein Kartenhaus. Den Schafen wird dann endlich bewusst werden, wer sie wirklich führte. Die Bevölkerung wird das wahre Gesicht ihrer Führer sehen und sie wird nicht wollen, dass diese Typen weiterhin an der Macht bleiben. Das Licht wird unbarmherzig alle Schwächen euerer Politiker zum Vorschein bringen. Es wird ihnen ergehen, wie allen Menschen: Spreu und Weizen werden getrennt. Das Vertrauen der Menschen in ihre Regierungen wird zerrüttet. Das ist der Anfang vom Ende dieses maroden Systems.

Siegfried: Wird es bei dieser Zerrüttung in der Krisenphase auch zu kriegerischen Handlungen kommen?

El Morya: In manchen Ländern wird es so weit kommen. Das ist traurig, aber wahr. In manchen Ländern wiederum steht es auf der Kippe. Deshalb bitten wir euch: Schlagt euch auf die Seite des Friedens, damit vermieden werden kann, was noch zu vermeiden ist!

Siegfried: Müssen wir damit rechnen, dass es zu einem Weltkrieg kommt?

El Morya: Das ist noch nicht eindeutig klar. Leider kann ich euch darauf keine eindeutige Antwort geben. Es ist auch für uns noch nicht ersichtlich und deshalb ist es uns ein so großes Anliegen, möglichst viele Menschen zu erreichen, damit sie sich für den Frieden einsetzen, während die andere Seite ihre Energie in Kriegsvorbereitungen steckt. Es muss ein Gegenpol geschaffen werden und ihr wisst, wie das funktioniert: Es bedarf einer gewissen Masse von Menschen, um einen Umschwung zu erreichen. So lange die Entscheidung zwischen Krieg und Frieden noch auf Messers Schneide steht, bitten wir euch, euere Kraft in die Waagschale des Friedens zu werfen.

Siegfried: Die jetzigen Machthaber werden nicht so schnell aufgeben. Sie werden alle Hebel in Bewegung setzen, um ihre Macht so lange wie möglich zu erhalten. Dazu greifen sie auch zu ganz radikalen Mitteln. Manche meinen, dass geplant wird, den Menschen einen

Computerchip (RFID) einzusetzen, um sie noch besser kontrollieren zu können. Was ist an dieser Geschichte dran?

El Morya: Ja, das sind tatsächlich reale Bestrebungen mancher Regierungen. Es ist mir ein Gräuel, euch mitteilen zu müssen, dass auch euer Land dazugehört. Es wird versucht, durch Massenimpfungen diese Chips wie eine Seuche zu verbreiten. Es wird tatsächlich daran gearbeitet, Menschen zu kennzeichnen, ohne dass sie etwas davon erfahren. Traurig, dass ich euch das mitteilen muss. Es ist uns daher ein großes Anliegen, euch immer wieder zu sagen: Weigert euch, wehrt euch! Macht bei diesen Zwangsimpfungen nicht mit! Es werden nicht nur Chips implantiert, sondern auch Krankheitserreger eingeimpft. Das ist die perfideste Methode, wie manche Regierungen versuchen, die Bevölkerung zu dezimieren. Ist euch schon aufgefallen, wer als erstes geimpft werden soll, welche Bevölkerungsgruppen schachmatt gesetzt werden sollen? Es ist ein großes Verbrechen an der Menschheit, das hier geplant wird. Obwohl ich es nicht gerne sage, muss ich es doch tun, um euch zu warnen. Ihr wisst, dass Angst zu verbreiten nicht das Bestreben der weißen Bruderschaft ist, aber wenn ihr nicht Bescheid wisst, könnt ihr euch nicht schützen. Es ist an der Zeit, ganz klar und deutlich zu erkennen, was wirklich mit euch geschieht. Ihr seid wie Schlachtvieh für die herrschenden Machthaber. Ihr werdet ausgesaugt und gemolken, bis es nicht mehr geht. Man verfährt mit euch, wie ihr in den Schlachthöfen mit euren Schlachttieren umgeht. Es spielt keine Rolle, ob ihr leidet. Es spielt keine Rolle, ob eure menschliche Würde gewahrt bleibt. Es spielt keine Rolle, was ihr denkt und fühlt. Es geht um Macht. Es geht um die Kontrolle der Massen.

Siegfried: Das sind jetzt wirklich sehr beunruhigende Informationen und ich will dich explizit noch einmal fragen, ob sie zur Veröffentlichung gedacht sind, oder ob wir sie für uns behalten sollten?

El Morya: Das überlasse ich euch. Ihr habt schon erkannt, dass ihr mit vielen Menschen Klartext sprechen könnt. Sie ertragen die Wahrheit, so radikal sie auch sein mag. Wir wollen euch nicht schwächen und noch mehr Lasten aufbürden, als ihr ohnehin zu tragen habt. Aber euch soll diese Information dienen, um wirklich Klarheit zu haben.

Siegfried: Die Strategie sieht also so aus, dass man eine Epidemie inszeniert, um die Bevölkerung zur Impfung zu bewegen. Dabei sollen ja auch besonders Kinder erreicht werden.

El Morya: Es wird versucht, die Kinder zu treffen, es wird versucht die hilfsbereiten Bevölkerungsgruppen zu treffen, es wird versucht das Krankenhauspersonal treffen, es wird versucht Hilfsmannschaften zu treffen. Man will gezielt Bevölkerungsgruppen ausschalten, die im Krisenfall den Menschen zur Hilfe eilen könnten, die dann jedoch schachmatt gesetzt werden und so keine Hilfe leisten können. Erkennst du diese perfide Struktur?

Siegfried: Ja, und ich glaube es ist jetzt an der Zeit, offen über diese Themen zu sprechen und auch den Menschen, die es ertragen können, darüber Bescheid zu sagen.

El Morya: Es steht vor der Tür, ihr wisst es. Eure Machthaber sind sehr erpicht darauf, dass diese Impfungen so schnell als möglich und so weitreichend als möglich stattfinden. Sie wollen die ganze Bevölkerung erreichen. Noch können sie es nicht, aber sie werden Mittel und Wege suchen, wie sie es den Menschen so sehr eintrichtern und aufdrängen, dass sie plötzlich schreien werden: „Lass mich zur Impfung gehen, ich möchte auch geimpft werden." Sie werden es so drehen, dass es für die Menschen so aussieht, als wäre es die absolute Sicherheit. Wenn erst viele unerklärliche Krankheitsfälle auftreten werden, werden die Menschen in Panik geraten und sich wie Schlachtvieh drängen, um den Gnadenschuss zu erhalten. Sie werden denken, es sei ihre Rettung, aber es ist ihr Untergang.

Siegfried: Diejenigen, die davon wissen, werden sich auf keinen Fall impfen lassen. Welche weiteren Ratschläge kannst du uns geben, wie wir uns in dieser schwierigen Situation verhalten sollen?

El Morya: Vernetzt euch und schließt euch zusammen. Es ist wichtig, in Gruppen Stärke zu finden. Tut euch mit Gleichgesinnten zusammen! Das ist nicht nur ein liebenswerter Ratschlag von uns, sondern es ist Notwendigkeit, um die kommenden Zeiten besser überstehen zu können. Sucht Menschen, die zueinander stehen, bei denen die Basis jetzt schon Herzensliebe, Hilfsbereitschaft und Brüderlichkeit ist und die untereinander durch offenen, wahrhaftigen Austausch Stärke gewinnen. Es dürfen ganz verschiedene Gruppen sein, so wie sie sich natürlich entwickeln. Das wird Stärke geben, das wird eine Art

Baum mit festem Stamm werden, der in der Erde tief verwurzelt ist. Vom Stamm aus streben die Individuen wie Äste und Zweige in verschiedene Richtungen, je nach ihrer Begabung und Neigung. Dieses Bild bitte ich euch den Menschen mitzuteilen. Seid wie eine starke, dicke Eiche, die nicht umzuwerfen ist. Das wird euer Halt sein, zusätzlich zu diesem persönlichen Halt in euerem Inneren, den wir immer wieder betonen.

Siegfried: Wird es sozusagen zu Bürgerbewegungen kommen, die sich aus der herrschenden Machtstruktur befreien?

El Morya: Ja. Ein Einzelner kann zu diesen ganzen manipulativen Kräften keinen Gegenpol bilden. Wenn aber dieser Einzelne eine starke Gruppe von liebevoll orientierten Gleichgesinnten findet, dann hat er einen Rückhalt. Er steht nicht mehr alleine gegen die vorherrschende Meinung der manipulierten Schafherde, sondern entdeckt, dass er mit seinem Gefühl schon richtig liegt und dass andere genau so denken wie er. Wenn viele Menschen sich gegenseitig in ihrer positiven, lichtvollen Ausrichtung bekräftigen, dann fällt es dem einzelnen Individuum immer leichter, stabil zu bleiben, fest in seiner Grundhaltung zu verharren und sich nicht manipulieren zu lassen.

»Was die Raupe Ende der Welt nennt,
nennt der Rest der Welt Schmetterling.«
Lao Tse

4

Die Gesellschaft der Zukunft

Siegfried: Nachdem wir jetzt einen Eindruck der Entwicklungen in der Krisenphase und der Aufbauphase gewonnen haben, würde uns interessieren, wie die Gesellschaft im Goldenen Zeitalter strukturiert sein wird?

El Morya: Hier geht es jetzt um Möglichkeiten, denn du weißt, dass der Dreh- und Angelpunkt für das Goldene Zeitalter euere Kreativität und Aktivität sein wird. Ihr werdet die Systeme der Zukunft selbst erschaffen und aufbauen. Es werden regionale Gemeinschaften entstehen. Sie werden eine innere Struktur haben, die kreisförmig aufgebaut sein wird, wie ein Kreis von gleichgesinnten und gleichrangigen Menschen. Es wird verschiedene Tätigkeitsbereiche und Zuständigkeitsbereiche geben, weil jeder dieser Menschen im Kreis andere Fähigkeiten und Talente besitzt. Es wird auch Führungspersönlichkeiten geben. Diese Personen werden aus dem kompletten Kreis nach ihrer Herzensqualität, ihrer Führungsqualität und ihrer Weisheit ausgewählt. Sie werden ihre Führungsposition so lange inne haben, bis sie daraus entlassen zu werden wünschen oder bis die Gruppe entscheidet, dass die Position neu besetzt werden sollte. Das Kollektiv wird erspüren, wer wirklich diese Herzensqualität besitzt und ein liebevoller weiser Führer ist. Dadurch, dass dies nur auf einen gewissen Zeitraum angelegt ist, werden keine starren Machtstrukturen mehr entstehen. Es wäre auch nicht im Sinne des Ganzen, denn niemand wird mehr Macht über andere aus egoistischem Selbstzweck ausüben wollen. Die Aufgabe, Menschen zu führen wird eine schöne Sache sein, denn sie wird stark mit väterlicher Fürsorge und weisem Überblick verbunden sein. Die Führungsperson wird sich für jedes der Mitglieder des Kreises verantwortlich fühlen und seine Weisheit dort einsetzen, wo sie gebraucht wird.

Siegfried: Wie groß wird so ein Kreis in etwa sein? Sprechen wir von Dörfern oder ganzen Regionen?

El Morya: So ein Kreis muss nicht einen ganzen Ort umfassen. Es kann sein, dass ein Ort wie ihr ihn jetzt kennt aus mehreren solcher Kreise besteht und jeder dieser Kreise hat seine Führerschaft. Die Führungspersonen werden sich wiederum in einer Art Gremium zusammenfinden. Regelmäßiger Austausch ist wichtig, denn es entsteht ja so viel Neues und der Wandel geht ständig weiter. Im Goldenen Zeitalter werden diese Führungspersonen nicht nur politische, sondern auch spirituelle Leitfunktion haben. Da wird es keine starke Trennung mehr geben, denn die Menschen werden nur solchen Personen zuhören wollen, die hohes spirituelles Wissen in sich tragen. Nur dann fühlen sie sich geborgen und gut geführt.

Siegfried: Das klingt so ähnlich wie in einer Demokratie, wo aus einem Gremium von ausgewählten Menschen eine Führungsgruppe gewählt wird. Ist das wovon du sprichst vergleichbar mit einer demokratischen Struktur?

El Morya: Nein. Ich spreche davon, dass jeder Einzelne jederzeit ein Mitspracherecht haben wird. Er hat jederzeit die Möglichkeit, seine Wünsche und Anregungen seinem Gruppenleiter mitzuteilen. Dieser kann dann die Idee oder Anregung aufnehmen und in die nächste Gruppe einbringen. Du kannst diese Struktur sehen wie die Verbindung von Gliedern einer Kette, die sich zu immer größeren Ringen zusammenschließen. Es ist kein starres System, sondern etwas Organisches. Es ist eine Art Vernetzung, aber nicht in einem System von starren, geraden Linien, sondern von Kreisen, die einander berühren.

Siegfried: Jetzt kommt es in menschlichen Gemeinschaften häufig vor, dass es gegensätzliche Standpunkte gibt und man nur einen davon verwirklichen kann, wobei der andere überstimmt wird. Wie wird denn in deinem System mit Interessenkonflikten umgegangen?

El Morya: Die Weisheit wird die letzte Instanz sein. Wenn verschiedene Meinungen aufeinandertreffen - und dies mögen ja nicht nur zwei sein, sondern könnten auch mehrere sein - dann wird jede Meinung gehört und anschließend im gegenseitigen Austausch geklärt, welche die weiseste ist. Es wird ein schönes Raster von spirituellen Gesetzmäßigkeiten geben, durch das man alle diese scheinbaren Konflikte lösen kann. Am Schluss wird es eine weise Lösung geben, mit der alle gut leben können, weil sie den göttlichen Grundsätzen entspricht. Es ist wie ein Aussiebverfahren von verschiedenen Ideen und manches Mal werden auch alle Ideen als stimmig empfunden, denn es muss nicht immer einen Widerspruch bedeuten, wenn entgegengesetzte Meinungen herrschen. Es kann ein Sowohl-als-auch sein. Viele Gedankenmodelle sind denkbar, aber es wird keiner als Verlierer hervorgehen, denn das wäre wieder eine unerträgliche Disharmonie. Es wird immer nach einer Win-win-Situation gesucht werden.

Siegfried: Wird es eine einzelne Führungspersönlichkeit geben, die dem ganzen Kollektiv für eine gewisse Zeit vorsteht, so etwas wie einen Präsidenten?

El Morya: Das liegt an euch. Die Strukturen werden sehr organisch und flexibel sein. In manchen Gruppen wird ein Gremium die Führungsarbeit leisten, in anderen wird es eine Einzelperson sein. In jedem Fall wird es immer einen Primus inter pares (Erster unter Gleichen) geben, der das Wort führt. Auch wenn die Gleichwertigkeit und Gleichrangigkeit gegeben ist, muss er die Führung wahrnehmen, aber er kann sie jederzeit abgeben und weiterreichen. Die Führungsstrukturen des Goldenen Zeitalters sind nichts Starres und nicht nur auf eine Person konzentriert. Es wird auch überregionale Versammlungen geben, denn du kannst dir vorstellen, dass hin und wieder auf Landesebene solche geistigen Austausche gewünscht werden, wenn es um Angelegenheiten geht, die größere Bereiche betreffen. Aber grundsätzlich werden regionale Bedürfnisse in regionalen Gremien abgehandelt werden.

Siegfried: Das klingt sehr ähnlich zu unserem bestehenden System. Wir haben Gemeinden, Länder und den Bund und dann noch übergeordnete Institutionen wie die EU. Also wird es in Zukunft auch verschiedene Ebenen von Verwaltungseinheiten geben?

El Morya: Es wird nicht diese globalen Machtstrukturen geben. Alle diese Kreise, von denen ich dir erzählt habe, sind völlig anders strukturiert als euer heutiges Machtsystem. Es ist für euch noch schwer verständlich, dass dieser Machtapparat nicht mehr existieren wird, weil niemand nach Macht streben wird. Im Goldenen Zeitalter sind männlicher und weiblicher Pol ausgeglichen. Machtstreben ist ein männlicher Wesenszug. Dieser wird durch den weiblichen Wesenszug des miteinander Redens und der Suche nach einem Ausgleich harmonisiert werden. Wenn beide Qualitäten in Harmonie sind, wird niemand mehr nach Macht streben und alles unter sich beherrschen wollen. Manipulation wird dann gar nicht mehr möglich sein, weil die Menschen es sofort spüren würden. Eure Energiekörper werden sehr empfindsam sein und sofort wahrnehmen, was läuft. Es wird nicht mehr möglich sein, sich zu verstecken und seine wahren Absichten zu verbergen. Das alles ist ein Spiel der Vergangenheit und deshalb kannst du es mit den herrschenden Machtstrukturen nicht vergleichen.

Siegfried: In unserer Gesellschaft haben wir Grundsätze, die ein Volk für richtig und wertvoll hält, in einer Verfassung niedergeschrieben. Wird es im Goldenen Zeitalter auch so ein Schriftwerk geben, in dem die Grundprinzipien festgehalten sind und für alle verbindlich gelten?

El Morya: Natürlich. Diese Grundprinzipien gibt es längst. Wir sprechen oft von den geistigen Gesetzen, von der göttlichen Ordnung. Sie ist universell und die Erde wird ja in eine Zeit gehen, in der sie dem Universum gegenüber offen ist. Die geistigen Gesetze gelten im ganzen Universum. Die Erde schließt sich einfach an und erkennt endlich, dass menschengemachte Gesetze gar nicht nötig sind, vorausgesetzt, die geistigen Gesetze werden geachtet, respektiert und gelebt. Diese Gesetze basieren auf Liebe. Mehr ist nicht nötig.

Siegfried: Du sagst, es wird keine globalen Machtstrukturen mehr geben. Aber nach welchen Regeln laufen denn dann die Beziehungen zwischen den verschiedenen Ländern der Erde ab?

El Morya: Man wird sich gegenseitig respektieren und akzeptieren. Jede Region wird in ihrer Individualität anerkannt werden. Jeder Bereich wird sich selbstständig und eigenverantwortlich um das kümmern, was für ihn notwendig und nützlich ist. Andere Länder werden sich wieder nach ihren spezifischen Bedürfnissen richten. Man kann und wird nicht alle Länder über einen Kamm scheren. Internationale Institutionen wie die EU versuchen das und ihr seht ja, dass es nicht funktioniert. Auch energetisch sind die Regionen der Erde ganz unterschiedlich gelagert. Eine Wüstenregion ist spirituell viel hochstehender als eine Waldregion, weil dort ganz andere Energien herrschen. Die Menschen werden dort leben, wo sie sich zu Hause fühlen. Es wird ein reges Kommen und Gehen geben, denn es wird nicht mehr nötig sein, an deinem Geburtsort verwurzelt zu sein. Du wirst dir das Lebensumfeld aussuchen, welches deiner Entwicklung am meisten entgegen kommt. Du wirst dir die Menschen aussuchen, die du jetzt gerade brauchst, um dich voll entfalten zu können. Ihr werdet in Zukunft die Erdqualitäten viel mehr zu schätzen wissen. Ihr sprecht ja jetzt schon von Kraftorten und Kraftplätzen. Es ist tatsächlich so, dass die Erde auf ihrer gesamten Oberfläche verschiedene Kraftorte und Energiequalitäten zur Verfügung stellt, welche mit den Individuen in Wechselwirkung treten. Ihr werdet dann viel deutlicher spüren, welche Qualität wo herrscht und welche inneren Entwicklungsprozesse sie anstoßen werden. In direkter Interaktion zwischen Erde und Mensch wird es möglich sein, ganz neue Fähigkeiten in euch zum Vorschein zu bringen.

Siegfried: In unseren politischen Systemen ist es so, dass die Legislative Gesetze verabschiedet, die dann relativ kompromisslos von der Judikative und Exekutive - häufig gegen den Willen der Betroffenen - durchgesetzt werden. Wie werden denn die Entscheidungen im Goldenen Zeitalter umgesetzt?

El Morya: Im Goldenen Zeitalter werden die Entscheidungen ja von allen getragen und somit wissen auch alle Bescheid. Jeder kann beobachten, ob die Entscheidungen auch wirklich umgesetzt werden, oder nicht. Wenn etwas schief läuft, so hat jeder die Möglichkeit einzuschreiten. Dieses Problem wird sich aber gar nicht so oft ergeben, da es jedem ein Herzensbedürfnis sein wird, zur erfolgreichen Umsetzung der Entscheidung beizutragen. Das ist für euch vielleicht jetzt noch schwer verständlich, aber wenn die Entscheidungen immer zum Wohlergehen aller getroffen werden, ist für die Umsetzung gar nicht mehr so viel Druck und Kontrolle nötig.

Siegfried: Es wird also keine Gerichte, Polizei und Gefängnisse mehr geben?

El Morya: Das sind Ausdrücke, von denen ihr euch verabschieden dürft. Allein das Wort „Gefängnis" beschreibt den aktuellen Zustand der Welt präzise, mein Lieber. Es wird im Goldenen Zeitalter mit Sicherheit keine Gefängnisse mehr geben. Das ist ein menschengemachtes Konstrukt, das du sonstwo im Universum vergeblich suchen würdest, weil es absolut nichts Positives an sich hat, Menschen vom Rest der Gesellschaft wegzusperren. Alle diese einengenden Strukturen widersprechen dem größten Prinzip, um das es hier überhaupt geht: der menschlichen Freiheit. Die gesamte Bewusstseinsentwicklung der Erde und der Menschen zielt auf Freiheit ab. Wie könnte ein Gefängnis diesem Prinzip entsprechen? Wie könnten Gerichte diesem Prinzip entsprechen? Wie könnte ein starr organisierter Polizeiapparat diesem Freiheitsgedanken entsprechen?

All diese Strukturen werden keinen Bestand haben. Was es geben wird, ist ein Weisenrat, denn es werden hin und wieder Themen auftauchen, über die gesprochen werden muss. Aber diese weisen Köpfe, die immer mit ihrer Herzensliebe in Verbindung stehen, werden passende Lösungen finden. Selbst wenn es einem Individuum schwer fallen sollte, sich ins bestehende Ganze einzufinden, so wird in liebevollem Austausch ein Weg gefunden, wie Konflikte ausgeräumt werden können. Es kann ja tatsächlich vorkommen, dass Menschen aus einem Lebensbereich in einen anderen überwechseln, in dem andere Regeln herrschen, weil es für die dort lebenden Menschen so stimmiger ist. Dann wird es nötig sein, dass sich neu zugezogene Mitglieder in diese Gemeinschaft integrieren. Aber es kann genauso sein, dass die Gruppe als Ganzes sich den neuen Voraussetzungen anpasst und die neuen Mitglieder als Bereicherung empfindet und beschließt, geltende Gemeinschaftsregeln anzupassen. Das ganze Gefüge wird sehr lebendig sein, aber keinesfalls wird es Gefängnisse und repressive Machtstrukturen geben.

Siegfried: Eine Frage drängt sich mir jetzt auf: Wenn im ganzen Universum die gleichen spirituellen Gesetze gelten und sich alle danach richten, wie kann es dann überhaupt zu unterschiedlichen Gesellschaftsformen kommen?

El Morya: Ich habe nicht gesagt, dass sich alle Sternenvölker an die geistigen Gesetze halten. Du musst verstehen, dass das Universum sehr bunt bevölkert ist und dass es sehr wohl weitere Planeten und Sternensysteme gibt, die in niedrigeren Schwingungen existieren. So wie auch die Erde bisher in einer Schwingung existiert hat, in der die geistigen Gesetze zwar genauso gelten, aber dennoch nicht eingehalten wurden. Alle hochentwickelten Kulturen im Universum halten sich an die geistigen Gesetze, weil es gar nicht anders geht. Würden sie sich nicht daran halten, wären sie nicht hochentwickelt. Das ist ja auch der Grund, warum sich euere Sternenbrüder nur dann in eure irdischen Angelegenheiten einmischen dürfen, wenn es ihnen gemäß der geistigen Gesetze gestattet wird. Manchen wird es nicht gestattet und dann warten sie ab, bis sich die Voraussetzungen ändern und sie die Erlaubnis erhalten. Andere haben sich in der Vergangenheit eingemischt, ohne diese Gesetze zu beachten. Auch das ist möglich.

Siegfried: Ich möchte jetzt ein Beispiel konstruieren: Wenn sich auf den Kontinenten der Erde alle Gesellschaften an den selben universellen Gesetzen orientieren und ihr Zusammenleben auf Basis von Mitgefühl und Liebe organisieren, werden wir dann schlussendlich nicht auf allen Kontinenten die selbe Gesellschaftsform haben?

El Morya: Ja, du hast Recht. Es wird nicht sehr viele Unterschiede geben, aber es wird regionale Abweichungen geben, die durch die verschiedenen örtlichen Energiequalitäten bedingt sind. Bleiben wir bei dem Beispiel Wüste: Menschen, die dort leben, werden sehr hochschwingenden Energien ausgesetzt. Sie werden vielleicht die Regel aufstellen, dass ein Individuum die Möglichkeit hat, für einen gewissen Zeitraum zu schweigen. Wüstenbewohner könnten die Gewohnheit entwickeln, sich häufig in meditative Stille zu versenken. Wenn jetzt so ein Wüstenbewohner in eine Region kommt, in der eine quirlige, lebendige Erdenergie herrscht, werden die dortigen Bewohner überrascht feststellen, dass hier ein schweigender Mensch in ihrer Mitte ist, der beschloss, anders zu sein. Aber dieser schweigende Mensch wird sich mitteilen und die quirligen Menschen werden eine neue Verhaltensmöglichkeit entdecken. Einige werden das vielleicht als neue Herausforderung sehen und einmal erkunden, was es da in der Wüste Schönes zu entdecken gibt. Der Wüstenbewohner, der es so geschätzt hat zu schweigen, wird vielleicht erkennen, dass er jetzt gerade in seiner Weiterentwicklung den Aspekt des lebendigen, freudvollen Miteinanders benötig. Es wird also durchaus je nach Region unterschiedliche Gebräuche und Sitten geben.

Siegfried: Das ist eine spannende Geschichte. Du hast ja erwähnt, dass die Wüstenregionen spirituell höher schwingen als die Waldregionen. Kannst du näher darauf eingehen?

El Morya: Es wird auch noch ganz andere interessante Regionen geben. Es ist so vieles möglich, aber das würde den Rahmen dieses Kapitels sprengen. Es werden sehr viele Kraftorte von Menschen geschaffen werden und ich bitte euch jetzt schon diese zu erkunden und zu erfühlen. Ihr könnt intuitiv spüren, welche Qualität ein feuchter, geheimnisvoller, abgeschiedener Wald hat. Stellt euch vor, ihr seid von Pflanzen und Bäumen umgeben, die Transformatoren zwischen irdischen und kosmischen Energien sind. Du wirst einen starken, senkrecht verlaufenden Energiefluss spüren. Menschen, die im Wald leben, werden sehr stark in dieser senkrechten Ausrichtung gepolt sein und sehr tiefe Verwurzelung im irdischen und geistigen Bereich empfinden. Aber sie sind in ihrer Ausdehnung begrenzt. Hingegen herrschen in der Wüste die Leere und die Weite. Sie haben eine völlig andere Qualität, welche es den Menschen ermöglicht, sich bis an ihre Grenzen auszudehnen. Sie werden dadurch ganz andere Qualitäten in sich entwickeln. Das sind jetzt nur zwei Beispiele.

5

Bildung, Schule und Erziehung

Siegfried: Wir haben die auf uns zukommende Zeit in drei Phasen eingeteilt. Derzeit befinden wir uns in der Krisenphase, die durch den Niedergang alter Systeme gekennzeichnet ist. Danach kommt eine Übergangsphase, auch Aufbauphase genannt, in der neue Strukturen aufgebaut werden. Wenn diese ausgereift sind, treten wir ins sogenannte Goldene Zeitalter ein. Wie wird sich das Bildungssystem in den kommenden Krisenjahren entwickeln?

Serapis Bey: In der Krisenphase wird der Kollaps der Finanz- und Wirtschaftswelt seine Schatten auf das Bildungssystem werfen. Das ganze Schulsystem hängt am Geldtropf der Regierungen. Alles ist zentralisiert und was denkst du, wird passieren, wenn plötzlich kein Geld mehr fließt. Das Chaos ist unvermeidbar, aber viele wohlmeinende Lehrer werden eine Art Krisenbetrieb aufrecht erhalten. In Entwicklungsländern ist man es jetzt schon gewohnt, den Schulbetrieb aufrecht zu erhalten, obwohl die Lehrer monatelang nicht bezahlt werden. Auf Dauer haben diese alten Systeme aber keinen Bestand. Die Schüler werden von oben her indoktriniert und die Lehrer sind in eine starre Machthierarchie eingebunden. An der Spitze der Pyramide sitzen die Geldgeber, die Wirtschaft und die Politik, die allesamt das Schulsystem beeinflusst haben, und nicht zum Besseren, das lasst euch gesagt sein. Finanzmagnaten haben nicht nur im Schulsystem sondern auch in den Universitäten die Fäden gezogen. So ein pyramidales, interessengesteuertes Machtsystem trägt natürlich nicht zur individuellen Entfaltung eurer Kinder bei. Deshalb ist euer heutiges Bildungssystem dem Untergang geweiht. Das wird das Beste sein, was allen Beteiligten passieren kann.

Siegfried: Kannst du kurz erläutern, warum die Machthaber und Finanzmagnaten so ein großes Interesse daran haben, Einfluss auf das Bildungssystem zu nehmen?

Serapis Bey: Es ist manchen Wirtschaftsbossen ein Leichtes gewesen, durch ihren Einfluss auf die Politik gewisse Fachrichtungen zu bevorzugen und andere zu vernachlässigen. Manche Studienzweige ließ man einfach finanziell ausbluten. So wurde die Bildung immer einseitiger und die Kinder und Jugendlichen wurden nicht in ihrer Ganzheit gesehen. Ganze Menschenströme wurden so geleitet. Die Bildung musste sich am „Bedarf" orientieren. Die Wirtschaft hat hier ganz rigoros ihr eigenes Ziel, ein gefügiges Arbeitervolk heranzuzüchten, verfolgt. Es kommt aber noch ein weiterer Gedanke dazu, nämlich, je mehr Bildung ein Volk besitzt, desto wacher und kritikfähiger sind die Geister, was dazu führen kann, dass sie sich über Dinge Gedanken machen, die den Herrschenden nicht gefallen. Es ist nicht das Bestreben der Mächtigen, ein intelligentes, selbständig denkendes Volk heranzubilden. Wozu auch? Dummes Volk lässt sich viel besser lenken und leiten.

Siegfried: Das ist einleuchtend und überrascht mich auch nicht sonderlich. Wie wird sich denn jetzt das Schulsystem in der Krisenzeit entwickeln? Du hast gesagt, es wird wahrscheinlich zu Zahlungsausfällen für Lehrer kommen. Wird sich auch an der Art und Weise des Unterrichts etwas ändern?

Serapis Bey: Nein, der Unterricht wird noch eine Weile so fortgeführt werden. Es ist schwer, ein solch behäbiges System zu verändern, schon gar nicht, wenn kein Veränderungswille gegeben ist und die Lehrer noch immer ein marodes System am Laufen halten. Es gibt sehr viele idealistische und wohlmeinende Menschen im Bildungssystem, denen man keinen Vorwurf machen kann. Ihnen sind die Hände gebunden. Du musst auch bedenken, dass allein dadurch, dass das Geld weg bleibt, sich diese alte Beamtenstruktur nicht verändern wird. Warum denn auch? Für die Menschen bilden zumindest diese Strukturen eine Art Rahmen, um den Anschein der Normalität weiter zu wahren. Auch die Bevölkerung wird alles begrüßen, was irgendwie noch beim Alten bleiben kann. Es wird so viel Veränderung passieren, dass die Eltern froh sein werden, wenn zumindest der Schulbetrieb wie gewohnt weiterläuft. Auf Dauer wird sich das Chaos aber nicht vermeiden lassen.

Siegfried: Ich hab jetzt eine Frage zur Krisenphase bis 2012. Wird es noch zu einer Verschärfung dieses enormen Leistungsdrucks kommen?

Serapis Bey: Es wird ähnlich bleiben, wie es jetzt schon ist. Dieser Druck ist enorm und es wird leider keine Verbesserung bis 2012 geben. Das ist die schlechte Nachricht. Man wird auf die Durchführung der alten Maßnahmen rigoros beharren, koste es, was es wolle.

Siegfried: Werden die Bildungsministerien noch sehr viel Druck auf die Lehrerschaft ausüben können, wenn keine Finanzmittel mehr fließen? Sie haben dann ja gar keine Mittel mehr, den Lehrern etwas vorzuschreiben.

Serapis Bey: Tja, da gibt es noch eine Kette, an der die Lehrer hängen. Sie haben sich zu diesem Beamtendienst verpflichtet und diese Verpflichtung wird eingefordert werden. Es wird mit vielerlei psychologischem Druck gearbeitet werden, wie zum Beispiel Entlassung oder Entzug der Sozialleistungen wie Krankenversicherung, Arbeitslosengeld oder Pensionsvorsorge.

Siegfried: Wie muss man sich das vorstellen, wenn keine Finanzmittel mehr durch Überweisung fließen. Wie werden die Lehrer in der Krisenphase bezahlt?

Serapis Bey: Hier werden Menschen kreativ werden. Tauschhandel wird das Gebot der Stunde lauten. Die Regierungen werden Notstandsgesetze erlassen und es wird sehr viel auf die Eltern abgewälzt werden. Eine denkbare Möglichkeit wäre, dass Eltern die Lehrer ihrer Kinder versorgen.

Siegfried: Gibt es eine Möglichkeit für die Lehrerschaft, sich diesem Druck der Ministerien zu entziehen, trotz dieser Beamtenverpflichtung, die sie unterschrieben hat?

Serapis Bey: Es ist den meisten Lehrern nicht möglich, sich zu entziehen. Viele werden es auch gar nicht wollen, weil sie diesen Beruf ja irgendwann einmal gewählt haben, um Kindern etwas beizubringen. Andere werden diesem Druck nicht standhalten.

Siegfried: Früher oder später wird das alte System also sein Ende finden. Wann und wie wird das geschehen?

Serapis Bey: Es ist dieser Schlag notwendig, der 2012 kommen wird. Aber schon vorher wird sich das Denken der Menschen durch die immer stärkere kosmische Schwingung tiefgreifend ändern. Dann werden solche Systeme auf breiter Ebene hinterfragt werden. An diesem Punkt wird alles kräftig durchgerüttelt und plötzlich alle Lebensbereiche in Frage gestellt werden. Diejenigen, die mit dieser Zeit mitgehen, werden erspüren, was dann stimmig ist.

Siegfried: Wird man dann mit einem komplett neuen Bildungssystem beginnen oder wird man am alten anknüpfen?

Serapis Bey: Die Turbulenzen werden dazu führen, dass die Menschen die Bildungsarbeit in Eigenregie übernehmen. In den Anfangsjahren wird sehr viel experimentiert werden. Man wird in Kleingruppen arbeiten, in denen engagierte Lehrer und Eltern sich bemühen, die Kinder auch in menschlicher und spiritueller Hinsicht zu bilden. Alternative Schulmodelle werden weltweit wie Pilze aus dem Boden schießen. Von den alten Bildungseinrichtungen werden nur mehr Reste bestehen bleiben. Ihr werdet euch wieder auf wahre innere Werte besinnen und wieder eurer geistigen Führung vertrauen. Geistige Impulse aus der spirituellen Welt werden massiv auf die irdische Ebene durchschlagen. Auch wir werden euch beim Aufbau alternativer Schulen und Bildungssysteme mit Rat und Ideen beistehen.

Siegfried: Wie könnte denn ein Bildungssystem im Goldenen Zeitalter aussehen?

Serapis Bey: Hier müsst ihr eure Geister weit öffnen, weit, weit, weit. Der Lehrstoff wird sich komplett ändern. Wenn ihr die Schulfächer, die jetzt unterrichtet werden, betrachtet, ist nur ein Bruchteil davon wahres Wissen und Weisheit. Wirklich wichtige Dinge sind in den letzten Jahrzehnten nie unterrichtet worden. Es wird dann endlich auch spirituelles Wissen gelehrt werden. Die Kinder werden ihre Mentoren und Lehrer finden, sobald sie bereit dafür sind. Es gibt kein fixes Alter für den Beginn der Schulung. Es wird jedes Kind wieder als Individuum gesehen, als große Seele, die gewählt hat, in dieser Zeit zu inkarnieren. Die Eltern werden bei der Ausbildung sehr viel Mitspracherecht haben, denn sie werden ihr Kind in den ersten Jahren genau beobachten und es sehr gut kennen. Möglicherweise werden auch weise Berater herangezogen, um auf medialem Weg festzustellen, was das Beste für das Kind wäre. Sie können auf der Seelenebene erkennen, welche Lebensaufgabe dieses Kind hat, welche Fähigkeiten in ihm schlummern, wie es gefördert werden soll, damit es sein volles Potential entfalten kann. Ihr werdet sehr behutsam mit den Kindern umgehen. Sobald ihr erkennt, welche Neigungen das Kind entwickelt, werdet ihr nach einer Gruppe oder einer Einzelperson suchen, die diese Fähigkeiten ausbilden kann.

So werden verschiedene Kinder mit der gleichen Neigung in Gruppen zusammengeführt werden. Kleine und große Kinder kommen hier zusammen, denn es gibt nichts Schöneres und Befriedigenderes für große Kinder, ihr selbst erarbeitetes Wissen an die kleineren weiterzugeben. Unter gegenseitiger Rücksichtnahme wird der Lehrstoff gemeinsam bearbeitet. Das Lernen wird den Kindern riesigen Spaß machen, was zu einer exponentiellen Lernkurve führt. Neben den erwachsenen Lehrern werden auch die Mitschüler in gewissem Maß zu lehren befähigt sein. Dazu kommen noch die geistigen Führer, die das Ihre dazu tun, um die Kinder gemäß ihrer Fähigkeiten zu fördern. Menschliche Qualitäten zu entwickeln wird genau so wichtig sein, wie jetzt zum Beispiel Mathematik oder Rechtschreibung. Die Gewichtung des Lehrstoffes wird ganz anders sein, denn in 5D ist der Mensch ein ganzheitliches Wesen, welches andere Fähigkeiten erfordert. Es wird doch einige Zeit dauern, bis jeder Mensch seine spirituellen Fähigkeiten zur Gänze entwickelt haben wird. Es muss Schritt für Schritt gehen, damit ihr nicht überfordert werdet.

Im Goldenen Zeitalter werden alle in den Kindern schlummernden Talente gleichwertig betrachtet und gefördert. Der Mensch inkarniert nicht umsonst mit dieser oder jener Fähigkeit. Auch wenn alle inneren Sinne voll entwickelt sind, wird jedes Wesen dennoch eine spezielle Ausrichtung haben. Der eine wird mehr musisch begabt sein, der andere mehr poetisch, der andere wird ein Weiser, ein Heiler, ein Lehrer, ein Sänger, oder ein Botschafter für Mutter Erde werden wollen. Der wirtschaftliche Druck fällt weg. Ihr werdet nicht mehr etwas lernen müssen, weil es der „Markt" erfordert. Stattdessen dürft ihr euren ganz individuellen Neigungen nachgehen. Ihr werdet beginnen, mit Erde, Pflanzen und Tieren zu kommunizieren. Der Bauernstand wird zu ganz neuen Ehren gelangen, denn sie werden in Rücksichtnahme auf Mutter Erde arbeiten und Kindern beibringen, wie man rücksichtsvoll mit der Natur umgeht. Sie werden ihnen zeigen, wie man aus Pflanzen das meiste herausholt, denn Pflanzen sind ja gewillt, den Menschen das zu geben, was sie zu ihrer Vollständigkeit und Heilung brauchen. Es wird so viele neue Berufszweige geben, die ihr jetzt noch gar nicht erahnen könnt.

Siegfried: Wird es im Goldenen Zeitalter noch speziell ausgebildete Lehrkräfte geben?

Serapis Bey: Jeder, der gewählt hat, als Lehrer zu wirken, wird nach seinen Qualitäten eingesetzt werden. Man muss kein Universitätsstudium mehr vorzuweisen haben. Wenn jemand zum Beispiel ein Meister in Holzbearbeitung geworden ist, wird er gerne sein Wissen und seine Erfahrung an die jüngere Generation weitergeben. Seine Fähigkeiten werden respektiert und geschätzt werden und die Kinder werden stolz sein, von ihm lernen zu können. Genauso wird der weise Lehrer seine Schüler mit Respekt behandeln, weil er weiß, dass sie sein Werk und sein Wissen weiter fortführen werden und das wird dem Lehrer größte seelische Erfüllung verschaffen. So wird ein freudvolles Geben und Nehmen in gegenseitiger Dankbarkeit herrschen.

Siegfried: Es ist im heutigen System oft so, dass sich die Kinder kaum mehr konzentrieren können und auch dem Lehrer kaum mehr Respekt entgegen bringen. Welche Rolle wird im Goldenen Zeitalter Disziplin spielen?

Serapis Bey: Es hat ja seinen Sinn, dass die Kinder heutzutage rebellieren. Die neuen Kinder sind seelisch oft weiter fortgeschritten als ihre Lehrer. In diesen Kindern schlummern viele Anlagen, denen die Lehrer und auch die Eltern gar nicht gewachsen sind. Es muss erst die Zeit kommen, in der sich ihr Potential entfalten kann. Das spüren diese Kinder, können es aber im derzeitigen engen Korsett des Schulsystems nicht leben. Sie tun sich schwer mit diesen alten, niedrig schwingenden Energien umzugehen. Sie müssen durch eine harte Schule gehen und haben es nicht leicht. Derzeit herrscht Chaos, sowohl in der Lehrerschaft als auch in der Schülerschaft, wo keiner mehr weiß, wie er mit dem anderen umgehen soll. Dieses Chaos muss sein, damit sich alle wieder besinnen, worauf es in der Erziehung wirklich ankommt. In den nächsten Jahren wird Disziplin noch eine gewisse Bedeutung haben, aber im Goldenen Zeitalter wird mit

Schülern anders umgegangen werden. Sie werden es nicht mehr nötig haben, zu rebellieren, weil sie in ihrer Individualität anerkannt und gefördert werden. Sie werden nur das lernen, was sie von Haus aus wirklich interessiert. Die Motivation kommt von allein und jede Form von Lernzwang wird überflüssig. Durch das Lernen in Gruppen entsteht eine eigene Dynamik. Die Größeren werden den Kleineren sagen können: „Jetzt musst du aber ein Weilchen still sitzen, unser Lehrer spricht, wir wollen hören, was er zu sagen hat, denn er hat weise Dinge zu erzählen und es wird Spaß machen, es ihm nachzumachen." Eine natürliche Disziplin wird selbstverständlich aufrecht erhalten. Sie wird von den Erwachsenen vorgelebt werden, denn sie werden diesbezüglich die Vorbilder sein, ob es jetzt Eltern sind, ältere Geschwister, Lehrer oder auch völlig Fremde. Die Kinder schauen sich das meiste ab und so ist jedes erwachsene Gesellschaftsmitglied gefordert. In der Erziehung wird man auch nicht blutsverwandte Menschen miteinbeziehen, weil es jedem bewusst sein wird, dass die Kinder die Zukunft prägen werden. Deswegen wird sich jeder bemühen, das Beste aus ihnen zu machen. Es wird jedem ein Anliegen sein, so viel wie möglich in sein anvertrautes Kind zu pflanzen, damit es in einer neuen Generation völlig neue Maßstäbe setzen kann, die sich wiederum auf die folgende Generation auswirken.

Siegfried: Wird dann jeder Mensch, der etwas zu lehren hat ein Lehrer sein?

Serapis Bey: Ja, aber du darfst es nicht gar zu akademisch sehen. Ganz praktische Fähigkeiten, wie die zum Beispiel einer wunderbaren Kuchenbäckerin befähigen sie dazu, vielen kleinen Kindern ihre Talente weiterzuvermitteln. Sie werden lernen, dass man auch das zur Perfektion bringen kann. Kuchenbacken ist ein kleines Beispiel, um euch zu zeigen, dass auch bisher nicht so geschätzte Tätigkeiten wieder mehr Wert haben werden. Eines Tages werden diese Kinder wunderbare Kuchen backen können und es wird ihnen einfallen, dass sie jetzt lernen wollen, wie man Pflanzen beaufsichtigt, wie man mit ihnen kommuniziert, wie man herausfindet, ob es ihnen gut geht und was sie gerade brauchen. Und wenn sie sich hier genügend Wissen angesammelt haben, werden sie weiterhüpfen und plötzlich Geige spielen wollen oder doch lieber Cello. Lernen wird interaktiv sein. Es werden Kindern einfach alle Möglichkeiten zur Verfügung stehen und sie werden diese auch dort nutzen, wo sie angeboten werden und zu den Zeitpunkten, wo es für sie stimmig ist. Die Erwachsenen werden nicht sagen: „Du spielst jetzt fünf Jahre Geige. Du hast damit angefangen und machst jetzt weiter." Nein, so hätte niemand etwas davon. Nicht das frustrierte Kind und nicht der frustrierte Lehrer, der sein Wissen in ein unwilliges Kind nicht einprügeln kann. Es wird nur darauf geachtet, wo die Interessen der Kinder liegen. Zu Beginn werden sie es vielleicht ausnützen und ständig von einem Interessensgebiet zum nächsten springen. Irgendwann werden sie aber zur Ruhe kommen und sich auf das konzentrieren, was ihnen am meisten liegt. Sie werden sagen können, ich habe mich mit allen Möglichkeiten etwas vertraut gemacht und bin jetzt bei dieser Sache gelandet, die mein Herz zum Hüpfen bringt. Dabei bleibe ich jetzt, denn das ist meine Aufgabe.

Siegfried: Ich möchte noch einmal auf die Frage bezüglich der Lehrkräfte zurückkommen. Wird es Menschen geben, die ausschließlich als Lehrer arbeiten?

Serapis Bey: Wenn diese Menschen es so in ihrem Lebensplan angelegt haben, dann werden sie es tun. Es wird aber nicht nötig sein, dass nur bestimmte Fachrichtungen gelehrt werden. Eure heutigen Lehrer dürfen nur ihre Studienrichtung lehren, aber alles, was sie privat an Wissen und Lebenserfahrung erworben haben, dürfen sie nicht weitergeben. Das wird sich ändern. Sie dürfen in Zukunft alles weitergeben, was sie zu geben haben. Wenn der Lehrer sieht, dieses Kind braucht vielleicht einen neuen Spielkameraden und ich hätte da jemanden im Auge, der genau diese Qualitäten zu geben hat, kann er hier helfen. Es werden Lehrer in vielen Bereichen offener sein, den Kindern das zu geben, was sie zu ihrer speziellen Förderung brauchen.

Siegfried: In unserem heutigen System gibt es vorgeschriebene Lehrpläne und feste Schulstufen. Der Zweck liegt darin, eine gewisse Einheitlichkeit beim Bildungsstand zu erreichen. Man weiß, dass ein Kind, das die Pflichtschule abgeschlossen hat, lesen, schreiben und rechnen kann. Gewisse Fähigkeiten sind garantiert. Wird es so etwas auch im Goldenen Zeitalter geben?

Serapis Bey: Du gehst hier von einer fiktiven Sache aus. Können wirklich alle Erwachsenen schreiben, rechnen und lesen? Ich glaube nicht. Das ist eine Reglementierung, die nur auf fiktiven Annahmen beruht. Viele der Schüler fallen durch das System und können weder das eine, noch das andere. Diese Gleichschaltung hat nie wirklich funktioniert. Bald wird man das einsehen und dann wird sie ein Ende haben. Gleichschaltung ist unmenschlich. Kennst du einen Menschen, der genauso aussieht wie der andere? Kennst du einen Menschen, der genetisch genauso gestaltet ist wie der andere? Kennst du einen Menschen, der das gleiche Leben lebt wie ein anderer? Es ist Vielfalt, die Gott wünscht. Vielfalt wird in Zukunft gefördert werden, denn ohne sie gibt es kein Goldenes Zeitalter. Jeder darf sich endlich gemäß seiner Anlagen entwickeln und es wird überhaupt nicht wichtig sein, welche Ausbildungen man genossen hat. Eure Schulbildung ist zu einem bestimmten Alter beendet und es wird davon ausgegangen, dass dieser Mensch jetzt alles in sich hineingetrichtert bekommen hat, was Bildung bedeutet. Im Goldenen Zeitalter lernt man sein Leben lang und man lernt, weil man wissen möchte, weil man Weisheit erlangen möchte, weil man wachsen möchte. Wer sagt denn, dass auch ein Siebzigjähriger nicht noch in der Lage ist, wenn sein Herz dabei hüpft, ein bestimmtes Instrument zu erlernen? Es wird altersmäßig keine Begrenzung geben. Auch ein Siebzigjähriger darf sich in eine Gruppe mit 5-jährigen, 10-jährigen, 15-jährigen und 40-jährigen setzen, wenn er es wünscht. Weil in dieser Gruppe vieles an Wissen und Weisheit kursiert, das er in sich aufnehmen und in sich entwickeln möchte. Bildung wird keinen Anfang und kein Ende haben.

Siegfried: Wird es noch so etwas wie Schulen geben?

Serapis Bey: Ja, es wird Schulen geben, aber nicht in dem Sinne, wie sie jetzt existieren, wo alles über einen Kamm geschoren wird. Es gibt viele Möglichkeiten alternativer Modelle, die in den Herzen und Köpfen der Menschen entstehen werden. Es wird Schulen geben, die ganz gezielt ein gewisses Thema lehren werden, aber es wird auch kleinere Grüppchen geben und es wird auch einzelne Personen geben, die wie in einer Art Meister-Schüler System einzelne Schüler unterrichten. Es wird je nach Angebot und Nachfrage geschult werden.

Siegfried: Wird es Gebäude geben, wo sich Kinder regelmäßig treffen, um gemeinsam zu lernen?

Serapis Bey: Ja, natürlich.

Siegfried: Werden die Kinder einer Art Bewertungssystem unterworfen sein?

Serapis Bey: Nein. Es wird auch keinen Ausbildungsabschluss geben. Es darf jeder so viel und so lange lernen, wie er will und wie es für seine Entwicklung nötig ist. Das soll aber nicht heißen, dass es kein konsequentes Lernen gibt. Die Lehrer werden ein wachsames Auge auf die jungen Fohlen haben, die gerne wieder weiter hüpfen und ausbrechen wollen. Man wird sanft auf das Kind einwirken und versuchen es dahingehend zu beraten, dass es sinnvoll wäre, noch ein wenig weiter bei der Sache zu bleiben. Gleichzeitig muss auch der freie Wille von Kindern berücksichtigt und respektiert werden. Es wird ganz unterschiedliche Qualitätsabstufungen geben, wenn Schüler, gleich welchen Alters ihren Ausbildungsort verlassen. Es ist nicht nötig, dass Bewertungen stattfinden, denn jeder lernt auf die Art und Weise, wie er es für stimmig hält.

Siegfried: Wie finden dann die jungen Menschen ihren Platz in der Gesellschaft?

Serapis Bey: Den Platz in der Gesellschaft haben sie allein schon durch ihr Dasein. Sie werden sich, gemäß der Beobachtung von Eltern und weisen Personen auch schon über ihre Lebensaufgabe schlau gemacht haben und ganz von alleine danach streben, ihrer Lebensaufgabe, die sie sich selbst vor der Inkarnation gewählt haben, gerecht zu werden. Dadurch ist ein glückliches und erfülltes Leben gewährleistet und sie werden dadurch die Gesellschaft auf ganz natürliche Art und Weise bereichern.

Siegfried: Das heißt, die Berufsfindung läuft ausschließlich über die Fähigkeiten und Neigungen des einzelnen Menschen?

Serapis Bey: So ist es.

Siegfried: Und was ist, wenn viele Menschen dasselbe tun wollen und es dann bei weitem mehr Cellospieler gibt, als gebraucht werden?

Serapis Bey: Du denkst hier sehr linear, mein Lieber. Meinst du, dass diese Seelen, die hier inkarnieren, etwas machen wollen, von dem sie auf der Seelenebene vorher schon wissen, dass es nicht gebraucht wird? So wird es nicht sein. Jeder wird erkennen, wo sein Platz ist, wo er sich zur vollen Blüte bringen, wo er der Gemeinschaft auf Erden ein dienstbarer Geist sein kann. Es wird kein Überangebot an einzelnen Fähigkeiten oder Dienstleistungen geben. Es gibt eine göttliche Ordnung und dieses Goldene Zeitalter ist sehr geordnet. Wenn es zum Beispiel an einem Ort eine Schule gibt, die nur Cellospieler bis zur Perfektion ausbilden kann, so werden die Schüler von weit her kommen, weil sie gefühlt haben, dass sie genau hier richtig sind. Nach Beendigung ihrer Ausbildung werden sie sich über den Planeten verstreuen und dort hingehen, wo sie gebraucht werden.

Siegfried: Das heißt, vor der Inkarnation trifft jeder schon eine Entscheidung, was er in der Gesellschaft, in der er inkarniert, einmal tun will?

Serapis Bey: Das ist jetzt auch schon so. Die Seele trifft Entscheidungen bevor sie inkarniert. Jetzt geht es häufig noch um Abtragung karmischer Lasten, aber im Goldenen Zeitalter werden sich die Seelen vielmals gar nicht mehr inkarnieren müssen. Sie werden inkarnieren, weil sie Neues erschaffen wollen, weil sie ihre Schöpferqualitäten leben wollen, weil sie ihre eigene Note in die irdische Schöpfung bringen wollen. Bleiben wir bei diesem Cellobeispiel. Es kann sein, dass eine Seele allein aus dem Antrieb inkarniert, diesem Instrument zur vollen Blüte zu verhelfen, oder ein neues Instrument aus diesem Cello zu entwickeln, oder ihm ganz andere Töne zu entlocken, oder mit diesen Tönen zu heilen, oder was anderes mit diesem Instrument zu machen, was bisher noch keiner gemacht hat. Es wird so vieles möglich sein. Rein aus dem Antrieb, dass hier kreatives Gestalten möglich ist, werden viele kommen wollen, um sich hier zu verwirklichen.

Siegfried: Werden dann die Menschen im Goldenen Zeitalter schon im Kindesalter wissen, was sie später tun werden?

Serapis Bey: Manche werden es wissen, manche werden Unterstützung brauchen. Deshalb sind diese weisen Menschen hier, um die Kinder zu beobachten. Nicht um sie in eine Richtung zu manipulieren, sondern um ganz gezielt herauszufinden, wozu diese Seelen da sind und was sie erleben wollen.

Siegfried: Wird es einzelne Berufe geben, wo man Zugangsberechtigungen braucht, um sie ausüben zu dürfen?

Serapis Bey: Die Zugangsberechtigung wird sein, dass wirkliches Interesse an einem Thema besteht. Die Absicht der Menschen wird in der erhöhten Schwingungsqualität klar ersichtlich sein. Täuschung und Lüge werden von selbst aufhören. Jeder wird erspüren, ob etwas der Wahrheit entspricht oder nicht. Es bringt auch nichts mehr, sich selbst etwas vorzumachen. Das ist Zeitverschwendung. Auch die Eltern werden nicht länger darauf beharren, in ihrem Kind ihren eigenen persönlichen Ehrgeiz befriedigen zu wollen, oder aus ihren Kindern ein Produkt zu machen, auf das sie stolz sein können. Kinder werden als eigenständige Individuen wertgeschätzt werden, die es zu fördern gilt.

Siegfried: Soweit ich dich verstehe, werden dann in der Ausbildung die Altersgruppen nicht mehr getrennt sein?

Serapis Bey: So ist es.

Siegfried: Jeder, der sich für ein gewisses Thema interessiert, kann zu einem Meister gehen und sich von ihm ausbilden lassen und in dieser Ausbildungsgruppe können Kinder, Erwachsene und auch alte Leute sein.

Serapis Bey: So ist es. Es wird ein sehr buntes Lernen sein, denn du wirst mir zustimmen, dass Kinder eine völlig unverkrampfte Herangehensweise an ein Thema haben, wo ein älterer Mensch vielleicht schon ein wenig eingefahrene Denkmuster hat und plötzlich konfrontiert wird mit der übersprudelnden Kreativität und Phantasie von Kindern. Alle Altersgruppen werden durch das generationenübergreifende Lernen profitieren.

Siegfried: Heute unterrichten wir mit Büchern, Tafeln, Videos, Musik und Spielen. Welche Unterrichtsmittel wird man denn im Goldenen Zeitalter verwenden?

Serapis Bey: Es wird das verwendet werden, was am sinnvollsten ist. Es wird nach wie vor Bücher geben. Auch alte Bücher aus vergangenen Jahrhunderten wird man benutzen, denn auch damals haben schon weise Menschen gelebt. Das Lernen wird sehr interaktiv und anschaulich werden. Vor allem wird das eigene Erschaffen wichtig sein. Kindern wird gar nichts Vorgekautes vorgesetzt, sondern sie dürfen sich selbst etwas erarbeiten und erdenken. Sehr viel Selbsterkenntnis wird die Kinder am meisten befriedigen, wenn sie lernen. Es wird die ganze Bandbreite an Lehrmaterial genutzt werden, je nach dem, was gerade sinnvoll ist.

Siegfried: Ich möchte Dir ein konkretes Beispiel geben: Wenn wir den Kindern Geschichte lehren, wird es möglich sein, ihnen durch Zeitreisen zu zeigen, was in der Vergangenheit war?

Serapis Bey: Das ist eine Möglichkeit. Eine andere ist, dass ein Zeitreisender seine Erfahrungen weitergibt. Es ist nicht immer nötig, in die Vergangenheit zu reisen. Es wird mit eurer Vorstellung von Geschichte aufgeräumt werden, denn sie verlief nicht immer so, wie es in euren Büchern steht. Deshalb werden viele Geschichtsbücher einfach weggeworfen werden oder es wird ganz deutlich gesagt werden: Damals haben die Menschen noch geglaubt, dass es so und so war. Jetzt wissen wir es besser.

Siegfried: Wird es im Goldenen Zeitalter so etwas wie eine Verwaltung der Bildung geben?

Serapis Bey: Es wird Beratungsstellen geben, bei denen sich die Eltern informieren können, wo ihr Kind am besten aufgehoben ist. Angebot und Nachfrage werden vernetzt sein.

6

Technik im Goldenen Zeitalter

Siegfried: Lieber Hilarion, wir würden gerne mit dir über das Thema „Technik im Goldenen Zeitalter" sprechen. Wird sie langfristig überhaupt noch eine Rolle spielen?

Hilarion: Ja, sie wird immer noch eine gewisse Rolle spielen. Ihr wisst ja bereits, dass der Übergang ins neue Zeitalter fließend sein wird. Vieles wird wegfallen, manches wird weiterbenutzt, abgewandelt und verbessert. Neue technologische Konzepte werden in den Köpfen der Menschen auftauchen, sobald sie den außerirdischen Input vermehrt zulassen.

Siegfried: In unserer gegenwärtigen Zivilisation spielt Technik eine extrem große Rolle. Wir brauchen Autos, um uns fortbewegen zu können, Telefone, um über größere Distanzen kommunizieren zu können, wir brauchen Strom, Gas und Erdöl, um alles in Bewegung zu halten. All das ist für uns ganz wichtig. Ohne Technik könnten wir uns das Leben gar nicht mehr vorstellen. Wie wird sich die Technik in der nächsten Phase, der Krisenphase, verändern?

Hilarion: Die Krisenphase wird in dieser Hinsicht eher eine Herausforderung sein. Was du gerade aufgezählt hast, ist tatsächlich aus dem Leben eines modernen Menschen nicht wegzudenken. Aber all das ist auch nicht gerade umweltverträglich konzipiert. Ihr wisst, dass es jetzt ganz besonders um den Schutz und die Erhaltung der Erde geht. Ein sorgsamer Umgang mit den Ressourcen des Planeten ist Grundvoraussetzung für eine dauerhafte Zivilisation. Hier wurde in der Vergangenheit und auch ganz besonders jetzt gedankenlos ausgebeutet, benutzt und verschmutzt. Eure Energieversorgung und somit die Grundlage all eurer Technologien wird in der Krisenzeit kräftig durchgerüttelt werden. Euch muss bewusst werden, dass diese Ressourcen nicht immer so selbstverständlich zur Verfügung stehen, wie ihr das bisher gewohnt wart. Das wird ein Umdenken in den Menschen auslösen. Ihr werdet gewahr werden, wie verschmutzt und krank euer Planet schon ist. Dann kommt das, was ich die „Regenerationsphase" nennen möchte. Ihr werdet dann verstärkt durch das Einströmen höher schwingender Energien an alternative, umweltfreundliche Technologien herangeführt werden. Sie sind ja zum Teil jetzt schon vorhanden. Es wird nicht schlagartig gehen, sondern es ist ein fließender Prozess. Wenn die Menschen sehen, dass es auf diese ausbeuterische Weise nicht weitergeht, werden sie vehement umweltschonende Technologien fordern.

Siegfried: Warum stehen uns diese umweltschonenden Technologien nicht heute schon in großem Ausmaß zur Verfügung?

Hilarion: Weil auf diesem Planeten eine starke Machtstruktur existiert, die alle Versorgungsquellen in ihren Händen konzentriert. Eine kleine elitäre Gruppe kann Macht über große Massen ausüben, in dem sie an den Schrauben der Ressourcenversorgung dreht. Ihr kennt das sehr gut. Wenn wieder einmal Rohöl teurer wird, ächzt die ganze Welt, die Weltwirtschaft kommt ins Trudeln und Menschen rund um den Globus sind betroffen. Die Machthaber kennen diese Mechanismen und steuern damit ganz bewusst die Massen. Wenn in dieses Machtgefüge frei verfügbare, billige und umweltschonende Energie in großem Ausmaß hineingebracht werden würde, würde der machthungrigen Elite ein effizientes Steuerungswerkzeug verloren gehen, nicht zuletzt auch sehr viel Geld.

Siegfried: Willst du damit sagen, dass die Technik, so wie sie jetzt eingesetzt wird, nicht nur dazu dient, das Leben leichter zu machen, sondern auch dazu, die bestehenden Machtstrukturen aufrecht zu erhalten?

Hilarion: Absolut! Sie ist ein maskulin orientiertes Machtmittel, das muss einmal gesagt werden. Ihr wisst, dass dieser energetische Umschwung hin zum Weiblichen den Ausgleich bringt. Weibliche Energie möchte alle gut versorgt wissen, alle umhüllen, alle wiegen und halten, wie eine Mutter ihre Kinder. Genau so werden sich die Menschen verhalten, wenn sie über diese Phase der Krisenzeit hinausgewachsen sind. Sie werden sich und den Planeten sorgsamer behandeln. Sie werden das dankbar annehmen, was Mutter Erde oder auch die Sonne ihnen schenkt. Ihr werdet die veralteten Strukturen, wo ein Planet all seiner Ressourcen beraubt wird, weit hinter euch lassen. Er ist ja ein lebender Organismus. Wie würde es euch gefallen, wenn man euch Blut, Gehirnflüssigkeit oder Organe entnehmen würde? Eine Zeitlang geht es vielleicht gut, aber irgendwann wird es Existenz gefährdend. So ähnlich geht es eurem Planeten jetzt.

Siegfried: Wie können wir uns aus dieser erdrückenden Abhängigkeit von Technik und globalen Machtstrukturen befreien?

Hilarion: Meine Lieben, hier könnt ihr sofort ansetzen, denn wie ich sagte, es gibt schon alternative Modelle und ihr könnt schon beginnen, sie einzusetzen. Es sind erst zarte Anfänge, das ist mir bewusst, aber es werden noch viel bessere Lösungen nachfolgen, wenn es um Transport, wenn es um Kommunikation und alternative Energieversorgung geht. Technologien sind auf dem Vormarsch, die auf Sonnenlicht beruhen oder in der Lage sind, kosmische Strahlung einzufangen und nutzbar zu machen. Das wird gang und gäbe werden, aber wenn wir noch weiter in die Zukunft blicken, werdet ihr nicht einmal mehr das benötigen. Jetzt heißt es erst einmal auf sanfte Methoden umschwenken. Das ist gar nicht einfach, das ist uns bewusst. Deshalb muss ja diese dramatische Krisenzeit hereinbrechen, damit Veränderung im großen Stil geschehen kann. Die Starrheit in den Köpfen der Menschen muss aufgebrochen werden. Sie sind zum Großteil noch gar nicht in der Lage, sich vorzustellen, dass es auch ganz anders gehen könnte. Sie sitzen in einem Gefängnis für ihren Verstand und denken sich: „Heizöl braucht man nun einmal. Ohne Benzin als Treibstoff fürs Auto geht es einfach nicht." Diese Menschen stellen überhaupt nichts in Frage. Ihr Horizont ist so eng, dass sie gar nicht erkennen, dass das alles nur Glaubensmuster sind, die ihnen von Kindheit an eingepflanzt wurden. Es geht auch ohne Heizöl, es geht auch ohne Benzin, es geht viel billiger und absolut umweltschonend!

Siegfried: Wir sind landläufig der Meinung, dass die Geräte, die wir in den Kaufhäusern kaufen können, der letzte Stand der Technik sind. Manche meinen, dass im Geheimen Technologie entwickelt wird, die Jahrzehnte voraus ist. Stimmt das?

Hilarion: Natürlich stimmt das. Vieles von dem, was ihr als „Hochtechnologie" bezeichnet, wurde euch von Außerirdischen gegeben. Das wurde natürlich geheim gehalten und es wurden alle Technologien, die zum Machterhalt nützlich waren, versteckt und im Geheimen in Zusammenarbeit mit Außerirdischen weiterentwickelt. Da geht es vor allem um Hochtechnologie, die zur Kriegsführung und zur Manipulation von großen Massen eingesetzt wird. Ihr kennt die Stichwörter HAARP, Mind Control, usw. Die breite Masse bekommt die Krümel, die vom Tisch abfallen. Sie werden euch als „der letzte Stand der Technik" verkauft.

Siegfried: Das heißt, die Technik, die heute überwiegend eingesetzt wird, wurde in Zusammenarbeit von irdischen Regierungen bzw. deren Konzernen und Außerirdischen entwickelt und primär dazu verwendet, eine zentralisierte Machtstruktur aufzubauen?

Hilarion: Ganz so ist es nicht. Die Machtstrukturen sind ja schon länger vor Ort, aber diese neuen Technologien waren willkommene Hilfsmittel, die es einzelnen Machthabern gestattet haben, ihren Machtbereich auf ganz subtile Weise auszuweiten. Es sind dann solche Abfallprodukte, wie zum Beispiel die Mikrowellentechnologie, bis zum kleinen Mann durchgedrungen. Nur bringt sie weder großen Segen noch ist sie besonders umweltschonend. Das war ja auch gar nicht das Ziel. Den Machthabern ging es nur um noch mehr Macht und den außerirdischen Rassen war es egal, was sie mit der Hightech anfangen würden. Ihr wisst ja, wie das unter Vertragspartnern mit egoistischen Absichten so läuft. Das wird sich aber ändern. Es wird in Zukunft eine positiv ausgerichtete Zusammenarbeit mit außerirdischen Rassen geben. Eure Sternenbrüder stehen schon in den Startlöchern. Es sind die euch liebenden Brüder und Schwestern, die wirkliche Vorbilder und liebevolle Helfer für euch sein können. Ihnen ist es nur noch nicht so ganz gestattet, in voller Stärke aufzutreten, um der gesamten Menschheit unwiderlegbar zu zeigen: „Wir sind auch hier, ihr seid nicht allein!" Dann könnt ihr gewiss sein, dass auch von diesen Rassen Technologie zu euch gelangen wird.

Siegfried: Die Menschheitsgeschichte ist von einem mühsamen Kampf um Freiheit und Gerechtigkeit geprägt. Manchmal gab es Lichtblicke, aber die meiste Zeit wurden die Massen von einer kleinen, elitären Gruppe beherrscht, so wie es auch heute noch mit Hilfe des Finanzsystems gemacht wird. Warum soll sich das jetzt in der nächsten Zeit grundlegend ändern und sich Liebe und Freiheit endlich durchsetzen?

Hilarion: Das ist eine Dimensionsfrage. Es geht ja darum, dass dieser komplette Planet von einer Dimensionsebene in eine andere springen darf. Auf 3D sind Ausbeutung, Machtmissbrauch, Aggression, Gewalt usw. gang und gäbe. Geld, Macht, Ansehen und alle äußeren Werte sind hier sehr wichtig. Schön langsam habt ihr die Nase voll davon. Wenn ihr euch zusammen mit dem Planeten in die fünfte Dimension aufschwingt, wird auch für euch Liebe das vorherrschende Prinzip sein. Auf 5D herrschen Mitgefühl, Gemeinschaftssinn, Naturliebe und überhaupt das Bewusstsein, dass der Mensch nicht von diesem lebendigen Planeten abgeschnitten ist. Er ist ein Teil des ganzen Universums und jeder seiner Gedanken hat Auswirkungen bis in die letzten Winkel des Universums. In diesem Bewusstsein haben zerstörerische Technologien wie die Atomkraft einfach keinen Platz mehr.

Siegfried: Wir wissen, dass uns neue Technologien, die sehr effizient, billig und umweltfreundlich arbeiten würden, bewusst vorenthalten werden. So gibt es zum Beispiel in den Schubläden schon längst Pläne für Autos, die mit Wasser fahren. Wie kommen wir zu dieser neuen Technik, die uns aus der Abhängigkeit der Konzerne befreien kann?

Hilarion: Dieser Prozess ist ja schon im Gange. Sogar dieses Medium (Gaby Teroerde) hat schon Botschaften überbracht, die Erfindern bei der Entwicklung ihrer Geräte helfen. Diese revolutionären Techniker werden von oben stark geführt, sonst hätten sie nicht diese Erfindungen an die Hand bekommen. Ihnen wird auch der richtige Zeitpunkt gegeben werden, zu dem sie mit ihren Maschinen an die Öffentlichkeit gehen können. Denn wie ihr wisst, war das nicht immer so ungefährlich für das eigene Leben. Manch revolutionärer Erfinder musste sein Leben lassen. Aber die Zeiten ändern sich, weil die große Masse erwachen wird und erkennt, dass es so nicht weitergehen kann. In eurer „Globalisierung" sehen wir keine große, globale, liebevolle Bruderschaft. Durch die knallharte Kontrolle von Ressourcen wird Macht ausgeübt. Selbst der kleine Mann wird seine Abhängigkeit entdecken und das wird ein Umdenken auslösen. Er wird einsehen, dass der richtig gangbare Weg nur zurück zur Einfachheit und zu Planeten schonenden Maßnahmen gehen kann.

Siegfried: Wie sollten sich denn Erfinder verhalten, die jetzt schon an freien Technologien arbeiten, aber vom herrschenden System nicht erwünscht sind? Sollten sie mit ihren Geräten noch im Verborgenen bleiben, oder jetzt schon an die Öffentlichkeit gehen?

Hilarion: Das ist nicht allgemein zu beantworten, sondern ganz individuell zu sehen. Diese Entwickler werden auf alle Fälle ermuntert werden, ihre Konstruktionen voranzutreiben. Jeder bekommt zum richtigen Zeitpunkt einen Impuls, damit an die Öffentlichkeit zu gehen. Beim einen ist es jetzt schon möglich, beim anderen muss noch ein Weilchen gewartet werden. Diese Menschen bekommen intuitiv ihre Entwicklungsideen. Ebenso intuitiv werden sie ihren Ruf zum Einsatz empfangen.

Siegfried: Wenn ich dich richtig verstehe, wird die Entwicklung weg von diesen großen, globalen, zentralisierten Strukturen, hin zu lokal orientierten, nach den Bedürfnissen der regionalen Räume angepassten Systemen gehen. Sehe ich das so richtig?

Hilarion: Ja natürlich. Diese globalen Vernetzungen waren ja nur wichtig, weil nicht jedes Land über die gleichen Ressourcen verfügte. Im Welthandel geht es um Geld und Macht. Aber wenn ihr daran denkt, dass ihr in Zukunft direkten Zugang zu kosmischen Energien haben werdet, die eure Häuser ohne Umwege mit Licht und Wärme versorgen, dann werden die Energiekonzerne schnell überflüssig. Für den Transport wird es neue Antriebsmöglichkeiten geben. Ihr werdet wieder viel autarker sein. Ihr werdet nicht mehr darauf angewiesen sein, ob von einer anderen Ecke des Planeten Öl oder Gas geliefert wird. Alles, was ihr braucht, wird immer vor Ort verfügbar sein. Das ist ein großes Stück Freiheit.

Siegfried: Wie viel Technik werden wir im Goldenen Zeitalter überhaupt noch brauchen?

Hilarion: In der Übergangszeit wird weiterhin Technik genutzt werden, allerdings auf eine umweltschonende Weise. Autos werden zum Beispiel mit einer Form von freier kosmischer Energie betrieben, nicht mehr mit Benzin oder Diesel. Aber im Goldenen Zeitalter werdet ihr euch sehr weit entwickelt haben. Es stehen euch dann ganz neue Möglichkeiten des Reisens zur Verfügung. Wenn ihr Telepathie beherrscht, werden sich viele Fahrten von selbst erledigen. Wollt ihr dennoch körperlich verreisen, so könnt ihr eure Fähigkeit der Bilokation einsetzen. Eure materiellen Bedürfnisse werden viel leichter zu erfüllen sein. Viele Dinge werden sich erübrigen. Zum Beispiel werdet ihr keine Bücher, Fernsehen oder Internet mehr brauchen, weil ihr an ein geistig-mediales Internet angeschlossen sein werdet. Ihr könnt euch dann jederzeit, an jedem Ort die Informationen besorgen, die ihr braucht, ohne dazu einen Computer einschalten zu müssen.

Siegfried: Das heißt, wir befinden uns in einem fließenden Übergang weg von dieser Umwelt zerstörenden Technik der Gegenwart, hin zu einer umweltschonenden und leicht verfügbaren Technik in der Aufbauphase und langfristig hin zu einer abstrahierten, geistigen Technik im Goldenen Zeitalter?

Hilarion: So ist es zu sehen und bei diesem Prozess werden euch eure Sternengeschwister tatkräftig unterstützen. Denn das, was ihr als UFO wahrnehmt, werdet ihr auch in der Lage zu bauen sein. Wie eure UFO-Forscher wissen, sind das nicht immer feststoffliche Raumschiffe. Es sind Gefährte, die durch Gedankenkraft erschaffen wurden. Es gibt Technologie, die materiell nicht greifbar ist. Sie ist in eurem Sinne gar nicht physisch, sondern feinstofflich. Menschen, die dafür offen sind, werden in diese sehr fortschrittlichen Technologien eingeweiht werden. So werden sich völlig neue Perspektiven für euch eröffnen. Was die Eigenversorgung an Strom und Wärme betrifft, wird manches gar nicht nötig sein, weil ihr eure Körpertemperatur selbst im Griff haben werdet. Es ist nicht nötig, die Wohnung zu heizen, wenn der Körper sich an die Temperatur anpassen kann und es ihn nicht stört, ob es kühl oder heiß ist.

Siegfried: Die Technik hat ja bei uns primär die Funktion, Fähigkeiten auszugleichen oder zu ergänzen, die wir jetzt nicht haben. Zum Beispiel brauchen wir Autos, um größere Distanzen zurückzulegen. Wenn aber unsere geistigen Fähigkeiten entwickelt sind, wenn unsere Merkaba aktiviert ist, sind wir in der Lage zu reisen, ohne dafür ein technisches Hilfsmittel zu benötigen. Werden wir jemals an einen Punkt gelangen, an dem wir überhaupt keine Technik mehr brauchen, weil wir alles mit unseren geistigen Fähigkeiten machen können?

Hilarion: Ja, dort hin entwickelt ihr euch. Ihr habt ja schon Einblick bekommen, wie es auf anderen Planeten läuft. Auf der Venus zum Beispiel, lässt es sich wunderbar leben, ohne auf irgendwelche Gerätschaften angewiesen zu sein, weil die Wesen dort ihre Göttlichkeit auf hohem Bewusstseinsniveau leben. Sobald ihr das für euch selbst erarbeitet habt, wird vieles möglich sein, was euch jetzt fast wie ein Wunder erscheint. Wir sind lebendige Vorbilder. Wir existieren ohne Heizung, ohne Strom, ohne Autos, ohne Nahrung und es geht uns wunderbar. Der Lichtkörper ist zu allem in der Lage, wenn er erst voll entwickelt ist.

Siegfried: Wie lange wird es noch dauern, bis wir so weit sind? Liegt das noch in der Lebensspanne eines jetzt jungen Menschen?

Hilarion: Es liegt in der Lebensspanne eines jetzt jungen, sehr hoch entwickelten Menschen. Die kommende Krisenzeit birgt immense Wachstumsmöglichkeiten in sich. Der eine wird diese Möglichkeiten verstärkt nutzen, der andere in seinem eigenen Rhythmus. Aber es wird Menschen geben, die dies in ihrer physischen Lebensdauer erleben können. Diese ist ja ausbaufähig, wie ihr wisst.

Siegfried: Wir hatten das Vergnügen mit einer Bewohnerin der Venus zu sprechen. Man kann sagen, die Venus existiert in einem Goldenen Zeitalter und wir haben erfahren, dass es dort richtige Städte mit Häusern und Bauwerken gibt. Mit welcher Technik wurden denn diese Bauten errichtet?

Hilarion: Nun ja, da geschieht vieles durch Gedankenkraft. Es ist nicht mehr nötig, irgendwelche Baumaterialien herumzuschleppen oder Kräne einzusetzen. Es werden Ressourcen der Erde in Übereinstimmung mit geistigen Gesetzen genutzt, das heißt, es wird immer erspürt, ob Baumaterialien für einen bestimmten Nutzungszweck passen. Das hört sich für euch noch seltsam an. Es werden zum Beispiel Gesteinsarten verwendet, nicht mit Schweiß und Tränen verarbeitet, sondern mit Gedankenkraft an Ort und Stelle gebracht und verarbeitet werden. Auch die Manifestation „aus dem Nichts" wird praktiziert. Es ist ganz individuell, je nach Belieben des Bauherrn.

Siegfried: Wir sind heute davon überzeugt, dass wir viele Dinge einfach brauchen, um leben zu können. Wir brauchen ein Haus, um uns vor der Witterung zu schützen, wir brauchen eine Heizung, um den Winter zu überstehen, wir brauchen Essen, um unseren Körper zu ernähren. Im Goldenen Zeitalter gibt es diese Dinge zwar auch, aber sie werden nicht unbedingt gebraucht, oder?

Hilarion: So ist es. Die Kennzeichen eines Menschen im Goldenen Zeitalter sind Freiheit und Autarkie. Wenn ihr betrachtet, wie ein Mensch heute von der Werbeindustrie gemaßregelt wird, ihm gesagt wird, was er alles zu brauchen hat und euch dann vorstellt, wie ein Mensch vielleicht in einhundert oder zweihundert Jahren zu leben fähig sein wird, dann würdet ihr verständnislos den Kopf schütteln. Denn es wäre nicht nötig, all diese erzeugten Waren immer wieder kaufen zu müssen. Das wird euch nur von einer mächtigen Werbeindustrie eingehämmert. Im Goldenen Zeitalter wird kein psychologischer Druck mehr da sein, der einem Menschen sagen wird, heuer musst du diese oder jene Kleidung tragen. Konsum wird völlig überflüssig. Im voll entwickelten Lichtkörper werdet ihr nur euer Bewusstsein brauchen, um euch zu kleiden, um euch zu nähren und euch warmzuhalten.

Siegfried: Kann es sein, dass sich im Goldenen Zeitalter Menschen mit Technik beschäftigen, weil es ihnen einfach Spaß macht und nicht, weil es notwendig wäre?

Hilarion: Freude und Spaß, Liebe und Freiheit werden die gesellschaftlich allgemein anerkannten Maßstäbe sein. Keiner wird sich mehr verstecken müssen, wenn er sagt: „Ich habe jetzt ein neues Hobby. Ich werde ab sofort meine ganze Zeit damit verbringen, weil es mir Spaß macht." Die anderen werden es würdigen, weil sie erkennen, dass dieser Mensch nur eine weitere Facette seines Potentials ausleben und entdecken will. Somit wird er zum Gewinn für die gesamte Gemeinschaft. Das alles passiert natürlich immer unter freiwilliger Einhaltung der kosmischen Gesetze.

Siegfried: Auf der Erde beherrschen die technisch fortschrittlichen Nationen die ärmeren Länder. So nennt man zum Beispiel Lateinamerika den „Hinterhof der USA". Ist das kosmisch gesehen auch so?

Hilarion: Nein. Ihr kennt die Weiße Bruderschaft, ihr kennt die galaktische Föderation. Diese Zusammenschlüsse gründen sich auf gegenseitigem Respekt und Vertrauen, ganz egal, woher das Mitglied stammt. Es herrscht respektvolles Miteinander und da ist es nicht so wichtig, wer wie weit entwickelt ist. Die Erde war bisher nicht eingeschlossen, weil sie zu gefährlich war. Ihren Bewohnern wurde nicht zugetraut, dass sie sich respektvoll, liebevoll und achtsam innerhalb der Föderation verhalten würden. Eure Machthaber hätten sofort wieder ihre Vorteile für sich und ihre militärisch-aggressiven Zwecke gesucht.

Siegfried: Lieber Hilarion, ich danke dir für deine Worte! Eine Frage hätte ich noch zum Thema Heilen. Bei uns wird sehr viel Geld für Medizintechnik ausgegeben. Wie wird sich in den nächsten Jahren die Technik im Bereich der Medizin entwickeln?

Hilarion: Das kannst du fast genau so sehen, wie ich es für die anderen Bereiche bereits beschrieben habe. Wenn ich jetzt einfach einmal ein Röntgengerät nehme, das ihr in der heutigen Medizin auch für unabdingbar erachtet, dann werdet ihr erkennen, dass diese Technologie einerseits hilfreich, andererseits aber auch schädlich ist. Schädliche Untersuchungs- und Therapieverfahren wären nicht nötig. Wenn ein Heiler hellsichtig in das Körperinnere eines anderen Menschen blicken kann, bräuchte der Patient nicht mehr der schädlichen Röntgenstrahlung ausgesetzt werden. Manche Heiler praktizieren das jetzt schon, was aber von der Schulmedizin nicht gerne gesehen wird. Alles, wofür es heute Maschinen gibt, werden in Zukunft Menschen mit ihrem erweiterten Fähigkeitsspektrum übernehmen. Heiler stehen mit der feinstofflichen Welt in Verbindung, von wo aus sozusagen geistige Ärzte mithelfen. Technische Hilfsmittel werden somit überflüssig. Die Behandlung kann genau so effektiv sein, bleibt aber ohne jegliche Nebenwirkungen und verursacht keine horrenden Kosten, so wie das jetzt in eurem „Gesundheitssystem" der Fall ist.

Siegfried: Danke! Willst du uns zum Abschluss noch etwas zum Thema „Technik im Goldenen Zeitalter" sagen?

Hilarion: Ja, ich möchte die Technikfans trösten, die glauben, Technik wird eines Tages komplett aus dem Leben verschwinden. Das wird sie nicht. Sie wird sich nur verändern und es wird auch in kommenden Zeiten nostalgische Gefühle hervorrufen, wenn der eine oder andere wieder mit einer alten Spielzeugeisenbahn spielt und sie den Kindern zeigt. Was denkst du, wie sie staunen werden, wenn ihr ihnen erzählt, dass Menschen einst in solchen Maschinen gefahren sind? Historische Technik wird geschätzt werden. Aber die Technik der Zukunft wird eine feinstoffliche Technik sein. Sie wird die Menschen wirklich bereichern und die Umwelt nicht belasten. Es wird die beste Technik sein, die es jemals gab. Lasst euch gesagt sein: Das Universum ist riesengroß und es gibt so vieles zu entdecken. Eines

Tages werdet ihr auch von diesem Planeten weggehen können, um andere Welten zu ergründen und eure Sternengeschwister zu besuchen. Das wird eine schöne Zeit werden! Techniker sind dann sehr willkommen, denn sie werden ein riesiges Betätigungsfeld haben. Sie werden fasziniert sein von den Technologien, die fortgeschrittene Zivilisationen entwickelt haben. Seid gesegnet!

7

Gespräch mit Leonardo da Vinci

Siegfried: Leonardo, wir begrüßen dich.

Leonardo: Ich grüße euch auch. Es freut mich sehr, gebeten worden zu sein, heute mit euch zu sprechen. Das ergibt sich nicht oft für mich. Meistens kann ich nur im Hintergrund agieren, denn ich arbeite mit Menschen sehr viel über Inspiration. Heute freue ich mich, selbst Worte durchgeben zu dürfen.

Siegfried: Auch wir freuen uns ganz besonders, mit so einer berühmten Persönlichkeit zu sprechen. Du bist uns ja aus deiner außergewöhnlichen Inkarnation als Leonardo da Vinci bekannt. Es ist für uns sehr beeindruckend was du damals alles auf den Gebieten der Kunst, der Wissenschaft, der Forschung und der Technik geleistet hast. Wie war dir das möglich?

Leonardo: Ich hatte ganz gezielt den Auftrag, eben all diese Aspekte zu leben. Dabei war ich auch nicht alleine, denn ich wurde aus der Geistigen Welt stark geführt. Ich war an die Informationsquellen aus anderen Dimensionen angeschlossen und so fiel es mir sehr leicht, hochwertiges Wissen „herunterzuladen", wie ihr heute sagen würdet. Ich musste mich nur öffnen und es begann zu fließen. Für mich war das gar nicht so beeindruckend, wie ihr denkt. Auch ihr habt diese

Möglichkeit, euch einfach zu öffnen und euch aus geistigen Reichen füttern zu lassen. Es ist ja alles da. Dieses ganze Know-how ist jederzeit abrufbar.

Siegfried: Du hast gesagt, du hattest einen Auftrag. Worin bestand denn dieser Auftrag?

Leonardo: Ich kam in eine Zeit, in der die Menschen begannen, sich langsam zu öffnen. Die Wissenschaft war auf dem Vormarsch und der alte Aberglaube auf dem Rückzug. Es war eine Zeit des Umbruchs und mein Auftrag war es, neue Ideen einzubringen, neue Horizonte zu eröffnen, das Denken zu erweitern. Es wurde fast zur Mode, sich mit Erfindungen und Wissenschaft zu beschäftigen. Die Menschen erkannten, was in ihnen alles steckt. Ich zeigte ihnen, was möglich ist. Die einstige Macht von Aberglaube und Religion, die wiederum nur eine Form von Aberglauben war, wurde zurückgedrängt. So wirkte ich als eine Art Pionier.

Siegfried: Eines deiner so berühmten Gemälde ist „Das letzte Abendmahl" in Mailand. Darauf hast du Jesus mit seinen Jüngern dargestellt und manche glauben, dass eine dieser Personen eine Frau ist. Stimmt das?

Leonardo: Na ja, sie gehörte dazu. Sie war ein essentieller Bestandteil der Jüngerschaft.

Siegfried: Wer war denn diese Frau?

Leonardo: Nun tu nicht so unschuldig! Du weißt genau, wer sie war. Es war zu Jesu Zeiten normal, dass auch Frauen dem großen Meister nachfolgten. Diese Tatsache wurde nur penibel aus euren Schriften gelöscht. Männer hatten natürlich damals auch schon einen höheren Stand, aber auch Frauen sind Jesus gefolgt und haben seine Lehre begierig aufgenommen. Frauen haben leichter Zugang dazu gefunden, weil es im Kern schließlich um die Liebe ging. Heute ist es ja noch immer so, dass es die Frauen sind, die sich spirituellen Themen eher öffnen als Männer. Jesus hatte damals Maria von Magdala an seiner Seite. Das ist auch kein großes Geheimnis. Er hat auf sie gebaut, hat einen Ansprechpartner in ihr gehabt, denn auch er war ein Mensch. Er brauchte jemanden, der ihm fast ebenbürtig war. Es reichte nicht, nur Jünger um sich zu haben, die immer eine Stufe unter ihm standen. Maria Magdalena war seine engste Vertraute. Deshalb habe ich das so gemalt.

Siegfried: Hast du seit deiner Inkarnation als Leonardo da Vinci noch weitere Inkarnationen auf der Erde gehabt?

Leonardo: Ja, ich verbrachte einige Leben in Klöstern. Ich hatte religiöse Verkörperungen, aber in einer reinen Form, möchte ich sagen. Ich hatte mit den herkömmlichen Glaubensverbiegungen nichts am Hut. Nehmen wir zum Beispiel die Lehre von Jesus, wenn wir schon von ihm sprechen. Er hat auch nur kopfschüttelnd zugesehen, wie seine Worte verdreht wurden. Ich wollte damit nichts zu tun haben, aber dennoch religiöse Leben führen und habe mich so für einige Inkarnationen dem Buddhismus gewidmet.

Siegfried: Das heißt, deine folgenden Inkarnationen sind uns aus der Geschichte nicht bekannt?

Leonardo: Nein, es ist auch nicht immer nötig, so bekannt zu sein. Man kann auch unbekannt als Verkörperung für das Licht wirken.

Siegfried: Ich möchte mit dir als Experten ein paar Worte über Wissenschaft und Forschung wechseln. Unsere Wissenschaftler haben eine ganze Reihe von Naturgesetzen entdeckt. Werden diese im Goldenen Zeitalter auch noch Gültigkeit haben?

Leonardo: Nun, es wurde schon angesprochen, dass sich sogar in diesem Bereich Veränderungen ergeben werden. Sogar jetzt gerade, vor euren Augen entdecken eure Wissenschaftler, dass sich physikalische Gesetzmäßigkeiten, je nach dem Bewusstsein des Betrachters, verändern. Ihr kommt schön langsam dahinter, dass keine Wissenschaft losgelöst vom Menschen betrachtet werden kann. Durch eure Erwartungen werden die Ergebnisse eingeschränkt. Wenn ihr euch für alle Möglichkeiten öffnet, dann werdet ihr zu völlig neuen Ergebnissen kommen. Es wird euch auch bewusster werden, dass ihr gezielt mit euren Gedanken bestimmte Ergebnisse provozieren könnt. Euer Geist ist unendlich mächtig und die feinstoffliche Welt muss sich der menschlichen Schöpfergewalt anpassen.

Siegfried: Gibt es überhaupt physikalische Gesetze, die im ganzen Universum und durch die ganze Zeit hindurch ihre Gültigkeit behalten?

Leonardo: Nun ja, es gibt schon einige physikalische Gesetze, die ihre Gültigkeit behalten. Es sind Ordnungen, die aufrecht erhalten werden, die aber auch wandelbar sind. Wenn du das Universum betrachtest, wirst du Ordnung finden. Ein Gefüge, das perfekt aufeinander abgestimmt ist. Diese Gesetzmäßigkeiten sind sehr alt und stabil, aber dennoch einem sanften Wandel unterworfen. Das ist kein Widerspruch! Es gibt Stabilität, aber sie kann sich auch wandeln, wenn es Sinn macht.

Siegfried: Werden wir in den nächsten Jahren physikalische Gesetze entdecken, die unser Weltbild total auf den Kopf stellen, wie das in der Wissenschaftsgeschichte schon öfter der Fall war?

Leonardo: Ja, ihr werdet solche Prinzipien wiederentdecken. Alles das, was ihr als Wunder betitelt, werdet ihr als verborgene Gesetze erkennen, die unter dem Schutt so manch überholter Ansicht begraben lagen. Aus euren Büchern kennt ihr Menschen, die über Wasser gehen oder fliegen können, oder die Gegenstände verschwinden lassen und wieder herzaubern können. Solche Phänomene werden in Zukunft keine Wunder mehr sein, weil die dahinter liegenden Gesetzmäßigkeiten entdeckt werden. Es wurde euch hier aber nichts absichtlich vorenthalten. Euch war lediglich der Zugang verwehrt, weil zuerst ein bestimmter spiritueller Entwicklungsgrad erreicht werden muss, um zu gewährleisten, dass mit diesen Fähigkeiten verantwortungsbewusst umgegangen wird. In der Vergangenheit wurden sie leider immer wieder missbraucht. Dem wurde ganz bewusst ein Riegel vorgeschoben.

Siegfried: Nehmen wir das Beispiel der Levitation. Es soll ja möglich sein, mit Gedankenkraft ganz schwere Objekte zu heben. Wie können wir in Zukunft diese Phänomene in unser bestehendes wissenschaftliches Weltbild integrieren?

Leonardo: Auch im Goldenen Zeitalter wird es die Schwerkraft nach wie vor geben, weil es einfach sinnvoll ist, mit den Füßen auf dem Boden zu wandeln. Aber ihr werdet entdecken, wie ihr zu bestimmten Zwecken die Schwerkraft aufheben könnt. Es spielt dabei ein Aspekt mit, der auf menschlicher Ebene noch nicht so weit entwickelt ist, ohne den es aber nicht geht: Das Vertrauen in die Möglichkeit einer solchen Fähigkeit. Schwere Objekte mit einem Finger zu heben oder auch ganz schweben zu lassen, war euch in alten Zeiten möglich und wird euch wieder möglich sein. Jesus hat euch schon gelehrt, dass der Glaube Berge versetzt. So wird es sein.

Siegfried: Ein Beispiel für diese Fähigkeit in alten Zeiten sind die Pyramiden in Ägypten, die ja, so wie wir von euch erfahren haben, durch Gedankenkraft erbaut wurden.

Leonardo: Das ist richtig. Das gilt auch für andere monumentale Bauwerke, über die ihr euch wundert, wie sie gebaut wurden. Wie war es möglich, mit primitiven Werkzeugen gewaltige Steinblöcke zu bearbeiten und sie in schwindelerregende Höhen zu heben? Solche Dinge wurden immer durch Gedankenkraft bewerkstelligt.

Siegfried: Da stehen uns ja noch spannende Zeiten bevor. Du hast zu Beginn unseres Gesprächs erwähnt, dass du noch immer auf manche Menschen über Inspiration einwirkst. Wie sieht das denn in der Praxis aus?

Leonardo: Es ist so, dass es im geistigen Bereich Fachleute gibt, die sich in ihrem Teilbereich besser auskennen als der Rest. Diese Menschen werden dann zum Beispiel als Künstler oder eben auch als Techniker und Erfinder auf der irdischen Ebene eingesetzt. Wenn sie von der Muse geküsst werden, Ideen, Eingebungen und Impulse erhalten, so ist es ihnen nicht immer bewusst, woher diese kommen. Manchmal darf ich ihnen einflüstern.

Siegfried: Das ist interessant. Kannst du uns Beispiele nennen, wo du einem heutigen Erfinder, Ingenieur oder Entwickler etwas einflüsterst?

Leonardo: Ich berate auf der geistigen Ebene eine Gruppe von Individuen. Diese Schüler wurden mir zugeteilt, um mit mir zu arbeiten. Es geht größtenteils um die Entwicklung neuer Maschinen, die der Menschheit wirklich dienlich sind und sie weiterbringen. Das wissen diese Erfinder, was sie sehr inspiriert und motiviert. Der Gedanke, der Menschheit mittels ihrer Maschinen zu helfen, treibt sie an. Das Gebiet der Freien Energie wird dabei eine Schlüsselrolle einnehmen. Sie eröffnet unzählige neue und revolutionäre Einsatzmöglichkeiten. Manche von meinen Schülern sehen sich nur als passionierte Bastler, die in ihren Hobbywerkstätten dahintüfteln. Sie wissen noch gar nicht, dass sie Keimzellen für die neue Zeit sind. Vieles geschieht in ganz kleinem, überschaubarem Raum und wird auch so genutzt werden. Die Technologien der Zukunft werden sehr viel menschennaher, handlicher und leichter verfügbar sein. Es wird nicht mehr diese großen, zentralen Energieversorger geben, stattdessen wird sich jeder

Haushalt selbst versorgen können. So ist es auch nur logisch, dass diese neuen Erfindungen aus dem privaten und nicht aus dem industriellen Bereich kommen werden, denn die Industrie hat kein Interesse daran, dass ihr frei und unabhängig werdet.

Siegfried: Wir leben derzeit energietechnisch gesehen in einem sehr zentralisierten System. Wir sind abhängig von den Energielieferanten und müssen von ihnen Strom, Benzin, Diesel und Heizöl teuer kaufen. Du meinst, wir werden da in Zukunft sehr viel unabhängiger werden? Wieso ist das nicht jetzt schon der Fall? Warum haben wir nicht jetzt schon Geräte im Haus, mit denen wir uns autark versorgen können?

Leonardo: Möglich wäre es schon längst. Manche dieser geheimen Tüftler sind jetzt schon in der Lage, sich selbst mit Energie zu versorgen. Im großen Rahmen wird das aber nicht geduldet. Warum dem so ist, könnt ihr euch wahrscheinlich denken. Das Energiegeschäft bringt viel Geld. Wer die Menschen vom Energietropf abhängig machen kann, erlangt gewaltige Macht über sie. Sie müssen Arbeitsleistung, Geld und ihre eigene Energie für Dinge abtreten, die ganz umsonst zu haben wären. Die heutige Energie ist nicht frei, aber in Zukunft wird sie allen Menschen frei zugänglich sein.

Siegfried: Wann ist denn die Zeit für die Entwickler reif, um mit ihren Erfindungen an die Öffentlichkeit zu gehen?

Leonardo: Ihr befindet euch jetzt in einer Umbruchphase. Bisher konnten die Erfinder ihre Maschinen nicht lauthals verkünden, weil sie entweder mundtot, verfolgt oder schlimmstenfalls getötet wurden. Jetzt setzt aber ein globaler Bewusstseinswandel ein. Immer mehr Menschen beginnen einzusehen, dass es so nicht weitergehen kann. Sie erkennen, dass sie von Konzernen, ausländischen Zulieferern und fremden Leuten abhängig sind. Sie sehen, wie die Erde ausgebeutet und zerstört wird. Es wird zwar ständig von alternativen Energien gesprochen, aber an der Umweltschädlichkeit und Abhängigkeit ändert sich nichts. Sogar beim einfachen Menschen läuten jetzt schon die Alarmglocken. Langsam setzt ein Umdenken ein. Zum Beispiel wird die Sonnenenergie als eine mögliche Lösung des Problems entdeckt. Der Sonnenschein ist da und könnte genutzt werden, wenn die entsprechenden Gerätschaften vorhanden wären. So wird der Schritt zu freien Energiemaschinen im Bewusstsein der einfachen Menschen nur ein kleiner sein. Es ist eine Frage der Durchsetzungsfähigkeit der Bevölkerung. Ich sehe eine Zeit voraus, in der heute noch mächtige Organisationen ihre Macht abgeben werden müssen. Sie werden das nicht freiwillig tun, aber sie werden den Lauf der Dinge nicht aufhalten können. Der Tag wird kommen, an dem man Freie-Energie-Technologie billig bauen oder erwerben können wird. Das gefällt diesen multinationalen Konzernen überhaupt nicht. Ihnen steht ein krasses Umdenken bevor.

Siegfried: Einer der großen Pioniere im Bereich der Freien Energie, Nikola Tesla, hat vor etwa einem Jahrhundert gelebt. Von ihm existieren angeblich Erfindungen, die gar nicht bekannt sind und geheim gehalten werden. Werden diese Maschinen in der nächsten Zeit ans Licht der Öffentlichkeit gelangen?

Leonardo: Ja. Eingeweihten ist dieses Wissen schon immer zugänglich gewesen. Es geht nicht verloren, weil es im morphogenetischen Feld der Erde gespeichert ist. So wie Nikola Tesla Zugang zu diesen Informationen hatte, so können sie auch andere abrufen. Seine Erfindungen, die er der Welt nicht zeigen durfte, so wie die vieler anderer werden nach und nach hervorgeholt werden. Es ist für sensitiv geschulte Menschen ein Leichtes, im morphogenetischen Feld gespeicherte Informationen in die physische Ebene zu bringen.

Siegfried: Das heißt, wenn Aufzeichnungen oder Pläne verloren gehen, dann sind sie nicht für die Ewigkeit verloren, sondern wir können sie über Medien wieder verfügbar machen?

Leonardo: Ja, und das ist das große Plus dieser Menschen, die sich gerade entwickeln. Sie werden für den feinstofflichen Bereich immer offener, sensitiver und wahrnehmungsfähiger. Eines Tages wird es ganz selbstverständlich sein, freien Zugang zu Bauplänen oder Anleitungen zu haben. Nikola Tesla war bei weitem nicht der Einzige, der damals diesen Zugang schon hatte.

Siegfried: Sind die Entwicklungen von Nikola Tesla schon die Spitze der Technik, oder geht es noch viel höher?

Leonardo: Es geht noch wesentlich höher. Ihr werdet in den nächsten Jahren eine neue Quelle technologischer Entwicklung erschließen, die die alte verdrängen wird. Sehr viel außerirdische Technologie wird in euren irdischen Bereich eingebracht werden. Wenn einmal der Tag gekommen sein wird, an dem die Völker der Erde in Frieden und Respekt miteinander leben, wird reger Austausch mit den geistigen Ebenen einsetzen. Ihr werdet auf sehr gehobene Technik Zugriff haben, die Mensch und Umwelt nicht mehr schädigt.

Siegfried: Es existiert eine Technologie, die nicht zum Wohle der Menschheit eingesetzt wird, aber auch auf den Entwicklungen von Nikola Tesla basiert. Die sogenannte HAARP-Anlage in Alaska arbeitet mit Hochfrequenztechnologie und wird offensichtlich zur Manipulation der Erde und des Bewusstseins der Menschen eingesetzt. Die Geistige Welt sagt uns immer wieder, dass wir in den nächsten Jahren vor gigantischen Veränderungen stehen. Was wird mit solchen Systemen wie HAARP passieren?

Leonardo: Wenn die Menschen erfahren, was dort wirklich geschieht, wird es auch hier zu einem Umdenken kommen. Man wird ein scharfes Auge darauf werfen, zu welchem Zweck welche Technologie eingesetzt wird. Alles, was stört und zerstört, wird nicht mehr geduldet werden. Nur was für den Planeten und die auf ihm befindlichen Lebewesen unschädlich ist, wird zugelassen werden. Diesbezüglich könnt ihr getrost in die Zukunft blicken. Jede Technologie kann sowohl für Positives oder Negatives eingesetzt werden. Ihr werdet es auf Grund eurer eingebauten Ethik nicht mehr ertragen, Maschinen auf zerstörerische Art und Weise anzuwenden.

Siegfried: Lässt sich HAARP auch sinnvoll nutzen oder ist es am besten, wenn es abgebaut wird?

Leonardo: Es lässt sich friedlich nutzen. HAARP greift tief in das Energiefeld der Erde ein. Es wäre in Zusammenarbeit mit Naturwesen möglich, positive, regenerierende Schwingungen aufzubauen. Sie wissen ganz genau, welche Frequenzen in welchen Einsatzbereichen der Erde gut tun, um ihr zu helfen, sich wieder zu reinigen und zu regenerieren.

Siegfried: Unsere derzeit wichtigste Energiequelle ist Erdöl. Wir wissen schon aus dem Gespräch mit Kuthumi, dass Erdöl wie das Blut oder die Gehirnflüssigkeit der Erde ist und dass es sich auch regeneriert. Wie wird sich denn in den nächsten Jahren die Bedeutung von Erdöl als Energielieferant entwickeln?

Leonardo: In den nächsten Jahren wird es noch verwendet werden. Wenn du aber weiter in die Zukunft blickst, wird es an Bedeutung verlieren. Es wird immer noch gefördert werden, aber nicht mehr in dem Ausmaß, wie es jetzt geschieht. Die Erde kann auf einen Teil verzichten, aber nicht auf diese gigantischen Mengen, die ihr jetzt entzogen werden. Ihr könnt alle Ressourcen von Mutter Erde nutzen, aber nur in einem Ausmaß, das sie nicht schädigt. Langfristig wird Erdöl durch frei verfügbare, kosmische Energien ersetzt werden.

Siegfried: Was passiert denn mit der Erde, wenn man ihr zu viel Erdöl entzieht?

Leonardo: Der Erdorganismus wird dadurch geschädigt und geschwächt. Die Reaktionen sind jedoch nicht mit denen eines menschlichen Körpers vergleichbar. In der Erde laufen komplexe energetische Prozesse ab, die durch die Extraktion von Bodenschätzen empfindlich gestört werden. Es ist für den Planeten unzumutbar, weiterhin so dermaßen geplündert zu werden. Das schmerzt den Planeten.

Siegfried: Du sprichst von der Erde wie von einem lebenden Organismus, vergleichbar einem Menschen oder Tier.

Leonardo: Die Erde hat keine Organe oder ähnliches, aber sie ist ein lebendes Wesen mit ganz hohem Bewusstsein, das sich auch dessen bewusst ist, was mit ihm geschieht. Aus Liebe zu allen auf ihr lebenden Kreaturen erträgt sie wie eine große gute Mutter viel Leid.

Siegfried: Wir haben ausführlich über Erdöl gesprochen. Welche Rolle spielt Erdgas?

Leonardo: Das ist ein anderes Thema als Erdöl. Erdgas ist ein Stoffwechselprodukt. Es ist nicht so essentiell wichtig und kann leichter entbehrt werden.

Siegfried: Wird es auch weiterhin in großen Mengen für uns als Brennstoff zur Verfügung stehen?

Leonardo: Es gäbe billigere und sauberere Energiequellen als Erdgas. Brennstoffe erzeugen immer Rückstände, die nicht gebraucht werden und oft schädlich sind. In Zukunft werdet ihr Erdgas als Brennstoff nicht mehr brauchen.

Siegfried: Ist es sinnvoll, sich für die Krisen- und Übergangszeit einen Holzofen anzuschaffen?

Leonardo: Wenn ihr bedenkt, dass in den nächsten Jahren vieles an Turbulenzen auf euch zukommen wird, ist das sicher sinnvoll. Es ist zwar eine etwas veraltete Technik, aber dennoch im privaten Bereich sinnvoll, bis euch andere Möglichkeiten zur Verfügung stehen.

Siegfried: Ich habe jetzt eine mehr spirituelle Frage zum Thema Feuer: Man kann Feuer mit den verschiedensten Materialien machen, wie zum Beispiel Kohle, Holz oder Heizöl. Gibt es da von der spirituellen Schwingungsqualität Unterschiede?

Leonardo: Ja, jedes Feuer hat energetisch eine andere Ausrichtung. Das ist richtig.

Siegfried: Wie wirkt zum Beispiel ein Holzfeuer im Vergleich zu einem Heizölfeuer?

Leonardo: Ihr könnt euch da selbst hineinfühlen. Diese Energie eines Holzfeuers hat etwas beruhigendes, wärmendes, verströmt eine Atmosphäre von Geborgenheit. Erdölfeuer hat etwas Überhitztes, Scharfes, fast Aggressives an sich.

Siegfried: Welche Energiequelle wird in Zukunft die wichtigste sein?

Leonardo: Ihr nennt sie „Freie Energie". Es handelt sich dabei um kosmische Energie in verschiedenen Abstufungen. Sie kommt von der Sonne und aus dem Weltraum. Es ist ein Gemisch aus feinstofflichen Energien, die überall frei zugänglich aber praktisch noch unbemerkt sind. Mit den richtigen Geräten kann sie genutzt werden.

Siegfried: Eine Frau hat eine ganz praktische Frage an mich gerichtet: Welches Gerät werden wir in Zukunft statt der Waschmaschine benutzen?

Leonardo: Da gibt es eine langsame Evolution. Die Waschmaschine wird noch eine zeitlang ihren Dienst tun, allerdings wird sie aus einer anderen Energiequelle gespeist werden. Wenn wir weiter in die heraufdämmernde Zeit sehen, dann werdet ihr solche Geräte überhaupt nicht mehr brauchen, weil ihr dann die Kunst der Manifestation, der Materialisation und der Dematerialisation beherrschen werdet. Es genügt dann ein Gedanke, damit eure Kleidung wieder rein ist.

Siegfried: Das klingt ja spannend. Wie lange wird es in etwa dauern, bis wir so weit sind?

Leonardo: Manche Menschen werden diese Fähigkeiten früher, manche später entwickeln. Es ist ein individueller Prozess, der es jedem gestattet, sein eigenes Tempo zu gehen. Es hat ja nicht jeder die gleiche Ausrichtung. Also wird es wie überall einzelne Pioniere geben. Mit der Zeit wird sich das Gedankengut dann in der Breite durchsetzen.

Siegfried: Ich möchte jetzt in der Geschichte etwas zurückgehen. In der Bibel ist die Rede von einer sogenannten „Bundeslade". Manche meinen, dass sie etwas mit Freier Energie zu tun hätte. Kannst du uns genaueres darüber sagen?

Leonardo: Die Bundeslade war eine Apparatur, mit der es möglich war, sehr hohe spirituelle Schwingungen zu erzeugen. Sie dienten nicht für Versorgungszwecke, so wie ihr jetzt Energie für Fortbewegung oder Wärme in euren Häusern nutzt. Es handelte sich um extrem hohe spirituelle Energien, die schon gefährlich waren. Die Bundeslade wurde benutzt, um ausgewählten Menschen Zugang zu diesen außergewöhnlichen Energien zu gewähren.

Siegfried: Wofür wurden diese Energien eingesetzt?

Leonardo: Für spirituelle Einweihungszwecke, ähnlich wie Pyramidenenergie eingesetzt wurde, die auch extrem intensiv ist. Für manche Seelen sind diese Energien hilfreich, um ihren letzten Schritt zu vollenden.

Siegfried: Wie muss man sich das in der Praxis vorstellen? Konnten da Menschen mit Energie der Bundeslade aufgeladen werden?

Leonardo: Sie mussten sich mit ihrer Eigenschwingung schon sehr nahe an die Energie der Bundeslade herangearbeitet haben, um sie ertragen zu können. Es war wie eine Abschlussprüfung. Wer diese Energie aushalten konnte, hat seine Meisterschaft vollendet. Es waren alte atlantische Techniken, die hier genutzt wurden. Sie zeigten eindeutig, wer die nötige Eigenschwingung besitzt, um dann selbst in dieser hohen Schwingung tätig sein zu können. Diese Menschen wären in euren Augen wahre Zauberer. Sie hatten Zugang zu höchstem Wissen und höchsten Fähigkeiten, die ihr als Wunder bezeichnen würdet.

Siegfried: Welche Stellung nahmen dann diese Menschen in der Gemeinschaft ein?

Leonardo: Ihr würdet sie vielleicht Hohepriester nennen. Sie waren spirituelle Oberhäupter, denen es oblag, andere auszubilden und sie auf ihrem Weg zu begleiten. Sie waren Hüter dieses hohen spirituellen Wissens und hielten es lebendig.

Siegfried: Was passierte mit den Personen, die diese Energie nicht ertragen konnten?

Leonardo: Wenn man die Energie nicht ertrug, konnte es das Leben kosten. Das kam aber selten vor, da jeder Proband sorgfältig vorbereitet wurde.

Siegfried: Wo befindet sich die Bundeslade heute?

Leonardo: Dazu habe ich keinen Zugriff.

Siegfried: Existiert die Bundeslade noch?

Leonardo: Dazu habe ich keinen Zugriff.

Siegfried: Wie kam die Energie in die Bundeslade hinein?

Leonardo: In Atlantis gab es Menschen, die es vermochten, solche hohen Energien zu konservieren und zu speichern. Da war viel Magie im Spiel, aber in einer lichtvollen Variante, wie eben damals auch die Energie der Pyramiden genutzt wurde.

Siegfried: Du hast vorher schon die Technik von außerirdischen Zivilisationen angesprochen. Bei UFO-Sichtungen ist immer wieder festgestellt worden, dass manche dieser Flugobjekte schlagartig erscheinen und wieder verschwinden können. Wie lässt sich denn das erklären?

Leonardo: Diese Objekte können einen Dimensionswechsel vollziehen. Sie verändern ihren Schwingungsgrad und sind dann in eurer Dimension nicht mehr sichtbar. Feinstofflich sind sie aber dennoch da.

Siegfried: Sitzt in diesen Objekten jemand, um sie zu steuern?

Leonardo: Ihr dürft sie euch nicht wie eure Flugzeuge vorstellen. Es sind keine Blechhüllen, die mit Knüppel gesteuert werden müssen. Diese Objekte wurden größtenteils durch Gedankenkraft gestaltet und so ist es natürlich auch durch Gedankenkraft möglich, sie unsichtbar zu machen, weil es eben noch nicht allgemein erlaubt ist, sich offen zu zeigen. Es muss erst ein Umdenken der Menschen stattfinden, damit der großen Masse bekanntgegeben und gezeigt werden darf, wie viele außerirdische Besucher sich um die Erde befinden.

Siegfried: Wenn diese Schiffe durch Gedankenkraft erschaffen wurden, haben sie dann auch ein Eigenleben und einen eigenen Willen?

Leonardo: Nein, es sind Gedankenkonstrukte, die durch Bewusstsein gelenkt werden.

Siegfried: Und wer lenkt sie?

Leonardo: Es gibt Piloten, es gibt Besatzungen, es gibt unterschiedliche Sternengeschwister, die sich in solchen Gefährten aufhalten. Sie können ganz unterschiedlich groß sein. Es gibt kleine Reisegefährte von ein paar Metern Größe und es gibt Mutterschiffe, die wie Städte gebaut sind und Lebensraum für viele Wesen bieten.

Siegfried: Warum brauchen die Sternengeschwister Gefährte und können sich nicht mit Gedankenkraft von einem Ort zum andern fortbewegen?

Leonardo: Das können sie sehr wohl und tun das auch durch diese Verbindungen, die ihr Wurmlöcher nennt. Aber wir sprechen hier von Außerirdischen, die sich in unmittelbarer Nähe zur Erde befinden. Im Erdenergiefeld und der Atmosphäre herrschen Bedingungen, die anderen Zivilisationen nicht immer zuträglich sind. Daher brauchen sie eine Hülle, um sich zu schützen.

Siegfried: Sind diese Hüllen für uns greifbar wie feste Materie?

Leonardo: Wenn sie so gestaltet sind, dann sind sie greifbar. Es ist ein bewusster Prozess, der auch jederzeit umkehrbar ist. Wenn die Besatzung wünscht, dass ihr Schiff physisch fest wird, dann ist es so.

Siegfried: Wenn es feststofflich ist, könnten wir es dann chemisch analysieren und würden dann feststellen, dass es aus den uns bekannten Elementen besteht oder wäre es ein komplett anderer Stoff?

Leonardo: Du sprichst hier von vielen unterschiedlichen Aspekten gleichzeitig. Einige Stoffe sind euch bekannt, weil ihr sie auch auf der Erde habt. Aber andere Materialien kommen als Rohstoffe nur auf anderen Planeten vor. Sie sind also materialisiert, aber euch nicht bekannt. Wie gesagt sind diese Schiffe je nach Sternenrasse unterschiedlich. Sie haben sich ihre Gefährte so geschaffen, wie es für sie am passendsten ist. Manche in einer feststofflichen Form, manche eben nicht.

Siegfried: Unsere Astronomen meinen, es sei nicht möglich, dass Außerirdische sich in der Nähe der Erde befinden, weil die Distanzen im Weltraum viel zu groß sind und es eine Geschwindigkeitsbegrenzung durch die Lichtgeschwindigkeit gibt. Es würde viel zu lange dauern, um von einem Stern zum nächsten zu gelangen. Wie ist es zu erklären, dass in der Nähe der Erde trotzdem immer wieder außerirdische Objekte gesichtet werden?

Leonardo: Es ist zum einen diesen Energieröhren zu verdanken, die ihr Wurmlöcher nennt, durch die ganz schnell von einem Ort des Universums zum anderen gereist werden kann. Zum anderen haben eure Wissenschaftler die Existenz von Bewusstsein ausgeblendet. Dem Bewusstsein ist es möglich, in Gedankengeschwindigkeit zu reisen. Einzelne Sternengeschwister wenden diese Technik an und reisen ganz ohne Zeitverlust.

Siegfried: Du warst in deiner Inkarnation als Leonardo da Vinci selbst ein eifriger Forscher. Auch wir betreiben heute sehr viel Forschung. Werden wir im Goldenen Zeitalter auch noch forschen oder werden wir einen Punkt erreichen, an dem alle Fragen beantwortet sind?

Leonardo: Der Forschungsdrang ist Teil des menschlichen Wesens. Er ist neugierig, er will entdecken, er will verbessern, er will perfektionieren, er will immer wieder etwas Neues finden und erfinden. Dieser Drang drängt die heutigen Forscher und wird auch zukünftige Forscher drängen. Es gibt hier keine Grenzen. Niemals wird alles entdeckt sein. In den geistigen Bibliotheken ist alles zu finden, was jemals erdacht wurde. Ihr aber seid schöpferische Wesen und könnt jederzeit etwas Neues dazu erdenken. Da sind euch keine Grenzen gesetzt. Es ist kein Ende absehbar.

Siegfried: Jetzt musst du mir erklären, wie es möglich ist, dass wir sozusagen „aus dem Nichts" etwas erdenken, ohne dass es vorher irgendwo auf geistiger Ebene vorhanden wäre.

Leonardo: Das ist möglich, weil Menschen Schöpferenergie in sich tragen. Zum Beispiel kann durch Kombination von zwei Möglichkeiten etwas Neues entsteht. Das gesamte Universum befindet sich ständig im Wandel. Schöpfung geschieht ja nicht nur hier auf der Erde, sondern überall. Zuerst ist immer der Gedanke. Somit ist es schon auf der feinstofflichen Ebene vorhanden. Dann kann es in die Physis gebracht werden.

Siegfried: Also du sagst, dass der Mensch etwas Neues erschaffen kann, in dem er zum Beispiel vorhandene Gedanken kombiniert oder auch modifiziert. Aber da greift er ja wieder auf etwas zurück, was schon vorhanden ist. Hat der Mensch auch die Fähigkeit, ohne irgendein Material, das vorher zur Verfügung steht, etwas zu erschaffen, quasi aus dem Nichts?

Leonardo: Prinzipiell ja.

Siegfried: Forschst du selbst auch noch?

Leonardo: Mein Dienst ist momentan ein anderer. Ich betreue andere Forscher bei ihrer Arbeit. Ich bringe sie in Kontakt mit vorhandenem Wissen, ich forsche in der Akasha-Chronik, ich habe Zugang zu technischem Know-how. Ich bin wie ein Vermittler zwischen altem, gespeichertem Wissen und den Menschen, die in der Lage sind, dieses Wissen aufzunehmen.

Siegfried: Was werden wir im Goldenen Zeitalter erforschen?

Leonardo: Es werden sich neue Forschungsgebiete auftun, wenn in der Wissenschaft einmal akzeptiert wird, dass feinstoffliche Bereiche tatsächlich existieren, dass die Natur belebt ist, dass Planeten beseelt sind, dass die Erde nicht der einzige Planet ist, auf dem es Leben gibt. Das Forschungsgebiet wird ausgedehnt werden auf außerirdische Bereiche, auf innerirdische Bereiche, auf innermenschliche Bereiche. Ihr werdet entdecken, wie man mit Tieren, Pflanzen, Bäumen, Bergen, Seen, Landschaften und morphogenetischen Feldern kommuniziert, die so vieles an Wissen in sich tragen. Ihr werdet wissen, dass ihr nichts wisst.

Siegfried: Du hast auch vom innerirdischen Forschungsbereich gesprochen. Was gibt es denn im Erdinneren zu entdecken?

Leonardo: Dort gibt es Bereiche, die man auf feinstoffliche Art und Weise erforschen kann. Euer Planet hat verschiedene Ebenen, die überlappend angeordnet sind. Die physische Ebene lässt sich durch Tiefbohrungen und ähnliches erkunden. Aber auf der feinstofflichen Ebene ist die Erde im Inneren belebt, ja es existiert darin sogar eine ganze Zivilisation, die regen Kontakt zu Außerirdischen pflegt.

Siegfried: Bleiben wir einmal im physischen, feststofflichen Bereich. Es gibt Leute, die meinen, die Erde wäre innen hohl. Stimmt das?

Leonardo: Das ist diese andere Ebene, die ich angesprochen habe. Es gibt eine Erde, die hohl ist. Sie ist in der euren integriert, auf einer anderen Dimension, die euch in Zukunft zugänglich sein wird. Es gibt Dimensionstore, die noch nicht ganz geöffnet sind, weil die Zeit dafür noch nicht reif ist. Erst muss ein Großteil der Menschen in einer liebevolleren Schwingung leben, damit diese Tore weiter geöffnet werden können.

Siegfried: Du sprichst jetzt wieder vom feinstofflichen Bereich. Wenn wir zurückgehen auf den materiellen Bereich, ist dort die Erde hohl?

Leonardo: Nein, in der physischen Dimension ist die Erde fest, so wie es eure Wissenschaftler auch sehen.

Siegfried: Eine Frage, die uns ganz besonders beschäftigt hat mit dem Goldenen Zeitalter und seiner Dauer zu tun. Wir stehen am Beginn des siebten Goldenen Zeitalters auf der Erde. Sechs gab es schon, die aber alle wieder vergangen sind. Wird das siebte Zeitalter auch wieder ein Ende haben?

Leonardo: Es ist ein Ende absehbar, aber das ist noch ein sehr langer Zeitraum. Das kommende Goldene Zeitalter hat einen ausgedehnten Zeitrahmen, der es vielen Menschen ermöglicht, sich bis zur Vervollkommnung weiterzuentwickeln. Es ist das Ende ihrer physischen

Präsenz und der Notwendigkeit, einen physischen Körper tragen zu müssen. Im Goldenen Zeitalter seid ihr in der Lage, eure Physis zu verändern und euch im Lichtkörper in andere Lebensräume zu begeben.

Siegfried: Besteht im Goldenen Zeitalter die Gefahr eines Rückfalls, so wie es damals in Atlantis passiert ist?

Leonardo: Nein, es war damals ein lokal begrenzter Bereich, der so hoch schwingend war. Der Rest der Erde war von niedrig schwingenden Wesen bewohnt. Jetzt geht der gesamte Planet in diese höhere Dimension. Wir haben es mit einem globalen Phänomen zu tun.

Siegfried: Lieber Leonardo, danke für dieses faszinierende Gespräch. Willst du uns zum Abschluss noch etwas sagen?

Leonardo: Ja, seid offen für die vielen neuen Errungenschaften und Informationen, die ihr in der nächsten Zeit aus den feinstofflichen Dimensionen erhalten werdet. Es wird für euch sehr schön werden, wenn ihr entdeckt, dass euch jenseits des Schleiers unterstützende Wesen und Kräfte zur Verfügung stehen. Bitte öffnet euch dafür! Trefft diese bewusste Entscheidung, dann geht alles um so vieles leichter. Ich segne euch!

*»Genau wie ich wirst du irgendwann einsehen,
dass es ein Unterschied ist,
ob man den Weg nur kennt oder ob man ihn beschreitet.«*
Morpheus

8

Reisen, Bilokation und Merkaba

Siegfried: Lieber Hilarion, es ist uns eine Ehre, dass du heute mit uns sprichst. Unser Thema ist Reisen und Fortbewegung im Goldenen Zeitalter. Was kannst du uns dazu sagen?

Hilarion: Ihr wisst, dass das Goldene Zeitalter noch ein paar Jährchen weg ist. Was ich euch über das Reisen in dieser schönen, glorreichen Zeit zu erzählen habe, wird allzu utopisch für euch klingen. Vieles wird dann möglich sein, was ihr nur aus Erzählungen und Fantasien kennt, nämlich, dass der Mensch fliegen kann oder dass er sich an andere Orte denken kann. All das wird im Goldenen Zeitalter möglich sein. Diese Fähigkeiten werden aber erst dem voll entwickelten Menschen zur Verfügung stehen.

Siegfried: Werden wir im Goldenen Zeitalter überhaupt noch reisen?

Hilarion: Natürlich werdet ihr reisen, aber anders, als ihr es heute tut. Die Motivation dazu wird jedoch ähnlich sein: Ihr werdet reisen um geliebte Menschen zu besuchen, um wunderbare Orte zu besichtigen, um energetisch kraftvolle Plätze zu erfahren, oder um euch ausbilden zu lassen. Dieser Planet hat so viel Schönheit, interessante Orte und bereichernde Menschen zu bieten. Nur werdet ihr nicht mehr in Blechgefährten reisen. Ihr werdet euch im Geistkörper an den Zielort denken, während ihr den physischen Körper zurücklässt. Oder ihr könnt euch ganz dematerialisieren, euch in eure atomaren Bestandteile zerlegen und euch am Zielort wieder neu aufbauen. Ich weiß, das klingt für euch wie Science Fiction. Mit einem voll entwickelten Lichtkörper ist das aber alles möglich.

Siegfried: Birgt das Reisen im Goldenen Zeitalter auch Gefahren?

Hilarion: Nur die, dass vielleicht manch Reisender nicht mehr zurückkehrt, weil er das Reiseziel so sehr schätzt und entscheidet, hier zu bleiben, um die schöne Energie oder die neuen Menschen zu genießen. Es kann alles sehr spontan sein. Ihr werdet nicht mehr so stark an einen Ort gebunden sein, wie das heute noch der Fall ist, weil ihr euch in Gedankenschnelligkeit von hier nach da begeben könnt. Lieb gewonnene Menschen und Familien können sich jederzeit wieder zusammenfinden, wenn sie wollen. Der Gedanke, euer ganzes Leben am selben Ort zu verbringen wird euch nicht sonderlich reizen, weil die Erde so viele spannende Erfahrungsmöglichkeiten bietet, die euren persönlichen Entwicklungsprozess wunderbar fördern.

Siegfried: Wenn wir mit dem Auto, Schiff oder Flugzeug reisen, kommt es immer wieder einmal zu tödlichen Unfällen. Besteht diese Gefahr im Goldenen Zeitalter auch noch?

Hilarion: Im Goldenen Zeitalter gibt es keinen überraschenden Tod mehr. Ihr werdet dann so weit entwickelt sein, dass ihr spürt, ob ihr diese Ebene verlassen wollt oder nicht. Unfälle sind für Seelen immer nur Ausgänge gewesen, deren Weg in dieser Inkarnation beendet war. Im Goldenen Zeitalter kann der Mensch bestimmen, welche Erfahrungen er machen möchte. Unvorhergesehene Unfälle wären unlogisch, weil Menschen diese Unfälle nur erleben, damit sie daraus lernen, so lange sie noch nicht in der Lage sind, bewusst ihre Erfahrungen zu wählen. Hochentwickelte Menschen brauchen keine Schicksalsschläge mehr.

Siegfried: Wenn wir in exotische Länder reisen, müssen wir uns vorher oft impfen lassen oder müssen Medikamente nehmen, um gegen Viren und Bakterien geschützt zu sein. Wird das im Goldenen Zeitalter auch noch nötig sein?

Hilarion: Nein, ihr werdet dann längst erkannt haben, dass Viren und Bakterien nur Gedanken sind. Sie sind tatsächlich etwas Menschengeschaffenes, auch wenn eure Medizin und Wissenschaft sagt, dass es Mikroorganismen sind. Sie haben schon recht, aber wer hat sie wohl geschaffen? Über viele Jahrtausende haben Menschen mit negativen Gedanken diese Mikroorganismen aus Elementalen verdichtet. Im Goldenen Zeitalter werdet ihr längst wissen, dass ihr solche Organismen aushungern könnt, in dem ihr ihnen keine Macht mehr über euch gebt. Viren und Bakterien wird die Lebensenergie entzogen und sie werden sich auf 5D nicht halten können. Sie werden ein Ding der Vergangenheit sein, meine Lieben.

Siegfried: Werden wir im Goldenen Zeitalter überhaupt noch technische Hilfsmittel zum Reisen benötigen, oder werden wir alles mit Hilfe unserer fortgeschrittenen Bewusstseinsfähigkeiten bewerkstelligen?

Hilarion: Es wird beides geben, denn beides hat seine Berechtigung. Mit Gefährten zu reisen wird für manche ein Hobby sein. Manche werden es noch genießen, ein Schiff zu nehmen oder mit der Eisenbahn zu fahren, weil es nostalgische Gefühle auslöst. Hauptsächlich wird jedoch durch Projektion der Gedanken gereist.

Siegfried: Werden wir im Goldenen Zeitalter auch durch den Weltraum zu anderen Planeten reisen?

Hilarion: Natürlich, denn die Erde wird ja in der galaktischen Gemeinschaft ihren rechtmäßigen Platz einnehmen. Die Tore zum Universum werden für euch geöffnet. Es wird euch ohne weiteres möglich sein, eure Sternengeschwister ins Herz zu schließen. Ihr werdet erkennen, dass sie aus genau derselben Ursubstanz gestaltet wurden wie ihr und dieser Einheitsgedanke führt zu einem friedlichen Miteinander und gegenseitiger Unterstützung und Hilfe. Im Goldenen Zeitalter werden eure Sternengeschwister sehr wichtig für euch werden, weil sie euch weit voraus sind und ihr viel von ihnen lernen könnt. Ihr könnt euch darauf verlassen, dass euch eure Sternengeschwister besuchen werden, um euch zu zeigen, wie zum Beispiel Bilokation funktioniert. All diese Techniken sind in anderen Sphären des Universums gang und gäbe. Hier habt ihr viel Nachholbedarf und ihr werdet froh sein, in regem Austausch mit euren Sternengeschwistern zu stehen. Sie werden es genießen, euch in ihre Heimatgefilde zu entführen. Ihr werdet dann sehen, dass eure Wurzeln nicht alle irdischen Ursprungs sind, sondern oft von einem anderen Stern oder Planeten stammen. So ist es eine willkommene Gelegenheit, Verwandte zu besuchen, fremde Orte zu entdecken, die einem selbst gar nicht so fremd erscheinen, weil ihr in Resonanz mit ihnen steht. Ihr werdet verstehen, dass der Planet Erde niemals von außerplanetarischen Besuchern abgeschnitten war, aber es wurde aus Zwecken der Schulung nicht gestattet, dass offener Kontakt stattgefunden hat. Nur im Geheimen durfte es Austausch geben, weil außerirdischer Einfluss sonst euer gesellschaftliches Gefüge durcheinander gebracht hätte. Die Menschheit war noch nicht reif dafür. Das wird sich bald ändern.

Siegfried: Wie könnte eine Reise von der Erde in die Andromeda Galaxie in 20 Jahren aussehen? Kannst du uns einen kurzen Reisebericht geben?

Hilarion: Es wäre dafür sehr hilfreich, sich einen Andromedaner herzubitten. Ein Gedanke genügt, das wisst ihr. Dann ist die Verbindung hergestellt, denn wenn ein Mensch so einen Wunsch in sich verspürt, geht er in Resonanz mit etwas, was mit ihm zu tun hat. Es gibt diese Energieröhren, die ihr als Wurmlöcher bezeichnet. Sie durchziehen das ganze Universum und wer weiß, wo ihre Eingänge sind, kann sie zum Reisen benutzen. Mit ihnen ist es möglich, weit entfernte Planeten und Galaxien zu erreichen.

Siegfried: Gibt es so etwas wie eine Wurmlochlandkarte?

Hilarion: Ja, es gibt das Wissen, wo diese Wurmlöcher verlaufen. Auf der Erde gibt es Portale zu Wurmlöchern.

Siegfried: Kannst du uns ein paar Beispiele für solche Portale nennen?

Hilarion: Es ist noch nicht gestattet, diese Information bekannt zu geben, aber ich gebe euch einen Tipp: Es sind die Orte, an denen Menschen plötzlich verschwinden und nach einiger Zeit wo anders wieder auftauchen.

Siegfried: Du hast zuvor Bilokation erwähnt. Kannst du uns erklären, was das genau ist und wie es funktioniert?

Hilarion: Im Goldenen Zeitalter wirst du einen Körper haben, der zwar aussieht, wie dein jetziger, aber der in Wirklichkeit aus anderen

Bausteinen besteht. Während du einen Freund auf einem anderen Kontinent besuchst, kann dein Lichtkörper am selben Ort verbleiben. Du wirst versuchen, deinen physischen Körper in Ruhestellung zu parken und dich mit deinem Bewusstsein an den Zielort zu denken. Du nimmst also nur deinen Astral- und Mentalkörper mit auf die Reise. Dort transformierst du diese Körper mittels Gedankenkraft herunter, wodurch sie sichtbar werden und ein Nachbild von deinem physischen Körper ergeben. Du kannst jetzt in diesem Körper mit deinem Freund Gespräche führen oder etwas unternehmen, dich dann wieder verabschieden und zum geparkten Körper zurückkehren. Alle feinstofflichen Körper werden ineinander geschachtelt und sind wieder voll funktionsfähig.

Siegfried: Sehr interessant! Ist auch „Trilokation" möglich?

Hilarion: Es ist noch keiner auf die Idee gekommen, dass er auf drei Orten gleichzeitig sein möchte. Warum sollte man das wollen? Man kann sich ja zuerst zum einen, danach zum anderen Ort bilokieren. Trilokation wäre theoretisch möglich, aber es ist immer eine Frage der Kontrolle über die Aufmerksamkeit. Die Spaltung der feinstofflichen Körper für die Bilokation ist schon ein sehr aufwändiges Unterfangen.

Siegfried: In welchen Fällen wendet man die Bilokation an?

Hilarion: Um sich zum Beispiel mit jemandem zu treffen, der räumlich weit entfernt ist. Eine kurze Besprechung, eine kurze Umarmung und dann wird wieder der Rückzug angetreten.

Siegfried: Ist es denn nicht möglich, für kurze Besprechungen seinen physischen Körper mitzunehmen?

Hilarion: Bilokation stellt in diesem Fall einfach den geringeren Aufwand dar. Für euch mag Dematerialisation und Materialisation jetzt simpel wie Fingerschnippen klingen. Im Vergleich zu Bilokation ist es aber ganz was anderes. Der Aufwand würde sich bei weitem nicht lohnen. Es ist sehr hohes spirituelles Können erforderlich, um den kompletten Körper zu teleportieren.

Siegfried: Könnte man sagen, dass Bilokation eine Form von Astralreisen ist?

Hilarion: Ja, das könnte man sagen.

Siegfried: Gibt es dabei auch Gefahren?

Hilarion: Nun ja, es ist darauf zu achten, dass der geparkte Körper in Ruheposition verweilen kann, dass er alles hat, was er braucht und nicht geschockt wird.

Siegfried: Besteht die Gefahr, dass man in seinen geparkten Körper nicht mehr zurückfindet?

Hilarion: Nein, diese Gefahr besteht nicht, aber Schockwirkung ist unangenehm. Es sollte alles in ruhiger, friedlicher Atmosphäre vonstatten gehen können, dann ist der Wiedereintritt am leichtesten und der Mensch ist wieder vollständig in seiner Energie. Schockerfahrungen zerrütten das Energiegefüge. Man muss sich dann darum kümmern, das harmonische Gleichgewicht wieder herzustellen.

Siegfried: Besteht die Gefahr, dass jemand anderer den geparkten Körper in Besitz nimmt, während man selbst abwesend ist?

Hilarion: Wir sprechen hier von Vorgängen auf den fünften oder höheren Dimensionen. Dort haben Astralwesen keinen Zugang. Diese Gefahr besteht also nicht.

Siegfried: Kannst du uns den Prozess der Dematerialisation und der Materialisation genauer beschreiben?

Hilarion: Euer Körper wird sich bis ins Goldene Zeitalter umgestellt haben. Er besteht dann aus lauter kleinen Lichtpartikeln, die durch euer Bewusstsein und den Ätherkörper gemäß einem Bauplan an ihren Plätzen gehalten werden. Jedes Partikelchen weiß, wo es hingehört. Durch eure bewusste Entscheidung kann der Ätherkörper verändert werden. Ihr könnt zum Beispiel die Nase verkleinern oder die Ohren vergrößern. Genauso ist es möglich, den gesamten Körper in seine Bestandteile zu zerlegen und vollständig neu aufzubauen. Ihr könnt euch so ein vollständig neues Aussehen geben.

Siegfried: Das ist ja wunderbar. Plastische Chirurgie wird dann völlig überflüssig sein. Ich denke, dass ist für uns jetzt noch schwer vorstellbar, aber wir freuen uns auf alle Fälle schon darauf. Obwohl unsere Sternenbrüder diese Fähigkeiten besitzen und anwenden, verwenden sie trotzdem technische Hilfsmittel wie Raumschiffe. Werden unsere irdischen Technologiekonzerne in Zukunft Raumschiffe statt Autos und Flugzeuge bauen?

Hilarion: Darüber weiß ich nichts. Raumschiffe können zweierlei sein. „Fliegende Untertassen", die sich in Lichtgeschwindigkeit oder darüber bewegen, wie ihr sie aus der Ufologie kennt. Wenn ihr solche Schiffe bauen wollt, werden euch eure Sternenbrüder dabei gerne helfen. Dann gibt es noch feinstofflichen Raumschiffe, die durch Gedankenkraft manifestiert werden. Das alles ist eine Frage der Entwicklung und der Zeit. Das Goldene Zeitalter wird sich über einen sehr langen Zeitraum erstrecken und viel Raum für Evolution bieten.

Siegfried: Wir wissen aus der UFO-Forschung, dass wir von Sternenbrüdern, wie zum Beispiel den Plejadiern, in „fliegenden Untertassen" besucht werden. Warum benötigen sie überhaupt noch solche Gerätschaften?

Hilarion: Zum einen gibt es auch unter euren Sternenbrüdern unterschiedliche Entwicklungsstufen. Zum anderen dienen die Gefährte als Schutz, denn das Reisen durch Raum und Zeit birgt seine Tücken und Gefahren. Gerade diese Energiediskrepanzen zwischen ihren Heimatplaneten und der Erde sind oft so schwer zu ertragen, dass bestimmte Sternenrassen in geschützten Kapseln reisen müssen.

Siegfried: Wie bewegt sich ein sirianisches Raumschiff vom Sirius bis zur Erde?

Hilarion: Die Sirianer bevorzugen energetische Gefährte, die sich materialisieren können, wenn sie wollen. Diese Gebilde werden durch Gedankenkraft erschaffen und gesteuert. Wird die Schwingungsfrequenz gesenkt, werden sie für das physische Auge sichtbar. Die Sirianer wissen natürlich bestens über Wurmlöcher Bescheid und nutzen sie, wie ihr eure Autobahnen.

Siegfried: Das heißt, die Sirianer fliegen auf der einen Seite in ein Wurmloch hinein und kommen auf der anderen Seite in der Nähe der Erde wieder heraus?

Hilarion: Ja, so kannst du es dir vorstellen.

Siegfried: Es gibt ja dann auch noch so etwas wie ein persönliches, energetisches Raumschiff, das prinzipiell jeder Mensch hat, die sogenannte Merkaba. Was kannst du uns darüber sagen?

Hilarion: Wie du schon sagst, ist das euer persönliches Raumschiff. Das Reisen im interstellaren Raum hat seine Tücken. Euer Energiesystem hat die Möglichkeit, sich eine Schutzhülle zu schaffen, die gleichzeitig als Fahrzeug dient. Ihr könnt euch damit unbeschadet über größere Strecken fortbewegen.

Siegfried: Ohne dass man dabei Teleportation oder Bilokation braucht?

Hilarion: So ist es. Diese Reiseformen werden im irdischen Bereich eingesetzt. Sobald jedoch der Planet verlassen wird, kommt die Merkaba zum Einsatz.

Siegfried: Ach so, es gibt sozusagen Kurzstreckenreisemethoden und Langstreckenreisemethoden?

Hilarion: Sehr vereinfacht betrachtet, ja. Die Merkaba hat auch noch andere Funktionen. Sie ist eine Art persönliches Frequenzvehikel, das zur Verwandlung des kohlenstoffbasierten Körpers hin zum Lichtkörper dient.

Siegfried: Kannst du uns erklären, wie die Merkaba funktioniert?

Hilarion: Jede Seele hat ihre eigene Merkaba zur Verfügung. Sie hat ein ganz individuelles Schwingungsmuster aus Farbe und Ton anhand dessen die Seele identifiziert werden kann. Der Körper lässt sich ja auf Wunsch verändern, aber dieses Schwingungsmuster bleibt erhalten. Die Seelenqualität überträgt sich auf dieses energetische Gebilde, das den feinstofflichen Körper umhüllt. Alle Energiekörper sind von diesem Gefährt umhüllt und geschützt. Sie ist eine Erweiterung des eigenen Energiefeldes.

Siegfried: Soweit ich weiß, ist die Merkaba nicht bei allen Menschen aktiv. Was kann man tun, um die Merkaba zu aktivieren?

Hilarion: Das geht nur ab einem bestimmten Entwicklungsgrad. Wenn ihr beginnt, euch mit den Strukturen um euch herum zu beschäftigen, werdet ihr auf verschiedene energetische Schichten stoßen. In der Meditation könnt ihr eure eigenen Grenzen erkunden und euch zeigen lassen, wo ende ich, wo ist mein Kern, wo ist meine Außenhaut, wo ist mein Lichtgefährt, wie kann ich damit reisen? Ihr werdet dann ganz bewusst dieses geometrische Gebilde wahrnehmen.

Siegfried: Wird die Merkaba im Goldenen Zeitalter primär als Reisemöglichkeit oder als Schutzhülle genutzt?

Hilarion: Das hängt ganz von euch ab. Reisemöglichkeiten gibt es viele und manche Menschen werden ihre Merkaba hauptsächlich als Rückzugsort genießen, wie eine Oase. Gerade in schwierigen Zeiten ist sie für den Menschen oft die einzige Möglichkeit, sich wohl und sicher zu fühlen.

Siegfried: Stimmt es, dass durch tägliches Praktizieren der Merkaba-Meditation keine energetischen Schutztechniken mehr erforderlich sind?

Hilarion: Ja. Wie ich schon gesagt habe, ist die Merkaba ein energetischer Schutzschild, der sehr stark mit der Eigenschwingung zusammenhängt. Eine hohe Eigenschwingung ist gleichzeitig euer bester Schutz.

Siegfried: Werden wir also im Goldenen Zeitalter völlig kostenlos reisen können?

Hilarion: So ist es.

Siegfried: Wir brauchen auch keine Fahrzeuge mehr, die mit teuren Treibstoffen betrieben werden müssen?

Hilarion: Notwendig sind sie nicht mehr. Manche Menschen werden sie noch als Hobby betreiben, so wie sie das jetzt schon mit Oldtimern tun. Es wird Fahrzeuge geben, von denen ihr heute nur träumen könnt. Es wird euch Spaß machen, damit zu experimentieren.

Siegfried: Wird es im Goldenen Zeitalter noch Straßen geben?

Hilarion: Es wird nach wie vor Verkehrswege geben, aber nicht mehr so viele zubetonierte Flächen wie heute. Ihr werdet viel regionaler leben und müsst nicht mehr so lange Wege hinter euch bringen. Es wird eine völlig neue Lebenskultur sein.

Siegfried: Lieber Hilarion, wir bedanken uns für dieses hochinteressante Gespräch. Vielleicht willst du uns zum Abschluss noch etwas sagen.

Hilarion: Ja. Zum Thema Reisen gehört auch das Zeitreisen. Das dürfte für euch sehr reizvoll sein. Ihr könnt gezielt Punkte in der Vergangenheit ansteuern und gewisse Momente noch einmal erleben. Das wird vielen Menschen große Freude bereiten. Aber sie werden sich hüten, mit allen Körpern in die Vergangenheit zu gehen, weil es nicht immer angenehme Zeiten waren. So werdet ihr bevorzugen, euch dort hin zu projizieren. Ihr werdet sogar in andere Zeitalter von anderen Planeten reisen können. Da gibt es für euch noch vieles zu entdecken. Seid gesegnet!

»Wem die Kunst das Leben ist,
dessen Leben ist eine große Kunst.«
Johann Sebastian Bach

9

Schönheit und Kunst

Siegfried: Lady Rowena, wir grüßen dich.

Lady Rowena: Auch ich grüße euch.

Siegfried: Wir sprechen zum ersten Mal mit dir. Könntest du uns kurz etwas über dich erzählen?

Lady Rowena: Es ist so, dass ich in der Geistigen Welt den Bereich unter mir habe, der sich mit Schönheit und Harmonie befasst. Ihr nehmt diese Aspekte des Lebens in eurer Welt zwar schon wahr, aber ihre volle Tragweite ist euch nicht vollständig bewusst. Denn Schönheit ist Vollendung und Vollendung ist das, was in jeglicher Form, in jeglichem Lebensbereich angestrebt werden sollte.

Siegfried: Weil wir gerade bei dem Thema Schönheit sind: Hast du auch einen Körper?

Lady Rowena: Wesensanteile von mir sind momentan verkörpert. So wie ich jetzt zu euch spreche, bin ich eine Energieform ohne Körper.

Siegfried: Was ist denn das Wesen der Schönheit?

Lady Rowena: Das Wesen der Schönheit kannst du dir vorstellen als Ausgewogenheit in jeglicher Form, als wirkliche Synthese, als Harmonie und Ausbalanciertheit. Es ist ein Ideal, das höchst erstrebenswert ist. Schönheit bedeutet in verschiedenen Bereichen etwas anderes, aber immer wird es das sein, was Menschen anzieht. Es ist ein göttliches Ziel, auf das es hinzuarbeiten gilt. Es ist etwas, was tief im Menschen angelegt ist, was gesucht wird, was angenehm lockt, was euch anzieht, sei es ein schöner Mensch, ein schönes Kunstwerk oder ein schöner Ort. Schönheit spricht euch auf einer Ebene an, die euch nicht immer bewusst ist. Aber ihr erkennt Schönheit, wenn ihr sie seht.

Siegfried: Wir haben also ein Schönheitsideal in uns und erkennen, wenn etwas schön ist, weil es in uns schon veranlagt ist?

Lady Rowena: So ist es. Ihr seid alle aus Schönheit entstanden und dorthin führt der Weg zurück. Alles Hässliche ist aus der Mitte geraten, ist nicht in Harmonie, ist dem Ego verfallen. Dem Streben nach Schönheit liegt die Suche nach der Quelle, nach dem Ursprung von allem, zugrunde.

Siegfried: Haben andere Lebensformen als die menschliche auch andere Vorstellungen von Schönheit als wir?

Lady Rowena: Natürlich! Ihr sagt ja auch: „Schönheit liegt im Auge des Betrachters". Sie liegt nicht nur im Auge des Betrachters, sondern auch in der Seelenessenz des Betrachters. Wenn du euch zum Beispiel mit Sternenbrüdern vergleichst, die anders gewachsen sind, so kommt ihr aus einem anderen Ursprung und habt dort andere Prägungen erhalten. Aber auf tiefster Ebene würdet ihr auch in fremd aussehenden Wesen Schönheit entdecken, so wie ihr in Tieren Schönheit erkennt, oder in Blumen und Pflanzen, die euch auch nicht ähnlich sind, aber dennoch das Prinzip der Harmonie verkörpern.

Siegfried: Kann sich unsere Vorstellung von Schönheit verändern?

Lady Rowena: Nur in dem ihr selbst wächst. Zu Beginn nimmt ein Mensch vielleicht nur oberflächliche Schönheit wahr, aber bei weiterer Entwicklung wird er fähig, tiefere Schönheit wahrzunehmen und hinter die Oberfläche zu blicken. Schönheit wird dann nicht nur mehr mit den Augen wahrgenommen, sonder kann in tieferen Schichten erspürt werden. Schönheitsempfinden geht also mit der Entwicklung des Menschen Hand in Hand.

Siegfried: Du kennst ja, was wir in unserer jetzigen dreidimensionalen Welt an Kunst haben. Du kennst die Musik, die Malerei, die Bühnenkunst, die Filme. Wie wird sich denn der Bereich der Kunst in der nahen Zukunft entwickeln?

Lady Rowena: Wenn du Kunst so breit gefächert erwähnst, kann ich diese Frage auch nur breit beantworten. Kunst ist organisch, ist lebendig und dieses Lebendige wird sehr wichtig werden. Kunst wird in Bereiche hineinwachsen, in denen sie jetzt nicht möglich ist. Wenn man in die weitere Zukunft sieht, wird es eine spirituelle Kunst geben, wo sich vieles wandelbar gestaltet. In euerer materiellen Welt sind der Kunst, wie zum Beispiel der bildenden Kunst, Grenzen gesetzt, weil sie nur mit materiellen Mitteln erschaffen werden kann. Es wird hier ganz neue Möglichkeiten geben, wo Bilder allein durch Gedankenkraft gestaltet und verändert werden können. Sie verändern sich dann je nach verschiedenen Umständen. Auch Musik wird anders wahrgenommen werden. Es wird sehr vieles mehr auf Schwingung basieren. Wenn du denkst, was mit Klang alles möglich sein wird, wird Musik zu weit mehr dienen als nur dem Vergnügen. Sie wird Menschen verändern, allein durch die Tatsache, dass bestimmte Musikstücke auf bestimmte spirituelle Zentren einwirken und so Blockaden lösen können. Kunst wird also fast mit Heilmittel gleichzusetzen sein. Auch diese jetzt noch als übersinnlich angesehenen Fähigkeiten, wie zum Beispiel Levitation oder Materialisation, werden vieles möglich machen. Im künstlerischen Ausdruck werden sich ganz neue Dimensionen auftun. Es werden viele Grenzen fallen, weil viel mehr möglich sein wird.

Siegfried: Wird Kunst ein zentraler Bestandteil des Lebens werden?

Lady Rowena: Es ist eine Form von Schönheit, die sich jeder Mensch gerne ins Heim holen wird, weil sie mit dem Menschen in energetischer Wechselwirkung steht. Ich spürt auch jetzt schon, wie Bilder oder Musik auf eure Aura und seelische Stimmung wirkt. Es können Emotionen verändert werden. Aber es geht noch viel weiter. Musik kann im Körper des Menschen zelluläre Strukturen verändern und so zur Heilung eingesetzt werden. Sie kann harte Strukturen zerstören oder verändern.

Siegfried: Heute ist es in der Regel so, dass Künstler ihr ganzes Leben ihrer Kunst widmen. Wird es in Zukunft auch Menschen geben, die sich speziell nur mit einem Thema der Kunst beschäftigen?

Lady Rowena: Ja, weil es oftmals der Zweck der Inkarnation sein wird, sich zum Beispiel zu Gänze der Musik zu widmen. Es wird, so lange mit physischen Instrumenten gearbeitet wird, auch eine Art Schulung nötig sein. Das wird sich nicht verändern, aber es werden Melodien ganz anders empfangen werden. Viele euch bekannte musikalische Werke wurden aus der geistigen Ebene durchgegeben. In Zukunft werden sich Musiker noch viel mehr durch Interaktion mit herrschenden Energien wie zum Beispiel Naturwesen aus anderen Dimensionen inspirieren lassen. Auch Interaktionen und Kooperationen mit völlig anderen Wesenheiten, aus anderen Bereichen des Universums werden möglich sein. Es werden sich euch heute noch unvorstellbare Möglichkeiten erschließen, wenn ihr nicht mehr durch die 3D-Realität eingeschränkt seid.

Siegfried: Wie lange wird es noch dauern, bis diese Art von Kunst möglich ist?

Lady Rowena: Es liegt an euch selbst, in wieweit ihr bereit seid, diese erweiterten Zugänge zu nutzen. Es ist immer von der spirituellen Entwicklung zum Beispiel eines Komponisten abhängig, wie sehr er gelernt hat sich höheren Sphären zu öffnen. An seiner Eigenschwingung wird man seine Musik erkennen und sehen wer seine Zuhörer sein werden. Es wird viel Wert auf aufbauende Kunst gelegt werden und nicht auf nieder drückende, wie es jetzt oft der Fall ist, wo frustrierte Zeitgenossen meinen, sie müssten sich verewigen. Das war ja auch ihr Recht. In 3D darf alles ausgelebt werden. In 5D wird die Liebesschwingung nicht tolerieren, dass sich zornige Anklage in der Kunst verwirklicht. Das würde auch keinen Sinn machen und so werdet ihr diese Palette von „Kunstwerken" noch die nächsten Jahre geniessen können, aber dann nicht mehr.

Siegfried: Werden Teile unserer bisherigen Kunst in die höhere Schwingung nach 5D mitgenommen?

Lady Rowena: Natürlich. Es ist ja so, dass die Kunst in euren Seelen wohnt, auch wenn tatsächlich Kunstwerke zerstört werden sollten. Es ist alles in euch verankert und das, was euch gut tut, werdet ihr mitnehmen. Ihr seid wie Siedler, die in ein neues Land gehen und alles mitnehmen, was sie bisher bereichert hat. Ihr werdet als hochschwingende Menschen in der fünften Dimension nur hochschwingende Kunst schätzen, weil ihr mit anderem gar nicht mehr in Resonanz geht.

Siegfried: Wenn du unsere Musikgeschichte betrachtest, die Musik welches Komponisten würdest du dann als besonders hochschwingend einschätzen?

Lady Rowena: Ihr wisst eure Größen sehr zu schätzen. Dass zum Beispiel Mozart ein extrem hochschwingender Geist war, steht ausser Frage. Auch andere eurer verstorbenen Größen werden in das Goldene Zeitalter weitergetragen werden. Es sind hier auch einige zeitgenössische Musiker zu nennen, aber nicht alle Werke. Denn nicht alles, was ein Künstler schafft, ist von gleich hoher Qualität. Es gab in der Vergangenheit mehr Homogenität im Lebenswerk von Komponisten, als dies heute der Fall ist, wo sich die Zeiten so turbulent verändern. Manche eurer klassischen Komponisten haben sehr homogene Werke produziert, auch wenn sich das Wirken im Laufe des Lebensalters verändert hat. Beethoven, Bach, Händel sind hochschwingende Komponisten.

Siegfried: Kannst du noch einen zeitgenössischen, hochschwingenden Musiker nennen?

Lady Rowena: Ja, zum Beispiel die Bahnbrecher, die neue Epochen eingeleitet und kulturelle Veränderungen gebracht haben. Elvis war einer von ihnen, der sehr viel bewirkt hat. Die Beatles, Jimmy Hendrix, eure Ikonen, die vieles zerstört und gleichzeitig völlig Neues geschaffen haben. Diese Musiker selbst waren nicht extrem hochschwingend, aber sie waren wichtig. Sie haben durch ihr Dasein vieles verändert, auch wenn es oftmals nur kurz war. Sie waren Weichensteller, die die folgenden Generationen massiv beeinflusst haben.

Siegfried: Ich möchte jetzt gerne auf die bildende Kunst zu sprechen kommen. Ein Maler nimmt eine Leinwand, trägt dort mit verschiedenen Techniken seine Farben auf und erschafft so ein Gemälde. So taten sie es durch Jahrhunderte und machen sie es heute noch. Wie wird sich die Kunst des Malens in Zukunft bis ins Goldene Zeitalter hinein entwickeln?

Lady Rowena: Eine Möglichkeit wird sein, dass diese Kunst, wie bisher, beibehalten wird, einfach weil sie für manchen Maler ein physischer Genuss ist. Er genießt es, mit Materialien umzugehen, die aus der Natur kommen. Das wird weiterhin seinen Platz haben. Aber es wird eine ganz neue Methode des Malens entstehen, indem tatsächlich durch Gedankenkraft Bilder geschaffen werden. Es wird hochschwingenden Seelen ein Leichtes sein, allein durch Gedankenkraft eine ganze Wand zu gestalten. Man wird entdecken, wie sich Atome verändern lassen, bewegen lassen, verschieben lassen. Es wird möglich sein, Hologramme zu erzeugen, die auch anderen zugänglich gemacht werden können. Allein durch Gedankenkraft können flexible Projekte gestaltet werden. Bevor ein Kunstwerk in physischer Form richtig manifestiert ist, kann es als Gedanke Gestalt annehmen. Es kann weiter mit Energie versorgt oder auch fallen gelassen werden. Kunstwerke können zeitlich begrenz werden, sodass sie nach Ablauf einer bestimmten Zeit wieder verschwinden. Das und noch viel mehr wird möglich sein. Das gilt auch für die Bildhauerei. Einerseits wird man wie bisher mit Hammer und Meißel Hand anlegen, mit Messern schnitzen oder auf einer Töpferscheibe Ton verarbeiten. Aber zusätzlich wird es möglich sein, in einem Baumstamm mit Röntgenblick zu erkennen, welche Form in ihm verborgen liegt. Diese kann dann physisch oder mental freigelegt werden. Hier ist auch Interaktion mit Naturwesen möglich, die es lieben werden, zu gestalten. Denn viele dieser Naturwesen tun ja nichts anderes als an der Gestaltung von Pflanzen und Tieren mitzuwirken. Dieses Potential kann auch von Künstlern genutzt werden.

Siegfried: Wird es dann auch möglich sein, mit Gedankenkraft eine Marmorskulptur zu erschaffen?

Lady Rowena: Natürlich! Es war ja schon in Vergangenheit gang und gäbe, physisch schwere Materialien mit Gedankenkraft zu bearbeiten, sei es um Bauwerke zu errichten oder Skulpturen zu erschaffen.

Siegfried: Worin besteht die Funktion und Bedeutung dieser Kunstwerke?

Lady Rowena: Es wird tatsächlich immer eine Funktion dahinter stecken und wenn es nur die ist, dass ein Künstler mit seinem Bild der Welt Schönheit schenkt. Er wird gewürdigt werden, weil er diese Welt mit etwas beglückt, das in ihm nach Ausdruck drängt. Es gibt ihm selbst Erfüllung und dient auch anderen, weil seine Schwingung aus diesem Kunstwerk auf das Umfeld strahlen wird. Er werden auch Kunstwerke in freier Natur platziert werden, einfach um schöne Plätze noch schöner zu machen, als Geschenk an Mutter Erde und zu ihrem Schmuck. Kunst wird auch heilende und aufbauende Funktion haben, an Orten, wo die Menschen dessen bedürfen. In den Anfängen des Goldenen Zeitalters dürft ihr die Welt nicht als homogenes, hochschwingendes Feld sehen. Einige werden Vorreiter sein, andere werden in ihrer Entwicklung hinterher hinken. Kunst wird hier ganz bewusst als Heilmittel und Therapie eingesetzt, um sie in ihrer Entwicklung zu unterstützen.

Siegfried: Wir werden in Zukunft ja auch noch Technik einsetzen. Welche Rolle spielt Kunst in Zusammenhang mit Technik?

Lady Rowena: Schönheit wird auch in der Technik Einzug finden. Es wird wieder zu den Qualitäten lang vergangener Zeiten zurückgekehrt werden, wo man wußte, dass Technik und Gebrauchsgegenstände durchaus schön gestaltet werden können. Du weißt, dass du etwas viel lieber zur Hand nimmst, wenn es nach Schönheitskriterien gestaltet wurde. Allein dadurch trägt es schon eine aufbauende Schwingung in sich. Schönheit und harmonische Form wird als künstlerische Zutat, schnöden technischen Geräten hinzugefügt werden. Die Menschen werden sich in Zukunft mit wertigen Dingen umgeben wollen und nicht mehr mit billigem Schund, wie es heute vielfach der Fall ist. Produkte werden wieder liebevoll in Manufakturen hergestellt, wo der Erschaffer seine persönliche Note einbringen kann. Lieblose Fließbandproduktion gehört der Vergangenheit an.

Siegfried: Du hast von der Möglichkeit gesprochen, Kunstwerke mit Gedankenkraft zu erschaffen. Wird dazu eine besondere Ausbildung benötigt oder kann jeder sagen, ich möchte heute eine schöne Symphonie schreiben, morgen ein schönes Bild malen und übermorgen eine schöne Skulptur gestalten?

Lady Rowena: Nein. Erschaffen mit Gedankenkraft wird gelehrt werden müssen und manche werden es zu Meisterschaft bringen. Denn gerade in diesem Bereich des aktiven Schöpfens muss sehr subtil und vorsichtig vorgegangen werden. Diese neuen Schöpfer müssen ganz gezielt belehrt werden, wie sie mit ihrer Schöpferkraft umzugehen haben. Es ist Vorsicht geboten, was man erschafft. Die Verantwortung verbleibt immer beim Schöpfer.

Siegfried: Wofür ist er denn verantwortlich?

Lady Rowena: Er ist verantwortlich dafür, dass er sich gezielt und fokussiert mit diesem Thema beschäftigt, damit es zur Perfektion gelangt. Es wird eine Richtlinie sein, nicht in Eile, unzuverlässig oder unvollständig zu erschaffen. Denn was wäre dann das Endergebnis?

Es wäre nicht perfekt, nicht harmonisch und wer braucht so etwas? Es wird besonderer Wert darauf gelegt werden, die Gedanken so zu nutzen, dass das Ergebnis sinnvoll, erbauend und erhebend wird. Alles andere wird der Vergangenheit angehören und das ist es ja, was ihr hinter euch lassen wollt. Alles halbfertige, schädliche, disharmonische wird im Goldenen Zeitalter keinen mehr Bestand haben und dem künstlerischen Anspruch der Menschen nicht genügen. Ihr werdet erspüren, wie die Gesinnung des Künstlers ist und wenn gepfuscht wird, werdet ihr das sofort erkennen.

»Himmel und Erde werden vergehen,
aber meine Worte werden nicht vergehen.«
Jesus von Nazareth

10

Jesus über Religion

Siegfried: Jesus, es freut uns mit dir zu sprechen. Du giltst als Gründer der christlichen Religion. Was kannst du uns zum Thema Religion im Goldenen Zeitalter sagen?

Jesus: Das Thema wird bis dahin hoffentlich abgehakt sein. Ihr werdet erkannt haben, dass Religionen auf eurem Weg der Reifung ein notwendiges Übel waren. Sie waren nur eine Art Krücke, die ihr brauchtet, so lange ihr nicht imstande wart, selbständig euren eigenen Weg zu gehen. Der Weg zur Göttlichkeit ist, anders als die Religionen es propagieren, der Weg nach innen, zu sich selbst, zur eigenen göttlichen Anbindung. Nichts anderes haben alle religiösen Lehrer zu allen Zeiten gelehrt, aber es ist vieles missverstanden und umgedeutet worden. Zu jener Zeit war es so in Ordnung, weil die Menschen nur das imstande waren, aufzunehmen wozu sie geistig und menschlich in der Lage waren. Religionen sind wie Trittsteine zu sehen, die den Menschen eine moralische Grundlage gegeben haben, eine Art grobe Orientierung. Sie halfen ihnen, die ursprünglich so grobe Persönlichkeit zu vergeistigen. Im Verlauf der Geschichte haben sich die Religionen nach und nach verfeinert. Im Goldenen Zeitalter sind sie nur noch als Ballast und Erinnerung anzusehen, denn dann wird es diese verschiedenen Religionen nicht mehr geben, weil die Menschen zu einer universellen Art der spirituellen und geistigen Ausrichtung zurückfinden werden. Ich verwende den Begriff Religion nicht gerne, weil er so belastet ist. Wenn ihr euch vor Augen haltet, wie viele Kriege und Blutvergießen damit verbunden sind! Das alles war nicht im Sinne Gottes, weder des christlichen, noch des islamischen oder buddhistischen. Das werden die Menschen im Goldenen Zeitalter erkannt haben und sie werden sich ihre eigene gesellschaftliche Ethik im inneren Gespür für die geistigen Gesetzmäßigkeiten aufbauen. Es gibt universelle Gesetze, die nicht nur hier auf Erden ihre Gültigkeit haben, sondern seit jeher bis in die hintersten Winkel des Universums gelten. Diese geistigen Gesetze werden die Basis für alle eure gesellschaftlichen Regeln bilden, um abwägen zu können, welche Art der Handlung jetzt angebracht ist, welche Art der Aktion niemandem schadet, keinem Wesen Leid zufügt und den freien Willen achtet.

Die spirituellen Gesetze werden auch die Basis für ein neues Miteinander zwischen Menschen und den restlichen Geschöpfen bilden, die auch mit eingebunden sind, die genauso gewürdigt und geachtet werden wollen wie menschliche Wesen. Alles ist verbunden. Der Mensch wird aufgrund seiner hohen Herzensqualität gar nicht mehr in der Lage sein, andere Lebewesen zu schädigen, Tiere auszubeuten oder die Natur zu verschmutzen. Dadurch würde er sich nur selbst großes Leiden zufügen und wer würde das wollen, wenn alles sofort spürbar ist? Dadurch, dass ihr energetisch sehr viel feinfühliger sein werdet und sofort wahrnehmt, wie sich das Gegenüber fühlt, werdet ihr viel mehr Acht auf eure Taten haben. Es wird euch selbst am Herzen liegen, sich ständig so zu verhalten, dass ihr euch selbst wohl fühlt und die Energie stimmig ist. Das eigene Selbstverständnis dafür, dass jeder Mensch nur ein Teil eines großen Ganzen ist, wird wachsen. Alles ist eins und dieses Wissen wird spürbar und erlebbar sein.

Siegfried: Heißt das, es war gar nicht deine Absicht, eine Religion zu gründen?

Jesus: Du wirst in der ganzen Bibel keinen Ausspruch finden der besagt, dass ich eine neue Religion gründen wollte. Ich habe universelle Gesetze gelehrt und ich musste sie so lehren, wie die Menschen sie verstehen konnten. Es gab auch damals schon Menschen, die weit entwickelt waren und meine Gleichnisse, die ich für die Ohren der einfachen Menschen formulierte, auch auf einer höheren Ebene verstanden. Diese hoch entwickelten Menschen konnten zwischen den Zeilen lesen und entdeckten, dass diese symbolischen Gleichnisse mehr waren, als nur einfache Kindergeschichten, die auch noch das einfachste Gemüt zu verstehen in der Lage war.

Es war auch für die bewussten Geister nicht leicht, sich diesen Wahrheiten zu nähern. Sie mussten einen Prozess durchmachen, um die dahinter liegende Weisheit zu erkennen. Dadurch, dass meine Lehren so verschlüsselt waren, sind sie oft missverstanden oder auch fehlgedeutet worden. Aber der, der Augen hatte zu sehen, der sah, und der, der Ohren hatte zu hören, erkannte was ich wirklich meinte. Es war nicht in meiner Absicht, eine Organisation mit hierarchischer Struktur zu gründen, die eine Kluft zwischen Menschen und Gott schuf, weil noch so viele Schichten an religiösem Personal dazwischen lagen, dem man gehorchen musste. Mein Bestreben war es nicht, von Gott zu entfernen, sondern die Menschen darauf hinzuweisen, dass sie Gott sind, dass sie jederzeit Zugang haben zum göttlichen Vater. Dies war meine Lehre und nichts anderes.

Siegfried: Wie kam es dann überhaupt dazu, dass aus deiner Lehre eine Religion und eine Kirche entstanden sind?

Jesus: Das war Menschenwerk. Du weißt, ich hatte Jünger und Nachfolger. Viele von ihnen, nicht alle wohlgemerkt, waren in der Lage, meine Botschaften auf dieser tieferen Ebene zu verstehen. Dadurch wurden sie transformiert und viele von ihnen sind große Meister geworden, weil sie diesen Wandel in sich zugelassen hatten. Dann haben sie meine Lehre rein weitergegeben. Aber wie es nun einmal so ist, hat durch die Generationen auch hier eine Verwässerung der Lehre stattgefunden. Die Menschen haben mit gutem Willen versucht, das ihre beizutragen, um sie noch besser zu machen, um sie an noch mehr Menschen weiterzutragen. Es war niemals böse Absicht dahinter, das will ich niemandem unterstellen. Aber sie konnten oft nur mit ihren kleinen beschränkten menschlichen Geistern diese großen Wahrheiten erkennen und weitergeben. So kam Fanatismus dazu. Sie glaubten, die einzige Wahrheit entdeckt zu haben und so ist dieser Ausschließlichkeitsgedanke entstanden, den ich auch nicht gelehrt habe. Denn in meines Vaters Haus gibt es viele Wohnungen.

Vieles wird an Gedanken und Strömungen zugelassen, weil es zu der einen Quelle hinführt. Aber das hatten sie nicht verstanden und so begannen sie, ihre ach so verehrte Wahrheit zu schützen und nach außen zu verteidigen. So kam dieser kriegerische Aspekt dazu, jetzt im Besitz der allein selig machenden Wahrheit zu sein. Es waren kriegerische, sehr männlich orientierte Zeiten. Und so ist es zu sehen, dass meine Lehre in das allgemein akzeptierte Gedankengut eingebaut wurde. So geschah es, dass kirchliche Strukturen entstanden sind, die wiederum einem starken Wandel unterworfen waren. Es kam zu Abspaltungen, wo wiederum ein Teil der Kirche meinte, jetzt aber wirklich die allein gültige Wahrheit hinter meinen Lehren gefunden zu haben und diese wiederum mit dem Schwert verteidigte. So kam es, dass innerhalb der christlichen Religion Kriege entstanden sind, die so viel Kummer und Leid gebracht haben. Wie sollte das jemals meine Absicht gewesen sein?

Siegfried: Heißt das, dass es im Goldenen Zeitalter keine Religionen und keine Kirchen mehr geben wird?

Jesus: So wird es sein. Die Menschen werden sehr wohl in die Natur gehen und sich dort an Kraftplätzen aufhalten, um allein oder auch in der Gruppe zu beten, zu meditieren und zu kontemplieren. Ihr werdet durch eure feine Sensitivität wissen, welcher Ort welche Spiritualität in sich trägt, wo reinigende Energie herrscht, wo es kräftigende Energie gibt, wohin man sich zurückziehen kann, wenn man völlig mit dem Kosmos verschmelzen will. Das werden in Zukunft die Kirchen sein. Menschen werden sich nur insofern in Gruppen zusammenschließen, um sich gemeinsam in einem besonders hohen Ausmaß einem spirituellen Thema zu widmen, weil sie spüren, dass die Gruppe die Einzelenergie noch verstärkt. Es haben ja auch bisher die religiösen Gemeinschaften diese Dynamik genutzt, um sich gegenzeitig hoch zu schwingen. Das geschieht immer, wenn sich Menschen zusammenfinden, um sich mit dem gleichen Thema zu beschäftigen. Das meinte ich mit meinem Ausspruch: „Wo zwei oder drei in meinem Namen versammelt sind, bin ich mitten unter ihnen." Mit gebündelter Energie ist Gewaltiges möglich. Geballte Schöpferkraft steht dann zur Verfügung, wodurch Visionen viel effizienter manifestiert werden können.

Siegfried: Wird es im Goldenen Zeitalter Zentren geben, in denen Spiritualität gelehrt wird?

Jesus: Ja, die wird es geben. Ihr dürft nicht denken, dass die Menschheit eine homogene Masse sein wird, in der alle gleich weit entwickelt sind. Es wird Unterschiede geben, denn Menschen werden unterschiedlich ausgerichtet sein. Und es wird eine gewisse Art von Tempeln geben, wie ihr sie vielleicht aus alten Kulturen kennt. In diesen spirituellen Zentren werden hochentwickelte Meisterseelen als Lehrer fungieren. Man kann dort hingehen, wenn man bestimmte Zusammenhänge ganz anders verstehen möchte, oder um seine Spiritualität auszubauen und zu vertiefen. Es wird Lehren geben, die dann nicht mehr geheim sind. Sie werden nur an Menschen weitergegeben, die sie hören wollen. So wird es Schulungsorte geben, wo sich viele Menschen jeden Alters um die Lehrer scharen, wie sie es schon bei Buddha getan haben oder wie sie zu meinen Füssen gesessen sind und meinen Worten gelauscht haben. Sie haben über das Gehörte kontempliert und meditiert, haben die Wahrheit erkannt und sie in ihrem eigenen Lebensumfeld gelebt. So funktionieren spirituelle Zentren. Es ist noch ein weiterer Aspekt zu sehen, den ich euch als glorreiche Aussicht weitergeben möchte. Diese spirituellen Zentren werden auf der ganzen Erde in regelmäßigen Abständen angelegt sein, so dass jeder Mensch, auch wenn er weit abgelegen wohnt, immer die Möglichkeit haben wird, so ein Zentrum aufzusuchen. Diese Zentren werden auch Energiekanäle sein, durch die sehr hohe kosmische Energien in die irdische Ebene fließen. Sie dienen als Torwege in andere Dimensionen mit extrem starken Schwingungen, denen auch nicht jeder auf Dauer ausgesetzt sein möchte.

Diese hohen Energien sind je nach Kraftort unterschiedlich. Sie hängt von den Menschen ab, die dieses Zentrum unterhalten. Diese Erde wird ein energetisch bunter Ort sein. Das gesamte Energiespektrum wird vertreten sein. Jede an einem anderen Ort. Es wird wunderbar sein, weil manche sich in regelmäßigen Abständen einem anderen Kraftort zuwenden werden und allein durch die Anwesenheit in ihrer energetischen Ausrichtung verändert und vervollständigt werden. Vieles was in ihrer eigenen energetischen Struktur gespeichert ist, wird zum Klingen gebracht. Wenn sie das Gefühl haben, ganz gesättigt zu sein, sowohl mit Lehren als auch mit Energien, werden sie weiterziehen, um eine andere Energiequalität aufzunehmen. Dadurch werden wieder neue Fähigkeiten, Talente und Ideen freigelegt. Es ist immer wieder wie ein kleiner Akt der Entdeckung von Anlagen, die im menschlichen Wesen schlummern. Es ist für spirituell interessierte Menschen kein Ende absehbar.

Siegfried: Kannst du uns ein paar Beispiele solcher hochschwingender Kraftorte nennen?

Jesus: Ich werde keine Regionen nennen, denn diese Informationen dürfen noch nicht preisgegeben werden. Sie sollen unentdeckt schlummern dürfen, bis die Meister, die diese Lichtorte verankern werden, sich ihres Auftrages ganz klar bewusst sind. Sie werden an speziellen Plätzen einen Anker setzen, eine Art Zugangsrohr für kosmische Energien, die dann in verstärktem Masse in diese Regionen einfließen dürfen. So wird es anfangen. Die Meister werden ihre

Stützpunkte errichten, aber ihr dürft euch das nicht vorstellen wie eine grandiose Zurschaustellung von gewaltigen Bauwerken, die dann als Wallfahrtsort dienen. Nein, es wird in der Stille und in der Einfachheit geschehen. Es geschieht jetzt schon, meine Lieben. Langsam aber stetig bilden sich diese Kraftorte. Manche Menschen werden intuitiv spüren, dass hier etwas Besonderes am Wirken ist und sie werden sich jetzt schon in den Einflussbereich dieser großen Seelen hingezogen fühlen, die auch schon hier auf Erden sind. Es werden diese großen Seelen aus kosmischen Quellen gespeist werden und die Zentren werden ihren Einflussbereich immer weiter ausdehnen. Ihr könnt es wahrnehmen als eine sehr wohltuende Strahlung, die aber für anders gelagerte Menschen unerträglich sein wird.

Diese hohen spirituellen Energien werden nach dem Gesetz der Resonanz hoch schwingende Menschen anziehen und niedrig schwingende abstoßen. Wenn jemand in eine solche Kraftsphäre gelangt, wird er schlagartig verändert werden. Diese Veränderung kann jetzt in Zeiten des Umbruchs eine gewaltige transformatorische Wirkung haben, so dass erst einmal viele Schattenanteile der Menschen ans Tageslicht kommen, was nicht immer schön ist. Es werden Ängste und viele unangenehme Charaktereigenschaften an die Oberfläche gebracht. Manch einer wird sagen: „Jetzt arbeite ich so gründlich an meiner Entwicklung, aber immer wieder stoße ich auf neue Themen. Was soll ich denn noch tun?" Diese frustrierende Erfahrung kann die Folge einer solchen Einstrahlung von hoher Schwingung sein. Deshalb warne ich diejenigen, die sich ganz bewusst in diese Schwingungssphären begeben wollen. Einerseits ist es sehr reizvoll, andererseits kann es eine heftige spirituelle Transformation mit sich bringen. Menschen, die für diese stark energetisierten Plätze geöffnet sind, werden in hohem Maße davon profitieren. Andere, die sich gegen jede Veränderung sträuben, werden von diesen Orten eher abgestoßen werden, sie vielleicht sogar verdammen und meiden, weil sie mit dieser Art von Schwingung überhaupt nicht zurande kommen.

Siegfried: Werden in diesen spirituellen Zentren auch Rituale und Zeremonien praktiziert werden?

Jesus: Ein wenig anders, als ihr sie gewohnt seid. Es hat sich Zeremonienkult oftmals verselbständigt, sodass nur noch hohle Rituale übrig blieben und die dahinter liegende Wahrheit nicht mehr gesehen wurde. Rituale und Zeremonien machen nur Sinn, wenn eine spirituelle Absicht zugrunde liegt. Durch Rituale wird ein energetisches Feld geschaffen, das von vielen praktizierenden Menschen weiter gespeist werden kann. Wenn es richtig gemacht wird, kann so ein Feld sehr heilsam und wohltuend sein. Jeder, der sich in dieses Feld mittels des gleichen Rituals einklinkt, wird einen gewaltigen Energieschub erfahren. So wird es eine andere Form von Zeremonien und Ritualen geben, die nicht nur leere Hüllen sind, sondern auf energetische Weise wirken und bewusst zur Weiterentwicklung genutzt werden.

Siegfried: Wird es im Goldenen Zeitalter noch Gut und Böse geben?

Jesus: Es wird die Wahrnehmung geben, ob etwas den geistigen Gesetzen entspricht oder nicht. Es wird aber sehr viel mehr spürbar sein, was gut tut und was nicht gut tut. Es ist eine Erfahrung, die viel präziser, viel spontaner ist, die sofort erkennen lässt, was der richtige Weg ist, um niemanden zu schädigen, um geistige Gesetze einzuhalten und den göttlichen Willen als obersten Willen geschehen zu lassen.

Siegfried: Wir erleben gerade einen schweren Kampf zwischen Licht und Dunkelheit. Wie wird sich das bis ins Goldene Zeitalter entwickeln?

Jesus: Dieser blutige Kampf auf den Energieebenen ist jetzt voll im Gange. Ihr spürt in eurer physischen Welt, dass sich alles verändert, alles extremer wird. Sei es hin zum hoch lichtvollen Spirituellen, oder hin zum zutiefst Materiellen, Kriegerischen. Es ist diese Trennung der beiden Pole, die jetzt so stark spürbar ist. Sie kämpfen erbittert um die Vorherrschaft, aber ihr wisst, welche Seite siegen wird. Licht ist stärker als Dunkelheit. Diese Gleichung gilt im ganzen Universum und ganz besonders hier und jetzt bei diesen extremen Umwälzungen auf der Erde. Das Licht wird Oberhand gewinnen, da gibt es nichts zu rütteln. Wir können das auf den geistigen Ebenen sehen.

Siegfried: Wird es im Goldenen Zeitalter keine Dunkelheit mehr geben?

Jesus: Nicht in dem Sinne, wie ihr sie jetzt kennt. Es wird zum Beispiel niemandem mehr einfallen, kriegerische Aktivitäten auf persönlicher oder kollektiver Ebene auszulösen, weil sich den sofort spürbaren negativen Energien keiner mehr aussetzen will. Dieses ganze Machtgehabe, das in diesen kriegerischen Energien enthalten ist, wird nicht mehr zum Tragen kommen. Ihr werdet eure Ohnmacht ablegen und wieder in eure Eigenermächtigung gehen. Dadurch seid ihr nicht mehr von Despoten beherrschbar. Dieses alte Prinzip wird durchschaut und verliert seine Wirkung. Machtmissbrauch hat immer mit Energieaufsaugung zu tun. Menschen im Goldenen Zeitalter werden es nicht nötig haben, anderen deren Energie wegzunehmen, weder physisch in Form von Diebstahl, noch energetisch in Form von Unterdrückung und Ausbeutung.

Siegfried: Wenn ich das richtig verstehe, wird dieser Prozess von unserer Zeit bis ins Goldene Zeitalter durch eine Veränderung des energetischen Schwingungsniveaus verursacht. Sehe ich das richtig?

Jesus: So ist es. Es ist eine gnadenvolle Tatsache, dass euch euer Planet in diese Schwingungsfrequenz mitträgt. Die Erde entwickelt sich hin zu einem Wesen, das in der Liebesschwingung existieren wird und ihr mit ihr. Ihr wurdet in eine gnadenvolle Zeit geboren. Viele unter euch haben beschlossen, sich an diese Liebesschwingung anzupassen und alles von sich zu werfen, was ihr nicht entspricht. Wenn ihr im Goldenen Zeitalter angelangt seid, werdet ihr geläutert und gereinigt sein.

Siegfried: Wir sind in diese Zeit hineingeboren. Wie steht es mit dir? Wirst du auch hineingeboren in unsere Welt und in diese Entwicklung?

Jesus: Wenn du diese Energiequalität ansprichst, die Jesus ausmacht, dann erkläre ich jetzt ganz deutlich, dass viele Aspekte dieser Qualität schon in inkarnierter Form auf der Erde zugegen sind. Nicht nur meine Energiequalität ist in physischen Leibern inkarniert, sondern auch andere Brüder und Schwestern der Weißen Bruderschaft. Wir sind aktiv am Wiederaufbau einer neuen Erde und am Gestalten des Goldenen Zeitalters beteiligt.

Siegfried: Diese Schwingungsanhebung findet ja statt, ob wir wollen oder nicht. Wie können denn wir Menschen Einfluss auf diesen Prozess nehmen?

Jesus: Der Mensch hat verschiedene Möglichkeiten, sich hier einzubringen. Am wichtigsten wäre es, sich selbst von allem zu befreien, was dieser reinen Schwingung widerspricht. Die reine Schwingung liegt in jedem Menschen begründet, Verschmutzungen trüben sie. So ist jeder Mensch aufgerufen, an sich selbst zu arbeiten, freiwillig alles abzuwerfen, was nicht der Göttlichkeit entspricht. Durch die eigene Transformation leistet ihr einen großen Beitrag, um die Gesamtschwingung auf dem Planeten und im gesamten Universum anzuheben. Das zu hören ist für viele von euch wahrscheinlich utopisch. Wie kann das eigene Selbst so wichtig sein und so große Auswirkungen haben? Aber es ist so. Als Teil des Ganzen hat jedes Teil großen Einfluss auf den Rest. Ihr könnt die Transformation der Erde auf ganz persönlicher Ebene vorantreiben. Ihr könnt Mutter Erde helfen, viel reibungsloser durch diesen Übergang zu gehen, wenn ihr an euch selbst mit anpackt. Außerdem habt ihr als Erbauer des Goldenen Zeitalters vieles mitgebracht, mit dem ihr die neue Erde gestalten könnt. Euch sind keine Grenzen auferlegt.

Alles das, was ich und die anderen Brüder und Schwestern euch in Bezug auf das Goldene Zeitalter mitteilen, sind nur grandiose Visionen, die ihr aber in die Tat umsetzen dürft. Jeder nach seinem Gespür, nach seinem Empfinden und nach seinen Sehnsüchten. Ihr habt es in der Hand, das zu verwirklichen, was in euren Herzen schwingt. Deshalb spreche ich so allgemein, weil der eine vielleicht eine neue Form der Musik erschaffen möchte, der andere vielleicht eine neue Form der Holzbearbeitung, der dritte möchte vielleicht eine neue Form des Lehrens von Kindern einbringen, der vierte möchte vollkommen neue Maschinen erfinden. Alles ist denkbar in allen Bereichen. Jeder kann seine größte Sehnsucht in das Goldene Zeitalter hineintragen und zum Leben erwecken. Was kann es Schöneres geben, als wirklich ein Schöpfergott zu sein?

Siegfried: Welche Rolle wird Moral im Goldenen Zeitalter spielen?

Jesus: Sie wird neu definiert werden. Moral, wie ihr sie versteht, hat einen gewissen Unterton. Moral ist Einengung und Einschränkung besonders im sexuellen Bereich. Die neue Moral wird aus dem Herzen begründet sein. Die Menschen werden im Rahmen der eigenen Herzensmoral völlig frei sein. Vieles, was euch heute eure Moral verbietet, wird im Goldenen Zeitalter lebbar sein. Dann wird eine Moral der Liebe, der Freiheit, der Akzeptanz, des freien Willens und des Respekts herrschen. Die heutigen Moralvorstellungen von Religionen sind eine Art Gefängnis. Im Goldenen Zeitalter wird Moral etwas sehr Freies sein. Die Grenzen liegen dort, wo jemand anderes verletzt oder wo freier Wille missachtet wird.

Siegfried: Es ist also Voraussetzung, dass alles im Gesetz der Freiheit, der Liebe und des Respekts geschieht. So lange diese Gesetze eingehalten werden, ist alles erlaubt. Du hast gesagt, dass das Schwingungsniveau der Menschen unterschiedlich sein wird. Es wird hoch schwingende und niedrig schwingende Menschen geben. Wie wird sichergestellt, dass die geistigen Gesetze auch von den niedrig schwingenden Menschen eingehalten werden?

Jesus: Auch der bewusstseinsmäßig am wenigsten entwickelte Mensch wird im Goldenen Zeitalter ein geöffnetes Herzzentrum haben. Er wird so feinfühlig sein, dass er sofort spüren wird, wenn er durch eine unbedachte Handlung vielleicht einen anderen gekränkt haben könnte. Er wird dann seinem Gegenüber sagen: „Es tut mir leid. Es war eine unbedachte Handlung. Bitte verzeih." Und das Gegenüber wird wiederum spüren, dass hier wahrhaftes Bedauern herrscht und es wird ihm vergeben. So ist es zu sehen, dass jegliches Ungleichgewicht, jegliche kleine Disharmonie so spürbar sein wird, dass jeder bestrebt sein wird, wieder Harmonie herzustellen. Es wird dieses friedliche, harmonische Gefühl für ein glückliches und erfülltes Leben unabdingbar sein. Die im Goldenen Zeitalter nicht so hoch entwickelten Seelen werden weit höher stehen, als die meisten, die heute auf der Erde wandeln. Andere werden gar keine Existenzberechtigung mehr haben. Die Liebesfähigkeit muss entwickelt sein, das Mitgefühl muss da sein, sonst kann ein Mensch nicht in diese glorreiche Zeit eintreten.

11

Spirituelle Zentren im Goldenen Zeitalter

Siegfried: Kuthumi, wir begrüßen dich.

Kuthumi: Ich grüße euch auch, alle meine Lieben.

Siegfried: Meine erste Frage betrifft dich direkt. Manche meinen, dass du das Amt des „Weltenlehrers" inne hast. Ist das so?

Kuthumi: Na ja, wem würdest du denn dieses Amt geben, als dem Vorstand des gelben Strahls? Es gilt jetzt Liebe und Weisheit zu lehren und so kam dieses Amt zu mir.

Siegfried: Das macht Sinn. Wir haben aus der Geistigen Welt schon erfahren, dass es in den nächsten Jahren zur Bildung von spirituellen Zentren kommen wird, die immer mehr an Bedeutung gewinnen werden. Meine Bitte an dich wäre, uns möglichst ausführlich über dieses Thema zu erzählen.

Kuthumi: Sehr gerne. Es geht hier um eine besondere Form der Gemeinschaft. Es gibt jetzt schon Vorläufer für diese Projekte. Wenn ihr in eure Geschichte blickt, so seht ihr, dass es in Europa schon seit

117

geraumer Zeit zur Bildung von spirituellen Zentren kam. Im Mittelpunkt stand immer ein Mensch oder eine kleine Gruppe, die sich zusammengefunden hat, um eine Vision in die Tat umzusetzen. Diese Vision muss im Herzen und im Kopf dieser Menschen getragen und mit Energie gefüttert werden. So zum Beispiel sind Findhorn oder Damanhur entstanden und auch andere, die ihr kennt. Selbst für spirituell unbedarfte Menschen ist überdeutlich zu sehen, dass an diesen Orten etwas Besonderes am Wirken ist. Diese göttlichen Plätze sind durch Menschen entstanden, die sich einem Ideal verschrieben haben. Durch ihre Ausstrahlung wurden andere Menschen hingezogen und sie lernten miteinander in einer völlig neuen Art und Weise zu leben. Dabei spielte auch der Ort eine wesentliche Rolle: Seine geomantische Energie, kosmische Energien und die Energie der dort lebenden Pflanzen und Tiere. Die Gründungsmitglieder von spirituellen Zentren wurden immer ganz genau dorthin geführt, wo der geeignete Platz war. Diese Zentren haben eine Vorbildfunktion. Sie zeigen, welche innovativen Formen des Zusammenlebens möglich sind. Jede dieser spirituellen Gemeinschaften schart sich um einen Mittelpunkt, der schnurstracks nach oben in die Geistige Welt führt und gleichzeitig natürlich auch nach unten zu Mutter Erde. Sie sorgt für die Verankerung und Stabilisierung der menschlichen Energie. Findhorn und Damanhur sind die beiden bekanntesten Beispiele in eurem Einzugsbereich. Ihre Visionen wurden stark genug gelebt, so dass sie sich nachhaltig manifestieren konnten. Sie setzten sich gegen alle Widerstände und gegen Lächerlichkeit durch. Jetzt werden sie nicht mehr belächelt. Jetzt ist für jeden spürbar, dass dort starke transformierende Kräfte am Wirken sind und genau darum geht es ja in einem spirituellen Zentrum.

Siegfried: Lass uns jetzt über die spirituellen Zentren der Zukunft sprechen.

Kuthumi: Wie euch schon gesagt wurde, wird die Erde nach 2012 anders aussehen als heute. Auf bestimmten Plätzen der Erde werden völlig neue spirituelle Zentren entstehen. Wo sie genau liegen werden, steht jetzt schon fest. Trotzdem habt ihr vieles in der Hand, meine Lieben. Ihr könnt eure Kreativität einbringen, aber die Tatsache, dass an bestimmten Punkten spirituelle Hochburgen errichtet werden, ist unumstößlich. Dabei hat auch Mutter Erde ein Wort mitzureden. Spirituelle Zentren wirken wie Akupunkturnadeln im Körper der Erde. Sie genießt es, an den richtigen Punkten diese energetischen Tore zu spüren. Gleichmäßig über ihren ganzen Körper verteilt werden energetische Strukturen angestochen, an denen es zu Energiebündelungen kommt. Außerirdische Energie kann dort dem Planeten zufließen und innerirdische Energie nach außen strömen. Ihr könnt euch das wie eine Lichtsäule vorstellen. Aber das ist noch nicht alles. Der Mensch spielt dabei eine ganz wesentliche Rolle. Oftmals errichten Menschen ganz bewusst Lichtsäulen am richtigen Platz, zur richtigen Zeit. Sie erfahren in Visionen, was zu erarbeiten ist. Zum Beispiel werden wieder Philosophenschulen entstehen, wie ihr sie aus griechischen und römischen Zeiten kennt. Starke Geister werden viele gleichgesinnte Seelen um sich scharen, die wie Schüler zu den Füßen des Meisters sitzen werden. Im Goldenen Zeitalter wird eine Auswahl an Menschen existieren, die sich dem Spirituellen zuwenden. Aber denkt nicht, dass ihr dann alle automatisch schon völlig vergeistigt und erleuchtet sein werdet. Es gibt so vieles zu lernen und ihr werdet mit menschlichen Wesen in Kontakt sein, die noch etwas mehr wissen als ihr selbst. Wenn ihr alles aufgesogen und integriert habt, könnt ihr weiterziehen und vielleicht an einem anderen Ort selbst als Lehrer wirken. Wir lassen euch auch nicht alleine, meine Lieben. Ihr habt so oft um unseren Beistand gebeten.

Manche von euch flehen regelrecht um Hilfe aus den geistigen Reichen und natürlich werdet ihr gehört. Es ist nur so, dass uns in manchen Bereichen noch die Hände gebunden sind, aber wenn sich die Erde wandeln darf und ihr mit ihr, so dürfen auch wir zunehmend mehr Einfluss auf euch nehmen. Wir dürfen uns deutlicher zeigen und wir dürfen auch unsere spirituellen Schützlinge in Menschenform deutlicher zeigen, denn wir arbeiten ja ganz stark mit bestimmten Personen zusammen, die vorbereitet werden, selbst einmal solche Keimzellen zu werden, um einst spirituell hoch schwingende Orte zu erschaffen. Diese Menschen werden von uns gezielt geschult, denn woher sollten sie denn das ganze Wissen in dieser finsteren Welt nehmen? Sie müssen selbst wachsen! Sie müssen sich entwickeln und erblühen! Aus der Meisterebene ist dafür massive Hilfe gewährleistet. Diese Menschen werden zu geistigen Meistern starken Zugang haben und diese Interaktion wird noch einmal durch vorhandene, örtliche Energien verstärkt. Die Menschen werden dort hingezogen werden, wie mit einem Magnet. Sie werden dort einen Ruhepol finden, einen Pol der Gelehrsamkeit, einen Pol des Wissens und der Weisheit. Jedes spirituelle Zentrum wird seine eigene Ausrichtung haben. Das ist diese Vielfalt, die wir uns wünschen. Wenn wir beim Beispiel Findhorn bleiben, so liegt hier der Schwerpunkt auf der Interaktion zwischen Mensch und Natur. Sie findet auf gleicher Augenhöhe statt. Nicht mehr so wie bisher, wo der Mensch mit

Pflanzen und Tieren macht, was er will. Dort wird mit Devas und Naturwesen kommuniziert. Gemeinsam ist etwas entstanden, das fast paradiesisch wirkt. Andere Zentren haben eine mehr philosophische Ausrichtung. Es gibt viele geistige Prinzipien, die dort gelehrt werden. Diese Zentren werden nicht so klein angelegt sein, wie ihr es euch vielleicht in Form eines Ashrams vorstellt. Die Zentren des Goldenen Zeitalters werden Ausmaße von Städten annehmen. Viele werden von der besonderen Qualität des Ortes angezogen werden und sich von dieser Energie bestrahlen lassen. Das ist eine sehr schöne Sache, meine Lieben, denn es bedeutet, dass ihr im Goldenen Zeitalter nur an einen bestimmten Platz gehen müsst, euch dort auf den Boden setzt und allein durch die starken Energien des Ortes und der dort wirkenden Meister verwandelt werdet. Natürlich ist dann auch wieder eure Aktivität gefragt, denn es geht weiterhin um Wachstum, Entwicklung und um die Entfaltung aller Möglichkeiten, die ihr in euch tragt. Spirituelle Zentren werden euch dabei helfen, diese innewohnenden Fähigkeiten endgültig freizulegen. Es wird fast so etwas wie spirituellen Tourismus geben, denn jeder Ort hat etwas anderes zu bieten. Es wird sehr schön sein, auf diese Art und Weise zu wachsen.

Es gibt noch einen weiteren Aspekt dieser spirituellen Zentren, meine Lieben. Er ist so wichtig, dass ich ihn mir für den Schluss meiner einleitenden Rede aufgehoben habe: Wenn ihr bedenkt, dass die Erde völlig umgewandelt sein wird, alte Strukturen verschwunden sind, alles fast einem leeren Blatt gleicht, dann könnt ihr euch vorstellen, dass trotzdem wieder verschiedene Strukturen benötigt werden. Dazu gehört auch das, was ihr heute Regierungen oder politische Strukturen nennen würdet. Von diesen großen spirituellen Zentren wird in Zukunft auch die Organisation der Gemeinschaft ausgehen. Aber diesmal nicht durch Macht, Gewalt und Unterdrückung, sondern durch Weisheit und Liebe. Das ist ein Gedanke, der euch jetzt noch völlig fremd erscheinen wird. Es wird die Macht der Weisheit regieren, nicht mehr die Macht des Geldes oder die Macht der Waffen. Menschen werden immer Gruppen bilden, um Entscheidungen zu treffen. Wo könnte das besser geschehen, als in einem spirituellen Brennpunkt, an dem sich Weisheit und Liebe konzentrieren.

Siegfried: Danke für diese wunderbare Einführung! Du hast Findhorn erwähnt. Welche Rolle wird es in Zukunft spielen?

Kuthumi: Es war nur ein Modell, meine Lieben, aber es hat sich in das kollektive Bewusstsein eingegraben und das ist sehr wichtig. Denn erst wenn Menschen sehen, was möglich ist, können sie diesem Beispiel folgen.

Siegfried: Was kannst du uns zur künftigen Bedeutung von Damanhur sagen?

Kuthumi: Dies ist ein Ort, der tatsächlich auf die Zukunft hin angelegt ist. Damanhur ist ein Zentrum, das weiter wachsen wird.

Siegfried: Werden diese neuen Zentren, die erst entstehen, die jetzt schon existierenden an Bedeutung übertreffen?

Kuthumi: Es gibt verschiedene Größenordnungen. Es werden diese massiven, hoch schwingenden Zentren entstehen, die praktisch den Charakter von Hauptstädten haben und es wird kleinere spirituelle Zentren geben. Die politisch, strukturierende Funktion großer Zentren wird sich auf ganze Regionen erstrecken. Kleinere Zentren sind wie Inseln zu sehen, auf denen Menschen Energie tanken und lernen können.

Siegfried: Heißt das, dass die großen Zentren zehntausende oder hunderttausende Menschen beherbergen werden?

Kuthumi: Du darfst nicht allzu groß denken. Diese spirituellen Zentren tragen stark transformierende Kräfte. Es ist nicht jedermanns Sache, sich zu lange an so einem Ort aufzuhalten. Das können nur hochentwickelte Seelen ertragen. Es wird ein ständiges Kommen und Gehen herrschen, denn die meisten werden nur vorübergehend bleiben.

Siegfried: Das heißt, es wird so etwas wie Pilgerstätten geben?

Kuthumi: So kannst du es sehen. Das ist ein treffender Ausdruck, denn Menschen werden diese Zentren ganz bewusst aufsuchen, weil sie diese wunderschöne Qualität an Energie erleben wollen. Zum anderen fühlen sie sich dort wie in einem mütterlichen Schoß oder unter väterlicher Obhut gut aufgehoben. Wo Wohlwollen, Güte, Weisheit und Liebe regieren, lässt man sich gerne nieder.

Siegfried: Du hast von Akupunkturstellen, an denen spirituelle Zentren entstehen werden, gesprochen. Kannst du uns ein paar konkrete Beispiele solcher Akupunkturstellen im deutschsprachigen Raum nennen?

Kuthumi: Das möchte ich nicht, meine Lieben, weil ich damit etwas festlegen würde. Ich kenne diese Stellen und ich weiß, welche Menschen nötig sind, um diese Stellen zu aktivieren. Ihr wisst, dass Menschen ihren freien Willen nutzen oder auch nicht. Wenn ich euch die Plätze nenne, könnte etwas geschehen, wofür die Zeit noch nicht reif ist. Sie stehen aber schon fest. Auch die betroffenen Menschen spüren sehr deutlich, was sie zu tun hätten. Aber es wäre jetzt noch verfrüht, hier etwas preiszugeben. Seid nicht enttäuscht! Es werden im Bereich der Alpen sehr große Zentren entstehen. Ihr könnt euch an hohen Bergen orientieren, denn sie sind ein Wegweiser für hohe Energien. Das waren sie schon immer und das werden sie auch in Zukunft bleiben.

Siegfried: Diese spirituellen Zentren werden also nicht an Orten entstehen, wo sich heute schon große Städte befinden.

Kuthumi: Nein. Es geht wirklich um die Qualität des Ortes und die ist in Großstädten meist schlecht. Deshalb müsst ihr hier umdenken. Die zukünftigen Regierungssitze, auch wenn dieses Wort einen unangenehmen Beigeschmack haben mag, werden an völlig neuen Orten entstehen.

Siegfried: Spielen bei diesen Akupunkturstellen die Leylinien eine besondere Rolle?

Kuthumi: Ja.

Siegfried: Du hast von Lichtsäulen gesprochen. Worum handelt es sich dabei, wie entstehen sie und wozu dienen sie?

Kuthumi: Sie entstehen durch Interaktion aus geistigen und menschlichen Bereichen. Durch Führung in Form von Visionen werden ausgewählte Menschen an einen Punkt geleitet, wo ein starker Kraftort entstehen soll. Dort erschaffen sie in Zusammenarbeit mit der Geistigen Welt eine Lichtsäule. Lichtsäulen tun Mutter Erde gut, aber auch Pflanzen, Tiere und Menschen profitieren von dieser hohen Schwingung. Manche haben nur kurze Dauer und manche sind sehr stabil. Sie stellen eine energetische Verbindung zwischen Weltraum und Erde dar. So könnt ihr es sehen. Lichtsäulen, die später zu spirituellen Zentren werden, sind jedoch anders angelegt. Hier geht es wirklich darum, Menschen in ihrem Bewusstwerdungsprozess zu unterstützen.

Siegfried: Wird es in Zukunft mehr Lichtsäulen als heute geben?

Kuthumi: Ja, so ist es. Manche werden verblassen, weil sie nach dem großen Wandel von Mutter Erde ihre Bedeutung verlieren werden. Sie wird sich durchrütteln und die Leylinien werden nicht mehr so verlaufen, wie sie es heute tun. Aber diese Meridiane, die auf der Erdoberfläche verlaufen und Energien übertragen, wird es auch in Zukunft geben.

Siegfried: Kommt durch diese Lichtsäulen Energie aus dem Kosmos auf die Erde?

Kuthumi: Absolut. Durch sie fließen kosmische Energie und Sternenenergie. Hier wird sich viel tun. Die Schwingungsqualität einzelner Orte wird stark durch kosmische Faktoren beeinflusst. Es dürfen jetzt ganz andere Sternenenergiequalitäten einfließen. Die Erde wird quasi damit geimpft. Viele Menschen werden dadurch wachgerüttelt. Tief verborgene Erinnerungen an stellare Ursprünge werden wieder an die Oberfläche des Bewusstseins kommen.

Siegfried: Werden bei dieser Aktion auch Außerirdische beteiligt sein?

Kuthumi: Wenn ich von Hilfe aus der Geistigen Welt spreche, dann dürft ihr eure Raumbrüder und Schwestern immer mit einschließen. Wenn sie es dürfen, sind sie sehr aktiv. Sie agieren in der gleichen Schwingung wie die Meister der Weißen Bruderschaft. In Zukunft dürfen sie sich viel häufiger zeigen und mit euch in Interaktion treten. Es wird ein Kommen und Gehen sein. Ihr wisst, dass eure Raumgeschwister im Hintergrund jetzt schon mit euch zusammenarbeiten, aber offener Austausch wird erst möglich sein, wenn keine Ängste mehr im Wege stehen. Im kollektiven Bewusstsein der Menschen gibt es bezüglich der sogenannten „Außerirdischen" noch hartnäckige Ängste. Sie sind ganz real und müssen sich erst auflösen. Die Menschen werden erfahren, dass es da draußen Wesen gibt, die ihnen nichts Böses wollen, sondern ihnen sehr wohlgesonnen sind.

Hier wird noch vieles passieren müssen. Das kollektive Bewusstsein muss erst einmal richtig erschüttert und durchgerüttelt werden, bevor es sich öffnen kann und bereit wird, Hilfe von Sternengeschwistern anzunehmen.

Siegfried: Wird es in Zukunft Museen auf der Erde geben, die einen Überblick über die verschiedenen Lebensformen im Universum geben?

Kuthumi: O meine Lieben, das muss gar nicht sein. Ihr werdet andere Reisemöglichkeiten haben. Der ganze Kosmos wird euch offen stehen. Ihr werdet von euren Reisen völlig verwandelt zurückkommen, weil ihr andere Planeten nicht nur besichtigen, sondern auch ihre Energien aufnehmen werdet.

Siegfried: Welche Rolle werden Kristalle in den spirituellen Zentren spielen?

Kuthumi: Ihr werdet mit allem arbeiten, was euch zur Verfügung steht. Kristalle haben zu allen Zeiten dazu gedient, Informationen zu speichern und zu übertragen. Ihr habt noch gar keine Ahnung, was man mit Kristallen alles machen kann. Das wird euch erst in vollem Umfang klar werden, wenn euer Geist erwacht ist und wieder Zugang zu diesem verkapselten Wissen hat. In atlantischen Zeiten wurde mit Kristallen und Edelsteinen viel Schindluder getrieben. Bestimmte Tore wurden verschlossen, weil die Menschen nicht weise genug waren, um diese herrlichen Energien und Informationen zum Guten zu nutzen. Nach und nach wird das Mineralreich seine Geheimnisse wieder preisgeben. Genauso werdet ihr wieder lernen, mit dem Tier- und Pflanzenreich zu kommunizieren.

Siegfried: Welche Rolle spielen Pflanzen in spirituellen Zentren?

Kuthumi: Wenn du daran denkst, welche Freude eine einzelne Blüte verbreitet, dann kannst du dir wahrscheinlich vorstellen, dass die spirituellen Zentren vor Pflanzenpracht überströmen werden. Ich habe schon angedeutet, dass solche starken Kraftorte auch für das Pflanzen- und Tierreich sehr heilsam und förderlich sind. Bestimmte Pflanzen nehmen ganz gezielt die Energie eines Ortes auf. Man kann sie als Zimmer- oder Gartenpflanze mit nach Hause nehmen und bringt somit auch die Ortsenergien mit.

Siegfried: Südengland scheint ein energetisch wichtiger Ort zu sein. Es gibt viele prähistorische Monumente wie Stonehenge oder den Steinkreis von Avebury und jedes Jahr tauchen dort zahlreiche Kornkreise auf. Ist das ein Gebiet, wo eines der neuen spirituellen Zentren entstehen wird?

Kuthumi: Nein.

Siegfried: Du hast davon gesprochen, dass hohe Berge eine besondere Rolle spielen. Jetzt gibt es aber weite Regionen ohne nennenswerte Gebirge. Wird es dort keine großen spirituellen Zentren geben?

Kuthumi: Große spirituelle Zentren werden wirklich in der Nähe von Bergen entstehen. Das ist so. Aber ich habe ja auch von kleineren Zentren gesprochen. Die wird es überall geben. Ich weiß, dass du die Wüste liebst. Wüsten werden in Zukunft ebenfalls Kraftorte sein, weil sie ganz spezielle Energien beherbergen, die nur dort zu finden sind.

Siegfried: Du hast gesagt, dass es eine große Vielfalt an spirituellen Zentren geben wird, wobei jedes seinen eigenen Schwerpunkt haben wird. Kannst du uns da noch ein paar Beispiele nennen?

Kuthumi: Ihr werdet euren Horizont deutlich erweitern müssen, meine Lieben. Es wird auch Technikzentren geben, die sich im ersten Moment gar nicht so spirituell anhören, es aber dennoch sind. Speziell geschulte Erfinder werden kosmische Informationsquellen anzapfen können und damit völlig neue Technologien entwickeln. Viele Technikinteressierte wird es dort hinziehen. Gemeinsam wird entwickelt, entworfen und erdacht. Dadurch wird dieses Thema der Technik mit hoher, energetischer Qualität zum Leben erweckt. Es wird wachsen und gedeihen, weil sich viele Menschen einbringen werden und somit einen Wallfahrtsort für Technik erschaffen werden.

Siegfried: Wie werden diese vielen verschiedenen Zentren untereinander vernetzt sein?

Kuthumi: Da wird es keine Konkurrenz geben, meine Lieben. Alle Zentren werden gewürdigt werden und den ihnen gebührenden Platz einnehmen. Die Hauptzentren mit Regierungssitzen werden sinnvoll auf der Erde verteilt sein. Rundherum werden kleineren Zentren bunt verstreut sein, da wo für sie der richtige Platz ist. Die

Vernetzung ist allein schon durch den intensiven Austausch durch die Menschen gegeben, die sich zwischen den Zentren bewegen.

Siegfried: Lieber Kuthumi, wir bedanken uns für das Gespräch. Wenn du willst, kannst du uns zu diesem Thema noch etwas sagen.

Kuthumi: Es ist mir ein Bedürfnis, diese spirituellen Hauptzentren noch einmal mit den Zentren zu vergleichen, die ihr aus dem feinstofflichen Bereich kennt. Ich meine zum Beispiel Luxor oder Mount Shasta und alle anderen hochschwingenden Ashrams der Meister. Diese noch im feinstofflichen Bereich befindlichen Zentren werden sich auf die Erde herabsenken und Teil eurer Welt werden. Das wird möglich, weil die neue Erdqualität mit ihnen wesentlich kompatibler sein wird. Jetzt wäre die Diskrepanz noch viel zu groß. Ich segne euch alle!

»Tiere sind meine Freunde,
und ich esse meine Freunde nicht.«
George Bernard Shaw

12

Pflanzen, Tiere und Naturwesen

Siegfried: Franz von Assisi, wir begrüßen dich.

Franz von Assisi: Ich grüße euch auch, ihr Lieben.

Siegfried: Nachdem du in deiner Inkarnation als Franz von Assisi so einen engen Bezug zu Pflanzen und Tieren hattest, dachten wir, dass du der ideale Gesprächspartner für dieses Thema wärest.

Franz von Assisi: Da fühle ich mich sehr geehrt.

Siegfried: Ich will einmal ganz allgemein beginnen und dich fragen, welche Rolle Tiere und Pflanzen in der Schöpfung haben?

Franz von Assisi: Nun, bisher waren sie einfach Mitlebewesen auf diesem Planeten. Wie ihr wisst, ist alles belebt. Dazu gehören auch die Steine und die Erde. Im Reigen des Menschwerdens habt auch ihr diese Erfahrungen gesammelt: wie es ist, ein Stein zu sein, wie es ist, einen weiteren Evolutionssprung zur Pflanze zu machen. Ihr habt euch dann zu Tieren und schließlich zu Menschen weiterentwickelt. All diese Erfahrungen sind tief in euch gespeichert. Was eure heutige Zivilisation betrifft, so habt ihr euch über die Natur gestellt und sie meist nicht gut behandelt. Es ist an der Zeit, dass die Naturreiche die ihnen gebührende Würdigung erfahren.

Siegfried: Wie wird sich unsere Beziehung zum Tier- und Pflanzenreich im Übergang zum Goldenen Zeitalter verändern?

Franz von Assisi: Dieser Prozess, bei dem sich einzelne Menschen bewusst werden, dass Pflanzen keine tote Materie sind und auf liebevolle Behandlung reagieren, hat schon begonnen. Gleiches gilt für bestimmte Tierarten, mit denen ihr in intensive Kommunikation getreten seid. All das ist in den letzten Jahren verstärkt an die Öffentlichkeit gedrungen. Es gibt begnadete Menschen, die schon ganz selbstverständlich in dieser Kommunikation mit dem Naturreich leben und sie in ihre Arbeit, zum Beispiel in der Landwirtschaft oder der Tierpflege, integrieren.

Siegfried: Wie kann man die Kommunikation mit Tieren und Pflanzen lernen?

Franz von Assisi: Zuerst muss einer breiteren Masse diese Wahrheit bekannt werden. Wenn das energetische Wissensfeld groß und stark genug ist, wird ein weiterer Sprung der Bewusstseinsentwicklung für die Öffnung der feinstofflichen Wahrnehmung sorgen. Dadurch werdet ihr leichter Zugang zu Tieren und Pflanzen finden. Ihr werdet sensiver für die Energien, die euch entgegenschlagen, wenn ihr euch in die Nähe eines Baumes begebt, wenn ihr euch an einem Kraftort aufhaltet oder telepathischen Kontakt zu einem Tier aufnehmt. Diese Erfahrungen werden immer alltäglicher werden und nicht mehr die Wunder sein, für die ihr sie immer gehalten habt. Es war ja auch zur Zeit meiner Inkarnation als Franz von Assisi für die anderen Menschen ein Wunder, dass ich mit Tieren und Pflanzen reden konnte.

Aber nicht nur die Menschen müssen sich der Natur gegenüber wieder öffnen, auch das Tier- und Pflanzenreich muss sich langsam wieder dem Menschenreich zuwenden, denn Tiere und Pflanzen haben sich zurückgezogen, weil sie von den Menschen geringschätzig behandelt wurden. Sobald ihr ihnen wieder Respekt, Wertschätzung und Würdigung entgegen bringt, werden sie sich euch wieder zuwenden. Ihr werdet sonderbare Erlebnisse haben und bemerken: „Tatsächlich, diese Pflanze ruft mich! Tatsächlich, ich kann Naturwesen wahrnehmen! Ich spüre ganz deutlich, dass hier jemand ist." Solche Erfahrungen werdet ihr vermehrt machen, weil das Vertrauen zwischen euch und dem Naturreich wieder wächst.

Siegfried: Wann werden wir so weit sein, dass wir mit Tieren und Pflanzen so kommunizieren können, wie heute unter Menschen?

Franz von Assisi: Nun, es wird anders sein. Denn die Kommunikation zwischen Menschen benutzt das Wort. Aber auch hier tut sich schon einiges, denn ein Blick sagt oft mehr als viele Worte und ihr könnt deutlich spüren, wie sich ein anderer fühlt. Ähnlich könnt ihr die Kommunikation von Gefühlen mit Tieren und Pflanzen jetzt schon leben. Aber es geht noch weiter. Tiere und Pflanzen haben übergeordnete Wesenheiten, die Devas, mit denen auch ihr direkt in Kontakt treten könnt. Die ganze belebte Welt steht euch offen, sobald ihr euch diese innerliche Form der Kommunikation erarbeitet habt. Das ist reine Übungssache. Dieser Schritt steht euch sowieso bevor, weil Telepathie und Hellhörigkeit Teil eures Entwicklungsweges sind.

Siegfried: Müssen wir eine spezielle Sprache erlernen, um mit Tieren kommunizieren zu können?

Franz von Assisi: Es hilft für den Übergang, wenn ihr die Sprache der Tiere belauscht, denn sie kommunizieren ja auch. Sie reagieren sehr stark auf eure Gedanken. Viele liebevolle Tierbesitzer werden bestätigen, dass ihre Gedanken von ihrem geliebten Tier erhört werden, in dem es spontan und prompt darauf reagiert. Es funktioniert jetzt schon. Alles was nötig ist, ist ein liebevolles, offenes Herz. Tiere können Energien besser wahrnehmen, als ihr es momentan noch könnt. Sie können euer Energiefeld lesen, sie wissen, wie ihr aufgelegt seid. Sie wissen, von wem Gefahr droht, sie wissen, wem sie sich vertrauensvoll hingeben können, weil sich die Energie gut anfühlt. Sie bemerken, wenn sie durch Gedanken oder auch nur durch Hinwendung energetisch berührt werden.

Selbst Wildtiere spüren, wenn ihr sie anblickt. Sie spüren diese energetische Verbindung, die euren Blick begleitet. Ihr könnt damit jetzt schon experimentieren. Ihr müsst dazu keine Geheimsprache lernen, sondern nur liebevoll euer Herz öffnen. Wenn ihr zum Beispiel eine Pflanze mit eurer Herzensliebe einhüllt, dann wird dieses Wesen mit einem Seufzer aufatmen und sich mit dieser liebevollen Ausstrahlung volltanken. Pflanzen leben von dieser Lebens- und Liebesenergie. Pflanzen ernähren sich von Licht. Darin können sie euch wiederum ein Vorbild sein, denn auch ihr lebt prinzipiell von Licht in verkappter Form. So wird das eine Reich dem anderen eine Hilfe und Stütze sein, denn auch ihr könnt vom Tier- und Pflanzenreich vieles lernen.

Siegfried: Hat jedes Tier und jede Pflanze eine eigene Seele?

Franz von Assisi: Ich würde es Bewusstsein nennen und eine Art energetische Verbundenheit zum Göttlichen. Es ist so, dass im Pflanzenreich verschiedene Arten einer großen Wesenheit untergeordnet sind, die man Devas nennt. Sie sind engelähnliche Energiewesen, die sich in liebevollster Weise um ihre Pflanzen kümmern. Manchmal erstreckt sich ihr Wirkungsbereich über einen ganzen Landstrich oder eine Region. Sie sind fast wie Hirten, die sich liebevoll um die ihnen anvertrauten Wesen in Pflanzenleibern kümmern. Bei den Tieren ist es anders. Hier gibt es unterschiedliche Abstufungen, fast eine Hierarchie von entwickeltem Bewusstsein in Tierkörpern. Ihr könnt selbst sehen, dass zum Beispiel Insekten eine niedrigere Stufe einnehmen als geliebte, gelehrige und sehr intelligente Haustiere oder auch Nutztiere, die sehr viel Umgang mit Menschen haben. Tatsächlich wirkt sich liebevoller menschlicher Einfluss sehr positiv und spirituell aufbauend auf Tiere aus. Solche Tiere haben tatsächlich Einzelseelen, während niedriger eingestufte tierische Lebewesen Teil einer Gruppenseele sind.

Siegfried: Devas sind also für Pflanzen über ein größeres Gebiet zuständig?

Franz von Assisi: So ist es. Ein Deva kontrolliert die Baupläne von Pflanzen. Diese kontrollierende und strukturierende Arbeit ist sehr wichtig, damit zum Beispiel eine Eiche immer wieder in der gleichen Ausführung wächst. Genauso ist es mit energetischen Orten, wo jeder seine individuelle Ausstrahlung hat. Das gilt auch für von euch angelegte Gärten. Jeder Garten hat seinen eigenen Deva und seine eigene Ausstrahlung. Devas hüten und behüten diese Plätze.

Siegfried: Es gibt also Devas für einzelne Arten, wie zum Beispiel den Apfelbaum-Deva und obendrein hat jeder Ort seinen eigenen Deva.

Franz von Assisi: Ein Deva des Ortes ist mit diesem Ort verbunden. Es gibt auf dem ganzen Planeten nirgends mehr einen Ort, der die gleiche Ausstrahlung besitzt.

Siegfried: Kannst du uns noch näher erklären, wie das mit den Einzelseelen im Tierreich ist? Gibt es da Seelen, vergleichbar den menschlichen Seelen?

Franz von Assisi: Ja, die gibt es. Es sind die Tiere, die euch am nächsten stehen, euere Haustiere und Nutztiere. Sie haben schon eine gewaltige Evolution im Tierreich hinter sich. Sie haben sich sozusagen hochgedient, wie auch ihr eine Art schulische Ausbildung als Mensch durchlauft. Durch unzählige Inkarnationen entwickelt ihr euch von einer einfachen Seele zu einer hochentwickelten. Wenn der Bewusstseinsfunke in einer Gruppenseele genügend Erfahrung gesammelt hat, darf er ab einem gewissen Stadium in einer Art Einzelseele inkarnieren, von wo aus es wieder Stufe für Stufe weitergeht. Die letzte Stufe als Tier ist eine Ausbildung nahe am Menschen. Wie zwischen zwei Menschen gibt es auch zwischen Mensch und Tier, die sich durch mehrere Inkarnationen hindurch begleiten, starke Seelenbande. Diese bewirken auf beiden Seiten sehr viel Positives.

Einerseits wird dem Tier Gelegenheit geboten, viel mit menschlichem Bewusstsein in energetischer Verbindung zu sein, andererseits erfährt der Mensch Segen durch das bedingungslose Vertrauen und die Zuwendung der Tierseele. Sie sind fast wie vertrauensvolle kleine Kinder. Dieses vorbehaltlose „zum Menschen halten" tut der Menschenseele gut. Gerade einsame oder enttäuschte Menschen profitieren sehr von der Zuwendung eines Tieres. Das darf nicht unterschätzt werden. Viele würden gar nicht mehr in diesem Leben weilen, wenn sie nicht einen treuen Gefährten an ihrer Seite hätten, der ihnen das Leben wieder lebenswert macht. Ein geliebtes Tier lässt sie wieder an Werte wie Vertrauen, Freundschaft und Zusammenhalt in schwierigen Zeiten glauben. Das gilt auch für Nutztiere, die ihr oft nur ausbeutet. Es ist Dienst, den sie leisten und das ist ihnen voll bewusst. Wenn sie als Schafe, als Kühe, als Pferde, als Ackergäule, als Lastesel inkarnieren, wissen sie sehr wohl, dass sie dem Menschen zu Diensten stehen und sie tun es aus Herzensliebe.

Siegfried: Wird es im Goldenen Zeitalter noch Nutztiere geben?

Franz von Assisi: Wenn sie respektvoll behandelt werden, kann das schon sein. Es macht ja den Tieren nichts, wenn sie etwas tragen, was der Mensch nicht tragen kann oder wenn sie Milch geben, wenn der Mensch gerne Milch trinkt. Das sind Dinge, die ein Tier aus Liebe zum Menschen gerne tun wird. Aber es gehört Respekt vom Menschen gegenüber dem Tier als Gegenleistung dazu, so wie ihr es auch unter Menschen wünscht, wenn ein Geben und Nehmen stattfindet. Jeder sorgt sich um den anderen, jeder macht dem anderen das Geschenk, das er zu geben hat.

Siegfried: Wird es im Goldenen Zeitalter Nutztiere zur Fleischgewinnung geben?

Franz von Assisi: Hochentwickelte menschliche Seelen werden nicht mehr das Bedürfnis haben, ein respektiertes Wesen zu töten, um sich dessen Leichnam einzuverleiben. Hochentwickelte Menschen spüren deutlich, so sehr sie Tiere schätzen, dass deren Energie weit unterhalb ihrer eigenen schwingt. Warum sollten sie durch Fleischkonsum ihre Eigenschwingung herunterstufen? Das erhöhte Bewusstsein wird viele Handlungen sinnlos erscheinen lassen. Die Entwicklung des Herzchakras wird bedingen, dass alles was ihr tut, durch das Herz geht und da wird es unmöglich sein, einem geschätzten Tier den Kopf abzuhacken, um es in die Pfanne zu werfen. Das ist undenkbar.

Siegfried: Gilt dasselbe auch für Pflanzen?

Franz von Assisi: Nein. Pflanzen haben als eine ihrer Lebensaufgaben, als Nahrung zu dienen. Auch Tiere werden sich an Pflanzen laben und die innewohnende Lebensenergie für sich nutzen. Dem Menschen dienen Pflanzen nicht nur als Nahrungsmittel, sondern auch als Freudenspender durch ihre Schönheit, als Heilmittel, als spiritueller Wachstumsbeschleuniger. Pflanzen haben eine Fülle innewohnender Kräfte, die dem Menschen sehr viel geben können.

Siegfried: Aber wenn du sagst, dass wir uns vom Mineral zur Pflanze über das Tier hin zum Menschen entwickelt haben, dann sind ja die Pflanzen noch niedrig schwingender als Tiere. Wenn wir sie essen, setzen wir dann nicht unsere Eigenschwingung herab?

Franz von Assisi: Die Pflanze ist nur ein Transportmittel für die hohe Lichtenergie, die sie speichert. Da liegt der Unterschied. Du wirst kein Tier finden, das Photosynthese betreibt, aber du wirst viele Pflanzen finden, die ohne Sonnenlicht verkümmern und sterben würden. Pflanzen sind Energieträger in höchster Vollendung, wenn sie artgerecht gepflegt und gehegt werden. Wenn ihr sie frisch esst, geht die hoch schwingende Lichtenergie direkt in eure Energiekörper über.

Siegfried: Es gibt noch eine Gattung von Lebewesen, die nicht so richtig in das Schema Tier, Pflanze und Mensch hineinpassen. Ich meine die Pilze. Was kannst du uns über sie sagen?

Franz von Assisi: Nun ja, du hast recht. Die stammen aus einer anderen Ecke. Sie sind auch Lebewesen, allerdings spielen sie ihre eigene Rolle. Sie sind Verbindungsbrücken. Pilze verbinden das Mineralienreich mit dem Pflanzenreich. Menschen können durch Pilzgenuss in andere energetische Dimensionen gelangen. So stellen Pilze Dimensionsbrücken her.

Siegfried: Nachdem die Pilze nicht ins übliche Schema passen gibt es die Theorie, dass sie aus dem Weltraum auf die Erde gekommen sind. Stimmt das? Ihre Sporen sind viele tausende Jahre haltbar, also wäre das durchaus denkbar.

Franz von Assisi: Natürlich stimmt das, aber das Gleiche stimmt auch für viele Pflanzen und Tiere. Die Erde wurde nicht nur mit verschiedenen menschlichen Erbgutträgern kolonisiert, sondern eure Paten, wenn ich sie so nennen darf, haben auch eigenes tierisches und pflanzliches Material hierher gebracht. Viele euch bekannte Lebewesen stammen aus den unterschiedlichsten Winkeln des Weltraumes.

Siegfried: Es gibt eine große Kontroverse um die Evolutionstheorie von Charles Darwin, die besagt, dass sich alles Leben aus einer Ursuppe herausgebildet hat. Die Vielfalt des Lebens sei durch Mutation und Selektion entstanden. Was kannst du zu dieser Theorie sagen? Stimmt sie oder irren sich da die Wissenschaftler?

Franz von Assisi: Ja und nein. Es ist nichts zufällig passiert, wie Charles Darwin dachte. Es steckt Kalkül dahinter, es steckt Führung dahinter und es steckt Manipulation dahinter, das muss auch gesagt werden. Das Leben auf der Erde ist das Ergebnis unzähliger Genexperimente außerirdischer Rassen. Begonnen wurde mit pflanzlichen und tierischen Lebensformen und jetzt erschreckt bitte nicht: Auch ihr seid ein solches Genexperiment und es scheint mir, dass es ganz gut gelungen ist. Das war nicht immer der Fall. In grauer Vorzeit gab es Tierwesen, die ihr gar nicht als solche erkannt hättet. Da wurde nach Lust und Laune herumgepfuscht. Viele dieser Lebewesen durften nicht weiter existieren, weil sie einfach nicht lebens- und entwicklungsfähig waren. Dann wurde wieder einmal Tabula Rasa gemacht und das Spiel ging von vorne los.

Siegfried: Unsere Wissenschaftler stellen derzeit ein starkes Artensterben fest, welches auf die zunehmende Umweltverschmutzung zurückgeführt wird. Ist das der wahre Grund oder steckt da noch etwas anderes dahinter?

Franz von Assisi: Umweltverschmutzung ist eine schreckliche Sache, das will ich einmal ganz deutlich sagen. Aber das Artensterben, das ihr beobachtet, hat einen energetischen Hintergrund. Genau so, wie jetzt manche Menschen die Erde verlassen, weil sie schwingungsmäßig nicht mehr hierher passen, verlassen auch manche Tierarten die Erde. Sie finden auf anderen Planeten Lebensbedingungen, die besser zu ihnen passen.

Siegfried: Welche Tierarten werden die Erde verlassen?

Franz von Assisi: Es werden die sein, die ihr als brutal einstufen würdet. Raubtiere wird es nicht mehr geben. Das hört sich jetzt seltsam an, aber einige Fleischfresser werden zu Pflanzenfressern mutieren. Die anderen werden diese Erde verlassen, weil Aggression in jeder Form - dazu gehört auch das Töten, um zu überleben - nicht mehr in die neue Erde passt. Das hat nichts mit Wertung zu tun, aber es gibt Orte im Universum, wo solche brachialen Energien ihre Berechtigung haben und andere Orte, wo sie keine Berechtigung haben. Die Erde ändert jetzt ihre Ausrichtung und somit muss sich auch das Leben **auf** ihr grundlegend anpassen.

Siegfried: Kannst du uns erklären, wie es möglich ist, dass ein Raubtier - dessen gesamter Organismus darauf ausgelegt ist, Fleisch zu fressen - zum Vegetarier wird?

Franz von Assisi: Es wird eine Art Mutation stattfinden, aber nur wenige Rassen werden sich auf diesem Weg umstellen. Die meisten werden die Erde verlassen.

Siegfried: Kannst du uns ein Beispiel für ein Raubtier nennen, das zum Pflanzenfresser mutieren wird?

Franz von Assisi: Manche Raubkatzen werden diesen Weg wählen.

Siegfried: Es gibt Raubtiere, die bei uns in den Häusern und Wohnungen leben. Unsere Hauskatzen fangen auf brutale Weise Mäuse und Vögel und fressen sie dann. Sollten wir sie zu Vegetariern umerziehen?

Franz von Assisi: Nun, gerade bei Haustieren habt ihr ja ein hohes Potential an Interaktion und Kommunikation. Da liegt es ja auch im Ermessen des Herrchens oder Frauchens, wie er sein geliebtes Tier ernährt. Da sind Verwandlungserfolge absolut möglich und wir ermuntern euch, eure fleischfressenden Hausraubtiere auf Pflanzenkost umzustellen. Das hört sich utopisch an, aber es ist möglich.

Siegfried: Eine unserer Besucherinnen hier hat eine Spinne als Haustier, die sich auch von Fleisch ernährt. Lässt sich die auch zur Pflanzenkost bewegen?

Franz von Assisi: Nun, mit Lebewesen ist vieles möglich und ich ermuntere sie, es zu versuchen. Es ist ein Prozess, den nicht alle Tiere mitmachen werden, das steht fest. Ihr müsst nicht traurig sein, wenn ihr jetzt denkt, oh, diese oder jene Tierrasse werde ich dann niemals wieder sehen. Wenn eine Rasse geht, bleibt euch nichts anderes übrig, als ihre Entscheidung zu respektieren. Es werden andere, ganz neue Tierarten zu euch gelangen. Die Evolution sorgt für ständigen Wandel und ständiges Wachstum. Euch wird niemals langweilig werden. Bestimmte Tiere werden gehen, andere werden kommen. Die neuen werden besser geeignet sein, diese hohen Energien zu ertragen.

Siegfried: Werden die Insekten den Sprung ins Goldene Zeitalter mitmachen?

Franz von Assisi: Hier müsst ihr differenzieren. Spürt hinein! Ameisen und Bienen sind zum Beispiel völlig unterschiedlich in ihrer energetischen Natur, ganz zu schweigen von Fliegen, die zu den Aasfressern gehören. Spürt euch in die einzelnen Arten hinein, dann werdet ihr wissen, welche in liebevoller Schwingung weiterexistieren und welche sich verabschieden werden. Manche Insekten sind sehr niedrig schwingend. Sie übertragen Krankheiten oder ernähren sich von Blut. Viele Wurmarten, Maden, Asseln, usw. sind aus menschlichen Geistern entsprungen. Sie werden bis ins Goldene Zeitalter keinen Bestand haben, weil sie nichts zum liebevollen Aufbau der neuen Erde beitragen.

Siegfried: Wenn wir jetzt den Eindruck haben, dass Ameisen sehr kämpferische Insekten sind, bedeutet das dann, dass es sie im Goldenen Zeitalter nicht mehr geben wird?

Franz von Assisi: So ist es.

Siegfried: Wie steht es mit den Walen und Delfinen? Wir schätzen sie als sehr intelligente und liebevolle Wesen ein. Trotzdem ist zu beobachten, dass sich viele freiwillig entscheiden, den Planeten zu verlassen.

Franz von Assisi: Sie haben sich auch freiwillig entschieden, auf der Erde in Tierleibern zu inkarnieren. Sie stehen jetzt kurz vor Abschluss ihres Dienstes, denn sie waren mehr, als ihr wahrgenommen habt. Delfine und Wale sind spirituell hoch schwingende Wesen, die als Energieträger und Netzwerker in den Weltmeeren dienen. Die Erdkugel ist zu zwei Drittel von Wasser bedeckt. Ohne die Delfine und Wale würde es global zu einem energetischen Ungleichgewicht kommen. Als mobile, schwimmende Empfangsstationen sind sie perfekt geeignet, ein energetisches Gleichgewicht herzustellen. Die hoch schwingenden Orte auf der Landmasse brauchten als Ausgleich auf der Wasserseite diese schwimmenden Energieträger.

Siegfried: Und warum werden diese schwimmenden Energieträger in Zukunft nicht mehr gebraucht?

Franz von Assisi: Weil die Landmassen gleichmäßiger verteilt sein werden und somit keine energetischen Stützpunkte mehr in den Ozeanen benötigt werden.

Siegfried: Wird es dann im Goldenen Zeitalter keine Delfine und Wale mehr geben?

Franz von Assisi: Nein, weil sie eben diesen Dienst erledigt haben und sich auf anderen Planeten weiterentwickeln dürfen.

Siegfried: Was ist mit den anderen Meeresbewohnern? Werden sie uns erhalten bleiben?

Franz von Assisi: Ja, die meisten davon. Ihr dürft das nicht so ausschließlich sehen. Die Erde ist nur ein Planet von vielen, die ähnliche Lebensbedingungen bieten. Alles, was sich von der Erde verabschiedet, wird woanders weitere Inkarnationsmöglichkeiten finden. Das Leben geht weiter!

Siegfried: Welche neuen Arten werden dazukommen?

Franz von Assisi: Ihr könnt jetzt schon in euren Zeitungen lesen, dass immer wieder neue Tierarten entdeckt werden. Die Biologen sind überrascht und können es gar nicht fassen, weil die Erde doch so gut erforscht ist. Die neuen Arten sind schon im Anmarsch. Ihr werdet in Zukunft regen Austausch mit anderen Sternensystemen pflegen. Von dort werden neue Lebewesen auf die Erde gebracht werden, die mit dieser hohen Schwingung kompatibel sind. Es kommen Tiere und Pflanzen, die bisher auf der Erde nicht lebensfähig gewesen wären, weil die Schwingung des Planeten zu niedrig war.

Siegfried: Kannst du uns sagen, welche Tiergruppen das vorrangig sein werden?

Franz von Assisi: Es werden voraussichtlich viele Landtiere und Vögel mit hoher Schwingung mitgebracht werden.

Siegfried: Ich möchte jetzt mit dir noch ein Thema besprechen, das uns momentan sehr beschäftigt. Es geht um Genmanipulation, um den Eingriff des Menschen in das Erbgut von Pflanzen und Tieren. Wir befürchten, dass sich diese Manipulationen ausbreiten und das gesamte Erbmaterial von Tieren und Pflanzen beeinflussen werden. Ist diese Befürchtung berechtigt?

Franz von Assisi: Ja, momentan schon. Dieses Herumpfuschen im Erbgut von Tieren, Pflanzen und Menschen entspricht nicht den göttlichen Prinzipien, weil es gegen den freien Willen der betroffenen Wesen geschieht. Wenn die Zeit reif ist, werden diese Manipulationen rückgängig gemacht werden. Derzeit wird Genmanipulation im großen Stil betrieben. Das ist eine große Gefahr, die nicht lange geduldet werden kann. Deshalb wird hier wieder einmal ein Riegel vorgeschoben. Ihr wisst, dass es in Atlantis ähnlich gelaufen ist, kurz bevor es untergehen musste. Dort wurden gottlose Manipulationen betrieben, denen ein radikales Ende gesetzt wurde. Ähnliches passiert heute wieder, weil die Menschen anscheinend nichts dazugelernt haben. Es wird wieder Einhalt geboten, aber dieses Mal wird auf das Einsehen der Menschen gehofft. Wenn globale Strukturen stark zerrüttet werden und sich die große Masse erhebt und ein starkes Gegengewicht zu den herrschenden Tendenzen bildet, dann ist jetzt noch Zeit zurückzurudern. Die Baupläne der Pflanzen sind in den Händen der Devas und diese haben die Macht, Mutationen wieder in die Urpflanze zurückzuverwandeln, wenn sie darum gebeten werden. Ihr könnt also mit Hilfe der Devas Manipulationen rückgängig machen, aber es muss bald geschehen, weil es wie ein Krebsgeschwür seine Kreise zieht und ihr noch gar nicht wisst, was schon alles betroffen ist. Viele Nahrungsmittel sind genmanipuliert, ohne dass ihr eine Ahnung davon hättet. Alles was Macht und Geld bringt wird getan.

Siegfried: Warum lassen die Devas genmanipulierte Saat überhaupt aufgehen?

Franz von Assisi: Hm, das ist eine interessante Frage. Ihr müsst bedenken, dass Menschen freien Willen, Schöpferkraft und Schöpfergewalt besitzen. Devas sind dem Engelreich zugeordnet. Sie dienen. Sie haben zwar ihre Aufgabenbereiche, aber sie erheben sich nicht über den göttlichen Kern, der sich im Menschen befindet. Menschen müssen lernen, welche Folgen ihre eigenen Taten haben. Sie müssen die Reaktionen ihrer Aktionen erleben, damit sie daraus lernen können. An ihren Fehlern haben sie selbst am meisten zu leiden. Für gewöhnlich lernen sie spät, vielleicht erst in einer anderen Inkarnation auf einem anderen Planeten, weil sie dort erst mit den Konsequenzen ihres Handelns konfrontiert werden.

Siegfried: Es gibt perfide Genmanipulationen, wo bei Pflanzensamen die Fortpflanzungsfähigkeit ausgeschaltet wird. Diese Samen gehen nur einmal auf und der Bauer muss die Saat jedes Jahr vom Agrarkonzern aufs Neue kaufen. Ein gigantisches Geschäft, das nur den Konzernen dient und allen anderen schadet. Was kann dagegen getan werden?

Franz von Assisi: Allein daran erkennt ihr schon den Frevel, der von einigen mächtigen Personen begangen wird. Leben auszulöschen, Wandel, Wachstum und Evolution zu stoppen ist das größte Verbrechen, das man begehen kann. Aber ihr könnt was tun und braucht nicht ohnmächtig zu zusehen. Unterschätzt die Macht der Bitte an einen Deva nicht! Ihr könnt mit diesen großen Engelwesen sprechen und sie bitten, das veränderte Saatgut wieder in seinen Urzustand zu verwandeln. Es darf nicht sein, dass Leben in seiner Entfaltung gestoppt wird. Wie wäre es, wenn ihr keine Nachkommen mehr zeugen könntet? Das Leben an sich würde dadurch sinnlos. So etwas wird von der geistigen Ebene nicht zugelassen, weil es nirgends im Universum Stillstand geben darf.

Siegfried: Wird es im Goldenen Zeitalter neue Pflanzenarten geben?

Franz von Assisi: Natürlich, und es wird auch neue Züchtungen geben. Auch das könnte man Manipulation nennen, wenn ein Gärtner schönere Pflanzen züchtet. Nur geschieht das in Zukunft mit Zustimmung der Devas und somit ist es vollkommen in Ordnung. Dem so entstandenen neuen Wesen wird ein eigener Deva zugeteilt. Er wird die neue Schöpfung beaufsichtigen und liebevoll behüten. Der Züchter wird wissen, dass nichts ohne die Zustimmung aus dem Naturreich geschehen darf. Dieser respektvolle Umgang wird euch ermöglichen, verschiedene Pflanzenwesen noch schöner zu gestalten. Das liegt dann in euren Händen. So nutzt ihr eure Schöpferkraft auf wohltuende, sinnvolle und schönheitsfördernde Weise.

Siegfried: Werden uns bis zum Goldenen Zeitalter auch manche Pflanzenarten verlassen?

Franz von Assisi: Das mag sein, dass die eine oder andere Pflanzenart verschwinden wird. Aber das wird eher nebensächlich sein. Die Bandbreite wird zunehmen, weil Pflanzen viel mehr geschätzt werden. Ihr teilt sie jetzt in Kategorien wie „nützlich" oder „unnützlich" ein oder in „schön" und „hässlich". Pflanzen werden im Goldenen Zeitalter als das erkannt werden, was sie im innersten Kern wirklich sind: Wesen mit besonderen verborgenen Kräften! In Pflanzen, die ihr als Unkraut bezeichnet und geringschätzt, liegt gewaltiges unentdecktes Potential. Sie sind zum Beispiel in der Lage, euch in eurer spirituellen Entwicklung zu unterstützen, durch ihren Duft, durch ihre Essenz oder nur durch ihre Ausstrahlung. Eure Heilkräuter habt ihr schon sehr gut erforscht. Dieses Betätigungsfeld wird in Zukunft noch an Bedeutung gewinnen.

Siegfried: Kannst du uns noch näher erläutern, wie uns Pflanzen bei unserer spirituellen Entwicklung helfen können und wie wir sie dafür am besten nutzen können?

Franz von Assisi: Es gibt Forschungen, wo Pflanzen nicht nur nach der physischen Heilwirkung, sondern auch nach ihrer energetischen Wirkung untersucht werden. Manche aktivieren Energien in bestimmten Chakren. Hellsichtige und feinfühlige Menschen werden solche Fähigkeiten nach und nach entdecken. Manche von euch haben schon bemerkt, wie bestimmte Pflanzen und Bäume auf die Psyche wirken. Für einige wird es zur Berufung werden, zu ergründen, was diese verachteten Gewächse zu geben haben. Sie sind Dienstleister, sie helfen euch!

Siegfried: Wird es in der Übergangszeit noch bewirtschaftete Felder geben?

Franz von Assisi: Ja und auch noch partiell im Goldenen Zeitalter, weil ihr zu allen Zeiten gerne mit Pflanzen gearbeitet habt. Das soll euch nicht verwehrt sein. In der Übergangszeit werdet ihr noch auf physische Nahrung angewiesen sein. Ihr wisst, dass das nicht ewig so sein wird, weil ihr euch auf Lichtnahrung umstellen werdet. Diese Lichtteilchen, die bisher die Pflanzen aus dem Sonnenlicht für euch eingesammelt haben, könnt ihr dann direkt in euch aufnehmen. Dann ist dieser Umweg nicht mehr nötig. Aber manche von euch werden es nach wie vor genießen, Umgang mit Pflanzen zu pflegen, köstliche Früchte und Gemüse anzubauen, um diese mit Genuss zu verzehren, obwohl sie es nicht mehr müssten.

Siegfried: Landwirtschaft im heutigen Sinn wird es also im Goldenen Zeitalter nicht mehr geben?

Franz von Assisi: Bestimmt nicht.

Siegfried: Durch unser Treiben haben wir der Umwelt sehr viel Schaden zugefügt. Wie können wir diese Verschmutzung von Luft, Erde und Wasser wieder rückgängig machen?

Franz von Assisi: Zuerst müsst ihr aufhören, die Erde weiter zu verschmutzen. Sie wird euch dabei helfen, sich wieder zu reinigen, denn sie verfügt über gewaltige Selbstreinigungskräfte. Auch die Wesen des Naturreichs werden euch bei dieser großen Herausforderung behilflich sein. Bittet sie darum! Sie haben den Schlüssel. Sie werde euch zeigen, was alles möglich ist, was ihr euch in euren kühnsten Träumen nicht ausmalen könnt. Zum Beispiel liegen im Klang starke Heilkräfte. Ihr werdet tatsächlich mit eurer Stimme eine Schwingung erzeugen, die einen ganzen Ort heilen kann. Ihr werdet energetisch arbeiten, ihr werdet durch Gebete und Anrufungen vieles reinigen können, vieles außer Kraft setzen, was die Erde schädigt. Es muss immer menschliches Zutun dabei sein, weil ihr ja die Verantwortung für den Planeten tragt. Es muss euch ernst sein und die Naturwesen werden mit euch zusammenarbeiten, wenn sie diesen Ernst erkennen. Es ist möglich, die Erde wieder vollkommen zu heilen, wenn ihr nur wollt.

Siegfried: Warum sind diese Naturwesen für uns nicht sichtbar?

Franz von Assisi: Sie sind nur einen Hauch von eurer Schwingungsfrequenz entfernt. Sie waren nicht zu allen Zeiten unsichtbar. Sensitive Menschen haben sie immer wieder wahrgenommen. Aber schaut einmal, wie heute mit Pflanzen und Tieren umgegangen wird. Wer würde da nicht flüchten und sich verstecken wollen? Diese Wesen leisten ganz treu ihren Dienst zum Segen und Wohl der Erde und für alle anderen Mitgeschöpfe. Und was war der Dank dafür? Ihre Lebensräume wurden verdreckt, missbraucht und verunstaltet. Sie wurden mit Füssen getreten. Deswegen haben sie sich zurückgezogen, bis die Menschheit sich eines besseren besinnt. Erst dann werden sie sich wieder zeigen.

Siegfried: Wo kommen diese Naturwesen überhaupt her?

Franz von Assisi: Sie sind in allen materiellen Planeten zu finden, wo es Erde, Luft, Feuer und Wasser gibt. Wir betonen ja immer wieder, dass alles belebt ist. Bewusstsein hat Form angenommen und Naturwesen sind eine Variante davon, ihr wiederum eine andere.

Siegfried: Welche Aufgabe haben diese Wesen?

Franz von Assisi: Sie sind für ihr Element zuständig. Sie behüten und versorgen. Die Erdgeister kümmern sich rührend um alles, was mit Erde, Wachstum, Boden und Mineralien zu tun hat. Die Luftwesen sorgen dafür, dass auch dieses Element gewürdigt und mit Energie erfüllt wird.

Siegfried: Worin besteht der Unterschied zwischen diesen Naturwesen und den Devas?

Franz von Assisi: Devas sind engelähnliche Wesen, die sehr hoch schwingend sind. Es sind Wächterwesen, die Baupläne beaufsichtigen und durch ihre starke Ausstrahlung schützen, behüten und bewahren. Die kleineren, dienstbaren Geister sind das was ihr Naturwesen nennt. Sie sind die ausführenden Organe. Die Devas sind die übergeordneten, behütenden, elterlichen Strukturen könnte man sagen.

Siegfried: Werden diese Naturgeister geboren und sterben sie?

Franz von Assisi: Es sind langlebige Geschöpfe. Sie durchlaufen keine Inkarnationen, wenn du das meinst. Es sind Ausprägungen einer Energie und Energie **ist** einfach. Es ist also hier nicht wie im Menschen- oder Tierreich, wo ein stetes Kommen und Gehen herrscht.

Siegfried: Können wir Menschen mit unserer Schöpferkraft Naturwesen erschaffen?

Franz von Assisi: Da müsstet ihr über das Menschsein weit hinauswachsen. Es bedarf einer extrem hohen Eigenschwingung, um lichtvolle Geschöpfe erschaffen zu können.

Siegfried: Lieber Franziskus, wir bedanken uns bei dir, dass du so ausführlich mit uns gesprochen hast. Willst du uns zum Abschluss noch etwas sagen?

Franz von Assisi: Ich habe heute vieles gesagt, aber das wichtigste ist, die Liebe für alle Geschöpfe im Herzen zu hegen, egal wie sie aussehen! Diese Liebe kann immer Verständigung schaffen, mehr ist nicht nötig. Wenn ihr euch zu liebevollen Wesen verwandelt, wird euch alles im Tier- und Pflanzenreich zugeneigt sein. Ich segne euch!

13

Ernährung, Genmanipulation, Lichtnahrung

Siegfried: Kuthumi, wir begrüßen dich.

Kuthumi: Ich grüße euch auch.

Siegfried: Unser Thema ist Ernährung und wie sie sich in den nächsten Jahren bis hin zum Goldenen Zeitalter verändern wird. Ich möchte bei unserer gegenwärtigen Ernährungssituation beginnen. Es gibt ein Regelwerk namens „Codex Alimentarius", in dem globale Ernährungsrichtlinien festgelegt werden sollen. Manche meinen, es ginge darum, Nahrungsmittel wertlos zu machen. Kannst du uns sagen, was es damit auf sich hat?

Kuthumi: Ja, sehr gerne. Die Menschen, die dieses Regelwerk erdacht haben, achten sehr darauf, sich selbst mit möglichst naturbelassenen Lebensmitteln zu versorgen. Auf der anderen Seite ist es für sie sehr lukrativ, den Rest der Bevölkerung in enge Ernährungsrichtlinien zu pressen. Der „Codex Alimentarius" wurde ja schon teilweise umgesetzt, ohne dabei auf großen Widerstand zu stoßen. Es geht um lukrative Geschäftemacherei, angefangen von der Produktion in der Landwirtschaft, bis hin zum Mund des Endverbrauchers. Die ganze Kette soll in den Händen der gleichen Lobby liegen. Wenn ihr einmal zu ergründen versucht, wer daran wirklich verdient, werdet ihr ein weltumspannendes wirtschaftliches Netzwerk erkennen, in dem eine Hand die andere wäscht. Auch Machtpolitik wird über den Nahrungsmittelsektor gemacht. Es wird künstlich Nahrungsmittelknappheit geschaffen, um die Massen zu kontrollieren.

Siegfried: Wird das auf Dauer gelingen?

Kuthumi: Wie gesagt ist einiges davon schon umgesetzt worden und weitere Maßnahmen sind geplant. Ihr müsst aber bei diesem perfiden Spiel nicht mitspielen. Das ist das eine. Zum anderen werden sich die Ereignisse bald überschlagen und dann wird es für einen gewissen Zeitraum egal sein, welche Qualität die Nahrungsmittel haben, solange es überhaupt noch welche gibt. Das ist jetzt drastisch ausgedrückt, aber in der Übergangszeit werden sich Nahrungsmittelengpässe nicht vermeiden lassen.

Siegfried: Wie können wir uns vor den negativen Auswirkungen des „Codex Alimentarius" schützen?

Kuthumi: Ihr könnt ein deutliches „Nein" zur industriellen Nahrungsmittelproduktion sagen und euch dem alternativen Bereich zuwenden, wo die Priorität auf natürlicher Produktion liegt. Weiters könnt ihr eure Nahrung selbst anbauen. So wisst ihr ganz genau, was ihr zu euch nehmt. Bemüht euch auch, keine Angst zu haben, wenn Nahrungsmittel verstrahlt oder mit Pestiziden vergiftet sind. Das menschliche Bewusstsein ist noch immer stärker als alle Gifte, die man euch in die Nahrung schmuggelt. Mit dem Vertrauen in eure Göttlichkeit könnt ihr Krankmachendes zu etwas Bedenkenlosem transformieren. Das wisst ihr und diese Werkzeuge zur energetischen Transformation werden euch immer wieder durchgegeben. So könnt ihr euch jedes Mal helfen, wenn ihr euch über den Ursprung eines Nahrungsmittels nicht sicher seid.

Siegfried: In der Landwirtschaft wird immer mehr mit Genmanipulation gearbeitet. Vor kurzem ist bekannt geworden, dass auch in der EU Genmanipulation von Nahrungsmitteln zugelassen wird. Was kannst du uns dazu sagen?

Kuthumi: Das hatten wir schon einmal. Ihr wisst, dass vor lange vergangenen Zeiten mit den Genen von Pflanzen, Tieren und auch Menschen herumgepfuscht wurde. Ich möchte es einmal so ausdrücken: Die Menschheit ist jetzt wieder an dem Punkt angelangt, an dem sie vor zehntausenden Jahren schon einmal stand. Es wird experimentiert, weil man es kann, ohne sich der Folgen bewusst zu sein. Was hier getrieben wird, entspricht nicht den Gesetzmäßigkeiten der Natur. Pflanzliche und sogar menschliche Gene werden in Tiere eingeschleust. Es sind ja nur einzelne Gene, beteuern eure Wissenschaftler, nicht wissend, was sie damit anstellen. Sie tun noch viel mehr, was gar nicht allgemein bekannt ist. Gerade diese Allmachtsfantasien im physischen Bereich sind es, die dieser Welt schon einmal den Untergang gebracht haben. Ich spreche vom Untergang von Atlantis, wo das gleiche Spiel getrieben wurde. Wenn wir jetzt zurück zur Nahrung kommen, so sollt ihr euch wehren, wo es nur geht und soweit es in eurer Macht steht. Es ist mir sehr wohl bewusst, dass euch schon viele Möglichkeiten aus den Händen genommen worden sind zu unterscheiden, ob Genmanipulation involviert ist oder nicht. Natürlich tut es eurer Gesundheit nicht gut, wenn ihr solche Produkte zu euch nehmt. Wir bitten euch, neutralisiert all diese Dinge, indem ihr göttliches Licht auf solche Nahrungsmittel abstrahlt. Segnet eure Nahrung. Ihr seid mit allen Fähigkeiten ausgestattet, um sie zu transformieren.

Siegfried: Ist es wahr, dass sich genmanipulierte Pflanzen nach ein paar Wachstumszyklen wieder in den Urzustand zurückentwickeln?

Kuthumi: Das ist Gott sei Dank wahr. Wenn wir in die Zukunft blicken, so wird sich vieles, was jetzt an Schindluder getrieben wird, von selbst wieder einrenken.

Siegfried: Das heißt, die Schäden, die durch Genmanipulation angerichtet wurden sind reversibel?

Kuthumi: Ja, und jetzt kommen wir zum wirklich interessanten Teil: Jeder Eingriff von Menschen in zum Beispiel das Pflanzenreich muss von den Devas abgesegnet sein. Was denkst du, was ein Pflanzendeva tun wird, wenn Menschen ohne seine Einwilligung Genmaterial manipulieren? Er wird schnellstens dafür sorgen, dass die ursprünglichen Baupläne wieder eingehalten werden.

Siegfried: Warum lässt es der Deva überhaupt zu, dass Menschen ohne seine Einwilligung Pflanzengene manipulieren?

Kuthumi: Weil die Devas dem Engelreich entstammen und Engel ihren Dienst am Göttlichen leisten. Und wer denkst du ist göttlich? Auch wenn er es nicht weiß und auch wenn er mit niedrigsten Absichten in der Natur herumpfuscht, so ist jeder Mensch göttlich und die Engel und Devas dienen diesem Gott in euch. Euer freier Wille muss gewahrt bleiben. Ihr müsst die Freiheit haben, auch eure Dummheiten auszuleben und die Folgen euerer Taten zu sehen. Außerdem sind in der Gentechnik keine Einzeltäter am Werk, sondern es sind große Gruppen, die diese Entscheidungen tragen. Es ist ein Energiefeld, das schon sehr stark geworden ist, weil sich natürlich auch viele „Vorteile" ergeben. So wird euch erzählt, dass genmanipulierte Pflanzen ertragreicher und resistenter gegen Schädlinge sind. Viele Menschen glauben diese Aussagen und denken: „Na klar, wenn sich da was machen lässt, dann machen wir es halt. Dann habe ich mehr Ertrag und keine Schädlinge mehr in meinem Getreidefeld und kann so mehr Geld machen." So ist in eurer Gesellschaft ein Interessenfeld entstanden, das für Gentechnik spricht und deswegen konnte sie sich überhaupt erst manifestieren.

Siegfried: Lass uns jetzt einen Blick in die Zukunft werfen. Wie wird sich dieser große Bereich der Ernährung in den nächsten Jahren gestalten?

Kuthumi: Du weißt, wir sprechen immer von drei verschiedenen Zeitabschnitten. Jetzt ist die Krisenphase, darauf folgt die Aufbauphase und dann gelangt ihr ins Goldene Zeitalter. Im Goldenen Zeitalter sieht die Welt in puncto Ernährung komplett anders aus. Lass uns einen Blick auf den Weg dort hin werfen. Ich habe schon gesagt, dass in der Krisenzeit, in der ihr euch gerade befindet und die noch ein paar Jahre dauern wird, die Qualität der Nahrung nicht so wichtig sein wird. Die meisten müssen zusehen, dass sie überhaupt genug zu essen bekommen. Nahrungsmittelkrisen werden nicht nur in den bisher armen Ländern vorkommen, sondern auch in den Entwicklungsländern wird nicht mehr alles ständig zur Verfügung stehen. Das ist kein Grund zu Angst und Panik, aber es wird eben nicht mehr so sein, wie ihr das bisher gewohnt wart. Es ist so gesehen schon sinnvoll, sich mit Gemüse- und Obstanbau zu beschäftigen. Die Anfänge dieser Nahrungsmittelproblematik sind jetzt schon sichtbar. Wenn ihr einmal mit offenen Augen durchs Leben geht, seht ihr, wie viele Menschen in eurer hochzivilisierten Gesellschaft jetzt schon auf Suppenküchen und ähnliche Institutionen angewiesen sind, weil sie nicht mehr in der Lage sind, sich selbst zu ernähren. Soviel zur Krisenphase. Die Aufbauphase beginnt erst, nachdem viele eurer jetzt bekannten Strukturen extrem zerrüttet worden sind. Dann kommt die Zeit der alternativen Anbaumethoden für Gemüse, Obst und andere Nahrungsmittel. Die Schlagworte „Bioanbau", „Permakultur", ganzheitlicher Anbau unter Berücksichtigung des Mondstandes werden dann ganz groß geschrieben. Die Menschen werden sich viel bewusster sein, dass sie sich nicht losgelöst vom Naturreich sehen können. Pflanzen reagieren stark auf die Menschen, von denen sie kultiviert werden. Es wird in dieser Übergangszeit vieles erkannt werden, was jetzt nur einigen Wenigen stimmig erscheint. Zum Beispiel, dass, wenn sie mit Pflanzen sprechen, höhere Erträge erzielt werden, weil die Pflanzen vor lauter Gesundheit und Kraft strotzen, wenn ihnen so viel Aufmerksamkeit zuteil wird. Ihr werdet erforschen, wie sich Töne, Musik und Meditation auf das Pflanzenwachstum auswirken. Ihr werdet viel über die Wechselwirkung zwischen menschlichem Bewusstsein und Pflanzen lernen. Es ist die Bestimmung von Gemüsepflanzen, als Nahrung zu dienen und gegessen zu werden. Jedes einzelne Gewächs hat einen zugehörigen Deva, der für den genetischen Bauplan zuständig ist. Er sorgt dafür, dass weltweit ein Kohlkopf immer ein Kohlkopf sein wird. Aber er sorgt auch regional dafür, dass der Kohlkopf, der bei euch in Deutschland in einem bestimmten Garten wächst, die dort herrschende Ortsenergie in sich aufnimmt. Somit ist doch wieder jeder Kohlkopf einzigartig.

Machen wir jetzt einen großen Sprung ins Goldene Zeitalter. Ihr könnt dann zwar essen, wenn ihr wollt, müsst es aber nicht. Es wird euch freigestellt sein, wie ihr euch entscheidet, aber lasst euch eins gesagt sein: Es wird im Goldenen Zeitalter kein Tier mehr geschlachtet werden! Euer Bewusstsein wird dann so weit vorangeschritten sein, dass ihr wisst, dass Todesangst keine gute Basis für ein Nahrungsmittel auf dem Teller ist. Ihr würdet diese Todesangst mitessen und wer wird das dann noch wollen? Niemand. Vegetarier wissen jetzt schon, dass sie sich so von niedrig schwingender Angstenergie befreien können. Im Goldenen Zeitalter werdet ihr es genießen, Gemüse, Obst und Getreide zu euch zu nehmen, je nachdem, wonach euch gerade der Sinn steht, aber es wird für den einen oder den anderen gar nicht mehr nötig sein. Viele der Kinder, die jetzt geboren werden, sind in ihrer Körperlichkeit schon ganz anders gepolt und bräuchten keine feste Nahrung mehr. Das alles ist Zukunftsmusik, aber diese Zukunft hat schon begonnen.

Siegfried: Wird es im Goldenen Zeitalter noch Landwirtschaft geben?

Kuthumi: Ja, die wird es geben, weil es die höchste Freude einiger Menschen sein wird, mit Pflanzen zu arbeiten. Die heutigen Landwirte sind faktisch auf ihre Funktion als Nahrungsmittelfabrikanten reduziert. Im Goldenen Zeitalter fällt dieser Faktor fast gänzlich weg. Stattdessen wird der feinstoffliche Kontakt zur Natur im Vordergrund stehen. Die Freude am Austausch mit den Naturwesen wird die Hauptmotivation jeder landwirtschaftlichen Aktivität sein. Lust wird eine große Rolle spielen. Freut euch darauf! Ihr werdet alleine um eurer Belustigung willen Gärten anlegen und eure natürliche Umgebung so schön gestalten, wie es nur geht. Landwirte werden zu Landschaftskünstlern.

Siegfried: Das klingt sehr schön. Darauf können wir uns wirklich freuen. Ich möchte wieder auf unser Thema Ernährung zurückkommen. Kannst du uns aus deiner Sicht erklären, wie der Prozess der Ernährung in unserem Körper abläuft?

Kuthumi: Grundsätzlich seid ihr überhaupt nicht darauf ausgelegt, feststoffliche Nahrung zu benötigen. Erst durch die dramatische Heruntertransformierung eurer Eigenfrequenz kam es dazu, dass ihr Lichtenergie über den Umweg des Essens zu euch nehmen musstet. Eure Vorfahren auf Atlantis brauchten nicht zu essen. Sie bezogen ihre Lebensenergie direkt aus dem Kosmos. Das war so selbstverständlich, dass sich niemand groß darum gekümmert hat. Dann kam es aber zu einer Zurückstufung der Menschen und das war gut so, weil so ein Missbrauch ihrer außergewöhnlichen Fähigkeiten ausgeschlossen wurde. Diese Zurückstufung näherte die Menschen dem Tierreich an, was mit sich brachte, dass ihre Körper nicht mehr so durchlässig für kosmische Energie waren und sie auf physische Nahrung ausweichen mussten. So ist es tatsächlich gewesen und bis heute hat sich daran nicht viel verändert. Die Crux ist nur, dass eure heutigen Lebensmittel von minderwertiger Qualität sind und kaum Lichtenergie in sich tragen. Deshalb ist es ja so wichtig darauf zu achten, möglichst naturbelassene Nahrung zu sich zu nehmen. Optimal wäre selbst angebautes Obst und Gemüse aus dem eigenen Garten.

Siegfried: Wie verändern sich unsere Körper, wenn sie sich jetzt wieder hochtransformieren, um direkt von Lichtenergie zu leben?

Kuthumi: Dieser Prozess geht ab einem bestimmten Bewusstseinszustand fast automatisch los. Ihr werdet plötzlich merken, dass manches gar nicht mehr mögt oder vertragt. Ihr spürt intuitiv, dass euch feststoffliche Nahrung eher drückt, träge und müde macht. Dann befindet sich der Körper schon voll im Prozess zum Lichtkörper. Mein Bruder Serapis Bey wird euch im Kapitel über den Lichtkörper noch mehr über diese Verwandlung von euren schweren, niedrig schwingenden Körpern hin zu lichtdurchlässigen, hoch schwingenden, kristallinen Körpern, die sehr viel Licht ertragen und leiten können, mitteilen. So wird jeder Mensch eines Tages so weit sein, wählen zu können, ob er sich nur noch von Licht ernährt oder einfach zum Spaß in einen Apfel beißt, rein um des Geschmackes willen. Ihr werdet in einem ganz individuellen Prozess an die Lichtnahrung herangeführt. Plötzlich wird der eine oder der andere sagen: „Eigentlich gibt mir das Essen jetzt wirklich nichts mehr. Ich werde einmal experimentieren, wie es sich anfühlt, wenn ich für einen bestimmten Zeitraum ganz darauf verzichte." Und dann werden sie erkennen: „Mein Gott, ist das eine Leichtigkeit in mir! Es fühlt sich ja viel angenehmer an, wenn ich mich nicht mehr mit fester Nahrung beschweren muss!" Dann werden sie den alten Glaubenssatz *Ich muss essen, um zu leben* über Bord werfen, weil sie erfahren, dass er nicht mehr stimmt.

Siegfried: Wie kann man diese Umstellung auf Lichtnahrung fördern?

Kuthumi: Zuerst müsst ihr euch mit dem Gedanken vertraut machen, dass es möglich ist, ohne Essen und nur von Licht zu leben. Vielen von euch ist das jetzt schon bewusst, aber vielleicht noch nicht bis ins Innerste des Herzens. Deshalb ist es wichtig, sich mit dem Gedanken wirklich auseinander zu setzen. Ihr könnt eure geistige Führung darum bitten, etwaige gedankliche Blockaden auflösen zu helfen. Ihr müsst natürlich selbst auch einiges dazu tun. Praktiziert regelmäßig Lichtmeditationen. Dadurch gewöhnt sich der Körper, ständig mit Licht erfüllt und durchströmt zu werden. Bald wird er es als seinen Normalzustand betrachten. Das Licht wird aber auch Schlacken, Ängste und Blockaden in euch hochbringen. Es spült Altlasten aus eurem Körpersystem heraus. Ihr müsst bedenken, dass ihr gegen ein großes globales Energiefeld der Esser ankämpft. Klinkt euch in das Energiefeld der Lichtesser ein, von denen es ja immer mehr gibt. Dann wird die Umstellung leichter. Hilfreich ist auch, euren Körper auf ganz physischer Ebene, zum Beispiel in Form einer Fastenkur, zu reinigen. Genauso wurde schon darauf hingewiesen, dass ihr es komplett in der Hand habt, euren Emotionalkörper zu reinigen. Übt euch in positiven Affirmationen und werft alte, einschränkende Glaubenssätze über Bord. Ihr wisst ja mittlerweile, dass ihr den Schnee von gestern nicht mehr braucht.

Siegfried: Wie sollten wir uns heute schon ernährungsmäßig verhalten?

Kuthumi: Vergesst tierische Nahrungsmittel, wenn es euch möglich ist! Ich weiß, es gibt diese Zwischenmöglichkeit, wenn ihr darauf achtet nur Fleisch von Tieren zu essen, die artgerecht behandelt wurden. Aber selbst wenn in diesem Fleisch keine Medikamentenrückstände und keine Angsthormone zu finden sind, so ist es doch tierisches Bewusstsein. Ihr wisst, dass ihr als Seelen diesen Weg schon gegangen seid. Es ist also ein Rückschritt, wenn ihr eurem Energiesystem tierische Schwingung einverleibt. Euer Energiekörper muss diese niedrige Schwingung wieder mühsam transformieren. Da geht viel Energie verloren, die ihr besser nutzen könntet, meine Lieben. Esst stattdessen lichtvolles Obst und Gemüse. Das ist für euren Körper am Besten. Die zweitbeste Möglichkeit ist, eure Nahrungsmittel mit göttlicher Pranaenergie aufzuladen. Segnet euer Essen und schickt Licht hinein. Euer Körper wird es euch danken. Es geht alles in allem darum, ihn mit immer mehr Licht anzufüllen, ganz egal wie ihr das macht, ob durch Meditation oder durch bewusste Auswahl der Lebensmittel. Ziel ist es, euren Lichtkörper zu entwickeln.

Siegfried: Wie kann man durch Meditation schädliche Stoffe in Lebensmitteln unschädlich machen?

Kuthumi: Wenn ihr das Essen vor euch habt, stellt euch einfach vor, dass ihr euch wie ein Gefäß mit göttlicher Lichtenergie anfüllt und dann haltet eure Hände segnend über das Essen und lasst aus euren Handflächen dieses Licht strömen bis ihr spürt, dass es genug ist. Wählt auch eure Getränke ganz bewusst aus. Vom Wasser haben wir noch gar nicht gesprochen. Ihr besteht ja zum überwiegenden Teil aus Wasser. Nehmt viel möglichst reines Wasser zu euch. Segnet es und füllt es mit flüssigem Licht auf.

Siegfried: Wie wirken sich giftige Substanzen auf einen voll entwickelten Lichtkörper aus?

Kuthumi: Gar nicht. Gifte können euch nichts mehr anhaben, weil ihr auf einer völlig anderen Ebene existiert.

Siegfried: Wie kann man selbst feststellen, wie weit die Umstellung auf Lichtnahrung schon vorangeschritten ist?

Kuthumi: Mit Hilfe der geistigen Führung, meine Lieben. Dieses Buch wird von einem großen Publikum gelesen und ich weiß, dass viele den Gedanken, von Lichtnahrung zu leben, sehr reizvoll finden. Aber ich möchte hier ein Wort der Warnung aussprechen: Es ist nicht ratsam, auf eigene Faust zu experimentieren. Es müssen bestimmte Voraussetzungen gegeben sein. Die erste Voraussetzung ist, eine große Sehnsucht im Herzen zu tragen, nur noch von Licht leben zu wollen. Es muss eine große Bereitschaft da sein. Diese Menschen müssen auch über Erfahrung in Meditation verfügen. Das sage ich ganz klar und deutlich. Die Lichtzufuhr in den Körper muss gewährleistet sein. Viele denken, sie wären spirituell, aber in Wirklichkeit sind sie nur Trittbrettfahrer. Das muss auch einmal ganz deutlich gesagt werden. Diese Menschen würden sich mit einer Hauruck-Aktion nur schaden, wenn sie meinen: „Ich bin schon erleuchtet genug, um von Lichtnahrung zu leben. Ab jetzt esse ich bis in alle Ewigkeit nichts mehr." Ohne spirituelles Fundament geht es nicht. Es ist absolut nötig, sich diszipliniert zu verhalten, sich täglich mit der geistigen Welt zu verbinden, sich mit feinstofflichen Energien aufzutanken und einen klaren Kontakt zur eigenen geistigen Führung zu haben. Wenn sich die intuitiven Hinweise in Richtung Lichtnahrung verdichten, dann dürft ihr gewiss sein, dass der passende Zeitpunkt gekommen ist. Bittet dann eure geistige Führung: „Helft mir bei diesem Prozess. Unterstützt mich, damit ich wirklich mit allen Fasern meines Körpers darauf vertraue, dass ich getragen und gehalten werde."

Siegfried: Wird durch die gerade stattfindende kosmische Schwingungserhöhung automatisch jeder von uns mit mehr Licht versorgt?

Kuthumi: Ja, und das ist für viele ein Problem, weil sie das gar nicht wollen. Sie wollen nicht „zwangserleuchtet" werden. Ihr genießt es, dass ihr von dieser kosmischen Welle in eurer spirituellen Entwicklung weitergetragen werdet. Es ist eine unermessliche Gnade, die ihr jetzt erlebt. Ihr könnt euch in einem Ausmaß und einer Geschwindigkeit entwickeln, die nie vorher dagewesen sind. Diese Schwingung trifft alle Menschen. Auch die, die sich dieser Energie gar nicht öffnen wollen, die keinerlei Veränderungen zulassen möchten. Sie fühlen sich dabei gar nicht wohl. Oft sind paranoide Zustände, Krankheit und Wahnsinn die Folge. Das ist leider so, aber es hat alles seine Berechtigung. Es ist das Schicksal der Menschen, die sich dieser Energie nicht öffnen wollen. Grundsätzlich hat jeder die Möglichkeit dazu, wenn er nur will. Keiner wird überfordert.

Siegfried: Du hast zuvor das Wasser angesprochen. Kannst du uns noch mehr über seine Bedeutung als Nahrungsmittel erzählen?

Kuthumi: Ja, gerne. Es ist in letzter Zeit in Mode gekommen, Kristalle ins Trinkwasser zu legen. Das ist eine gute Sache, denn da hilft ein Naturreich dem anderen. Kristalle tragen viele Erinnerungen in sich, die auch das Wasser in seiner kristallinen Struktur benötigt, um sich wieder an seine eigene Unversehrtheit erinnern zu können. Mit Kristallen könnt ihr euer Trinkwasser aufwerten. Quellwasser wäre natürlich das allerbeste. Wenn möglich, sollte es direkt an der Quelle gezapft werden, ohne dass es zuerst durch Leitungen oder Filter gezwängt wird. Versucht Quellwasser in erreichbarer Nähe zu haben oder wertet euer Leitungswasser mit Kristallen auf.

Siegfried: Welche Kristalle eignen sich dafür am besten?

Kuthumi: Quarz in seiner reinen Form stellt die Basis dar. Ihr könnt weitere Heilsteine dazugeben, wenn ihr wollt. Sie sollten aber nur genutzt werden, wenn es angebracht ist. Was zuviel ist, ist zuviel. Auch Heilkristalle brauchen eine bestimmte Dosierung. Übertreibt es hier nicht. Quarz hingegen schadet nie.

Siegfried: Wird es im Goldenen Zeitalter noch Kochbücher geben?

Kuthumi: O meine Lieben, ihr habt Vorstellungen. Das Goldene Zeitalter wird eine Zeit der Lust und Lebensfreude sein. Ihr werdet viel Zeit haben, eure Steckenpferde zu pflegen. Wenn ihr Freude daran habt, aus verschiedenen Zutaten köstliche Kreationen zu erschaffen, dann ist euch das freigestellt. Wenn ihr eure kulinarischen Meisterleistungen in Form eines Kochbuches festhalten wollt, dürft ihr auch das gerne tun. Selbst wenn manche mit dem Essen ganz aufhören, so wird es trotzdem dort und da noch Genießer geben.

Siegfried: Eine wachsende Zahl an Menschen beschäftigt sich mit Heilkräutern und ihren vielfältigen Wirkungen. Kannst du uns dazu noch etwas sagen?

Kuthumi: Heilkräuter sind Lebensmittel, die auch für Heilzwecke eingesetzt werden können. Das wird in den kommenden Jahren der Übergangszeit sehr wichtig für euch sein. Das Wissen über ihre Wirkung wird stark zunehmen. Sie können auch als Sprungbrett zur spirituellen Entwicklung genutzt werden. Manche Kräuter, Bäume und

Mineralien fördern die Entfaltung des Bewusstseins. Sie helfen, die einst abgebrochenen Brücken zwischen Mensch und Natur wieder herzustellen. Ihr werdet den Kontakt zu Naturwesen sehr genießen. In ihnen liegt ein Riesenschatz verborgen, den ihr jetzt nach und nach heben dürft. Es werden freudvolle Zeiten werden meine Lieben. Öffnet eure Herzen für ungeahnte Möglichkeiten! Seid gesegnet!

14

Krankheiten, Süchte und deren Heilung

Siegfried: Djwal Khul, wir begrüßen dich.

Djwal Khul: Ich grüße euch auch alle, meine Lieben.

Siegfried: Es freut uns, dass du heute zum ersten Mal mit uns sprechen wirst.

Djwal Khul: Auch für mich ist es ein Novum.

Siegfried: Vielen von uns bist du nicht so vertraut wie andere Aufgestiegene Meister. Vielleicht kannst du dich uns kurz vorstellen?

Djwal Khul: Oh, ich bin hier kein Fremder. Ihr befindet euch an einem Ort der Heilung und da, wo Heilung geschieht, bin ich mit meiner Energie präsent. Ich wirke auf dem zweiten Strahl, dem Strahl von Liebe und Weisheit. Liebe heilt, das wisst ihr und das ist der Teilaspekt dieses Strahles, dem ich vorstehe. Ich bin noch kein alter Meister. Es ist noch nicht allzu lange her, dass ich meinen eigenen Aufstieg hinter mich gebracht habe, so wie ihr ihn vor euch habt, meine Lieben. Deshalb bin ich vielleicht nicht so bekannt, aber manche kennen mich unter dem Synonym *Der Tibeter*.

Siegfried: Kannst du uns kurz etwas über deine letzte Inkarnation erzählen?

Djwal Khul: Ja, ich habe an einem speziellen Ort im Himalaja gewirkt. Dort war mein letztes Leben schon sehr vergeistigt. Ich habe Schüler um mich gehabt und sie gelehrt.

Siegfried: Unsere heutigen Gesprächspunkte sind Gesundheit, Medizin, Heilung, Krankheiten und Süchte. In unserer Welt spielt das alles eine große Rolle. Wird es im Goldenen Zeitalter noch Krankheiten geben?

Djwal Khul: Sie werden immer weniger werden, meine Lieben. Krankheit ist nur eine Manifestation eines energetischen Ungleichgewichts im Körper. Ihr könnt dies hier in allen feinstofflichen Körpern, den niederen Körpern, wahrnehmen. Denn ganz egal, ob ein Mensch sich durch falsche Gedanken ins Ungleichgewicht gebracht hat und somit eine Disharmonie im Mentalkörper vorzufinden ist, oder ob auf der Gefühlsebene etwas aus dem Ruder gelaufen ist, es wird sich dieses Ungleichgewicht nach langer Zeit immer als physische Krankheit manifestieren. Damit soll der Mensch angeregt werden, etwas in sich in Ordnung zu bringen. Das ist die eine Ursache von Krankheiten. Die andere ist, dass Krankheiten sehr oft karmischer Natur sind und aus Ungleichgewichten vergangener Leben herrühren. Auch hier ist die Lösung wiederum Ausgleich. Im Goldenen Zeitalter wird es immer weniger nötig sein, diese Ungleichgewichte zu durchleiden. Durch die fortgeschrittene Bewusstseinsbildung eröffnen sich ganz neue Lösungswege.

Siegfried: Heißt das, dass wir im Goldenen Zeitalter, wenn wir energetisch im Ungleichgewicht sind, viel schneller mit unseren Disharmonien konfrontiert werden, als das in dieser dichten 3D-Ebene noch der Fall ist?

Djwal Khul: Erstens das und zweitens wird eure Wahrnehmung viel sensibler werden. Ihr werdet früh spüren, wenn Gedanken euer energetisches Gleichgewicht stören. Ihr werdet früh spüren, wenn ihr mit Situationen, Menschen oder Gefühlen zu tun habt, die euch aus der Mitte bringen. Ihr werdet viel sensibler sein und diese unangenehme Disharmonie schnellstens wieder zurechtrücken wollen, damit ihr euch wieder gut fühlen könnt. Wird es im Goldenen Zeitalter noch Krankenhäuser geben? Ja, es wird Plätze der Heilung geben, weil es auch dann noch Menschen geben wird, die ein wenig Hilfe und Ruhe brauchen, um alte Wunden heilen zu lassen. Es wird Orte der Ruhe und des Wohlbefindens geben, die allein durch ihre Ausstrahlung heilend wirken. Heilung heißt ganz sein. Oftmals ist nicht einmal physische Krankheit vorhanden, die geheilt werden müsste, stattdessen geht es um Eingliederung bestimmter abgespaltener Seelenaspekte.

Siegfried: Wie arbeiten Heiler im Goldenen Zeitalter?

Djwal Khul: Da könnte ich jetzt einen Tag lang darüber sprechen, was alles möglich sein wird. Meine Lieben, ihr habt in den letzten Jahren schon vieles entdeckt, was möglich sein wird. Ihr habt zum Beispiel erkannt, dass Töne heilsam sind, dass Farben heilsam sind, dass es Orte gibt, die die Gesundung begünstigen oder auch erschweren. Hier habt ihr schon schöne Fortschritte gemacht. Viele alternative Heilmethoden beschäftigen sich jetzt schon mit der Erforschung der Energiekörper, der Meridiane und des Aurafeldes. Ihr sucht nach Behandlungswegen zur Herstellung von Ausgleich und Harmonie. Akupunktur, Homöopathie, Bachblüten und andere sehr feinstoffliche Heilmethoden werden sich weiter entwickeln, aber in fernerer Zukunft auch überflüssig werden. Gerade der Heilungsbereich wird eine sehr starke Evolution erleben. Grobstoffliche Heilverfahren werden bald ein alter Hut sein, wenn es reicht, dass man dem Menschen die richtigen Worte in den Energiekörper eingibt oder die richtigen Bilder im Aurafeld platziert.

Siegfried: Wird es im Goldenen Zeitalter auch chirurgische Eingriffe geben?

Djwal Khul: Ja, die wird es auch noch geben, aber ganz anders, als ihr sie heute kennt. Es gibt im Körpersystem eingebaute Blockaden, die sozusagen chirurgisch entfernt werden können. Es handelt sich dabei um karmische Altlasten vergangener Inkarnationen. Wird der Mensch von ihnen befreit, so kann die Energie wieder ungestört fließen.

Siegfried: Wie läuft so eine Operation konkret ab?

Djwal Khul: Es gibt jetzt schon Menschen, ihr nennt sie „Wunderheiler", die mit ihren bloßen Händen in den Körper hineingreifen, Blockaden sehen und entfernen können. So ähnlich wird es im Goldenen Zeitalter sein. Diese Blockaden sind dort oft schon seit vielen Inkarnationen eingebaut, weil zum Beispiel bestimmte Bereiche auf der Seelenebene nicht zugänglich sein sollten oder bestimmte Areale durch traumatische Erlebnisse abgeschnitten wurden. Das alles darf jetzt heilen. Heiler dürfen anderen Menschen dabei behilflich sein, diese alten Dinge zu orten und im Einklang mit geistigen Gesetzmäßigkeiten zu entfernen. Heilarbeit wird niemals ohne geistige Führung stattfinden, weil der Heiler selbst nicht den ganzen Menschen durchblicken kann, aber geistige Führer und Engel überblicken alles. Heiler werden engstens mit der Geistigen Welt zusammenarbeiten, denn nur dann können sie sicher sein, alle Aspekte ihrer Patienten zu erfassen und zu durchschauen.

Siegfried: Sind die philippinischen Geistheiler eine Vorstufe dieser geistig-energetischen Operationen?

Djwal Khul: Sie arbeiten in einem Zwischenbereich, der halb physisch, halb feinstofflich ist. Sie haben gelernt, physisches Gewebe für kurze Zeit feinstofflich zu machen, so dass die Körperbarriere überwunden werden kann. In Zukunft wird der Mensch anders beschaffen sein, nicht mehr so feststofflich, wie ihr ihn heute wahrnehmt. Durch den Übergang zum Lichtkörper wird alles einfacher werden. Viele Menschen werden sich selbst heilen können, aber manche werden immer noch sehr glücklich sein, wenn sie zu einem Heiler gehen können.

Siegfried: Brauchen die Heiler im Goldenen Zeitalter eine besondere Ausbildung?

Djwal Khul: Ja, aber dazu werden sie geführt werden. Jeder, der sich zum Heiler berufen fühlt, wird eine große Sehnsucht danach in seinem Herzen tragen. Er wird sich dann schlau machen, wo er sich das erforderliche Wissen aneignen kann. Der Umgang mit diesen hohen, heiligen Energien will gelernt sein. Dafür wird es eigene Ausbildungsstätten mit Fachbereichen geben. Euren Heilerbegriff werdet ihr erweitern müssen, denn es werden zum Beispiel auch Sänger und Tänzer heilend tätig sein. Alles, was dem Menschen Freude bringt, wirkt heilend. Vieles, was ihr jetzt noch gering achtet, wie zum Beispiel Kinderlachen, wird zu heilerischen Zwecken eingesetzt werden.

Ihr werdet erkennen, wie solche Dinge sofort eine Umpolung im Energiekörper bewirken können.

Siegfried: Welche Rolle wird in Zukunft die Pharmaindustrie spielen?

Djwal Khul: Die wird Gott sei Dank der Vergangenheit angehören. Niemand wird sich mehr vorstellen können, dass es einst Zeiten gab, wo es Einzelnen gestattet wurde, viele Menschen krank und abhängig zu machen. Die Pharmaindustrie verstößt gegen geistige Gesetzmäßigkeiten, indem sie möglichst viele Menschen aus Profitgier abhängig macht. Heilung beginnt im Inneren, nicht im Äußeren, das wisst ihr. Symptombehandlungen werden der Vergangenheit angehören. Jeder wird mit absoluter Gewissheit wissen, dass eine Krankheit, ein Schmerz oder eine psychische Störung immer eine seelische Ursache hat. Diese gilt es zu ergründen, denn ihr wollt ja daran wachsen, daraus lernen und euer Fehlverhalten korrigieren. Pharmakonzerne hatten mit dieser Art von Einstellung noch nie etwas am Hut. Ihnen ging es nur darum, ihre Produkte zu verkaufen. Viele davon, das wisst ihr vielleicht nicht einmal, wurden nur für den Zweck entwickelt, wieder andere Produkte an den Mann zu bringen. So manche Medizin hat im Menschen eine Nebenwirkung ausgelöst, damit ein Bedarf für die nächste Medizin entstand.

Siegfried: Du sagst, dass uns absichtlich Medikamente mit Nebenwirkungen verkauft werden, damit wir dann das nächste Medikament kaufen müssen?

Djwal Khul: Ja, die sogenannten „Nebenwirkungen" sind ein willkommener Effekt. Sie hätten oftmals vermieden werden können, in dem man die Medikamente verträglicher gemacht hätte, aber gerade die Nebenwirkungen machten es wieder nötig, ein weiteres Medikament verschrieben zu bekommen. So etwas wird es in Zukunft nicht mehr geben.

Siegfried: In den letzten Jahren haben Allergien wie eine Epidemie zugenommen. Was ist der Grund dafür?

Djwal Khul: Allergien haben ihre Ursache in aufgestauten Aggressionen. Wenn Wut oder andere heftige Gefühle nicht ausgelebt werden, so greifen sie den Körper von innen an. Wenn du wissen möchtest, ob es im Goldenen Zeitalter noch Allergien geben wird, dann ist die Antwort „Nein". Wir haben es also wieder mit der Seele zu tun, die sich über körperliche Symptome bemerkbar macht. In Zukunft müssen solche heftigen Gefühle nicht mehr ausgelebt und schon gar nicht mehr unterdrückt werden. Aggression oder Autoaggression haben wiederum tiefliegende Ursachen, die von spezialisierten Heilern ergründet und aufgelöst werden können. Dadurch wird der Allergie die Grundlage entzogen und sie verschwindet von selbst.

Siegfried: Wenn jemand im Goldenen Zeitalter wütend und aggressiv wird, wie äußert sich das und wie wird damit umgegangen?

Djwal Khul: Starke Emotionen können im Goldenen Zeitalter nicht mehr verborgen werden. Sie sind deutlich im Aurafeld sichtbar. Es verändert sowohl seine Form, als auch seine Farbe. Wahrscheinlich werden andere Menschen den Betroffenen darauf ansprechen und ihn fragen, was mit ihm los ist. Sie werden ihm ihre Hilfe anbieten, denn niemand möchte sich im Goldenen Zeitalter negativen Energien aussetzen. Alle sind auf 5D bestrebt, in der Herzensliebe zu verweilen.

Siegfried: Wie sollen sich die Ärzte von heute vorbereiten, damit sie für die künftigen Anforderungen gerüstet sind?

Djwal Khul: Diesen Menschen würde ich raten, ihre Augen und ihren Geist ganz weit zu öffnen. In Zukunft werden sie viel mehr mit der Seele des Menschen zu tun haben. Alles wird sich um feinstoffliche Energien im Körper drehen. Ziel muss sein, dass der Körper mit positiven Energien erfüllt ist und diese ungehindert und frei fließen können. Wenn ein Schulmediziner erkennt, dass der Mensch mehr ist, als ein Stück Fleisch, dann ist er schon auf einem guten Weg. Heute sind den Schulmedizinern noch weitestgehend die Hände gebunden. Das ist uns bewusst, aber auch sie sind Schöpfergötter und können ihr Umfeld so gestalten, wie sie es für richtig halten. Sie können sich jetzt schon umorientieren und die Ganzheitlichkeit des Menschen akzeptieren. Auch wenn sie vielleicht nicht alles in die Praxis umsetzen können, so ist es ihnen dennoch möglich den Patienten in eine positive Schwingung einzuhüllen. Sie können in ihren Behandlungsräumen angenehme Musik laufen lassen, oder sie mit heilenden Farben gestalten. Viele Heilmethoden der Zukunft können jetzt schon dezent eingesetzt werden. Das Wesentliche ist, dass der Mensch und sein Wohlbefinden wieder im Mittelpunkt stehen.

Siegfried: Wie wird sich in Zukunft der Einfluss des Bewusstseins auf die körperliche Gesundheit entwickeln?

Djwal Khul: Viel mehr Menschen als heute wird bewusst sein, dass sie selbst die Schöpfer ihrer Gesundheit sind. Daher wird keiner mehr einen Grund haben, über körperliche Beschwerden zu jammern, wie es jetzt oftmals der einzige Lebensinhalt einiger Zeitgenossen ist. Wenn etwas schmerzt wird euch klar sein, dass ein Bewusstseinsprozess ansteht. Es zeigt sich ein Thema, das erlöst werden will. Jetzt schon und noch viel mehr im Goldenen Zeitalter liegt der Schlüssel zur Gesundheit in einem harmonischen Bewusstsein.

Siegfried: Welche heute schon bekannten Heilmethoden werden wir im Goldenen Zeitalter am meisten einsetzen?

Djwal Khul: Da gibt es keine Einschränkungen. Alle Heilmethoden, die den Menschen in seiner Ganzheitlichkeit wahrnehmen, werden zum Einsatz kommen und hier wird auch der physische Bereich nicht ausgeklammert. Wenn Knochen brechen, muss operiert werden. Das kann aber entweder brachial oder sanft geschehen. Auch wenn eine manuelle Operation notwendig ist, wird nur jene Methode Zukunft haben, die die feinstofflichen Körper zumindest würdigt. Denn eure derzeitige „Brachialmedizin" in der Orthopädie könnte etwas sanfter vonstatten gehen. Zur Betäubung bestimmter Körperregionen gäbe es wesentlich schonendere Mittel als eure giftigen Drogen. Mit Einverständnis des Patienten könnte man viele Eingriffe unter Hypnose durchführen. Das Schmerzempfinden wird dadurch vorübergehend ausgeschaltet, ohne dass dabei der Organismus vergiftet wird. Ganzheitliche Heiler könnten den Schulmedizinern beratend zu Seite stehen. Alle Heilmethoden, die in den energetischen Aufbau des Körpers eingreifen, werden in den nächsten Jahren an Bedeutung gewinnen. Sei es Kinesiologie, Akupunktur, Homöopathie, Farbtherapie oder Handauflegen. Das wichtigste ist die Anerkennung von Heilenergien, die aus geistigen Bereichen jederzeit genutzt werden können. Das wird, zusammen mit anderen unterstützenden Maßnahmen, die effektivste Heilmethode sein.

Siegfried: Wird irgendwann eine Zeit kommen, in der Heilung und Heilen gar nicht mehr nötig sein wird?

Djwal Khul: Ja, das ist das Ziel aller Heilarbeit. Alle Heilmethoden, ob grobstofflich oder feinstofflich, werden eines Tages überflüssig sein. Ihr werdet so sehr bewusst sein, dass ihr jedes Ungleichgewicht sofort erspürt und mit Gedankenkraft gleich wieder in Ordnung bringen könnt. Das wird eine leichte Übung für euch sein.

Siegfried: Wir werden dann alle in der Lage sein, uns jederzeit selbst zu heilen?

Djwal Khul: Ja, ihr werdet das können und noch viel mehr. Ihr werdet euren Körper durch Gedankenkraft so umbauen können, wie ihr es wünscht. Es wird keinen Alterungsprozess mehr geben. Euer Körpergefüge wird nicht mehr so fest und dicht sein.

Siegfried: Faszinierend! Kannst du uns einen groben Zeitrahmen nennen, wann es soweit sein wird?

Djwal Khul: Manche Menschen sind jetzt schon in der Lage, Krankheitsursachen zu spüren und sie „wegzudenken". Andere befinden sich auf dem Weg dorthin. Es ist kein kollektiver Prozess, der hier stattfindet, sondern ein individueller Weg, auf dem jeder sein eigenes Tempo geht. Je mehr der Lichtkörperprozess voranschreitet, desto weniger Krankheiten werdet ihr haben. Habt Geduld! Es geht ohnedies schon schnell genug.

Siegfried: Werden im Goldenen Zeitalter auch Fernheilungen durchgeführt?

Djwal Khul: Natürlich. Das ist die leichteste Übung, weil räumliche Distanz ist kein Thema mehr sein wird. Ihr werdet in Gedankenschnelle reisen. Ihr werdet mühelos telepathische Verbindung zu anderen Menschen aufnehmen können. Ihr werdet mühelos Heilenergien verschicken oder durch Bilokation Heilenergie direkt zu anderen hinbringen können.

Siegfried: Dann wird es ja gar nicht mehr nötig sein, einen Heiler aufzusuchen?

Djwal Khul: Nur in der Übergangszeit.

Siegfried: Ich möchte noch auf ein anderes Thema eingehen, das in unserer Gesellschaft eine große Rolle spielt: Was kannst du uns über das Wesen von Süchten sagen?

Djwal Khul: Sie sind ein seelischer Hunger, der sehr tief begründet liegt und durch viele Inkarnationen in Form verschiedener Masken sichtbar wird. Sie können die Gestalt von Alkoholismus, Drogensucht, Sucht nach Liebe, Sucht nach Anerkennung, Sucht nach Macht und anderen Süchten annehmen. Die zugrundeliegende Sehnsucht ist immer der Wunsch nach Heimkehr ins Göttliche. Das ist die zentrale Triebfeder für jedes menschliche Streben. Das ist euer ultimatives Ziel. Es kann passieren, dass diese unstillbare Sehnsucht mit physischen Ersatzbefriedigungen gestillt wird. Das lenkt ab und klebt ein Pflaster auf eine Wunde, die schmerzt und eitert. Wenn die eine Sucht geheilt wird, kommt es bei jungen Seelen oftmals zu einer Suchtverschiebung. Die alte Sucht wird durch eine neue ersetzt. Ältere Seelen entdecken dann oft die wahre Ursache ihrer Süchte und machen sich bewusst auf den Heimweg in ihre göttliche lichtvolle Heimat. Sie verabschieden sich von ihren Süchten, weil sie erkennen, dass diese nur Unfreiheit bringen und ein wahrhaft erleuchteter Mensch frei sein muss. Sie werfen ihre alten Fesseln ab und richten ihre Aufmerksamkeit auf dieses göttliche Ziellicht, welches sie am Horizont schon erkennen können.

Siegfried: Wie kann man Süchte heilen?

Djwal Khul: Die Lösung liegt im Bewusstwerdungsprozess. Es gilt dem Patienten deutlich zu machen, was er wirklich sucht. Es ist nicht Alkohol, Drogen, Sex oder Macht. Was er wirklich sucht, ist das Licht und die Liebe in ihm selbst. Nur durch sie wird der Hunger gestillt. Was er im Innen entdeckt, braucht er nicht mehr im Außen zu suchen.

Siegfried: Wird es im Goldenen Zeitalter auch noch Süchte geben?

Djwal Khul: Sie werden sich dann von selbst erledigen, weil die Menschen die Schätze in ihren Herzen entdecken werden. Suchtverhalten wird für euch so unangenehm werden, dass es keiner mehr haben will. Allein der Aufenthalt neben einem süchtigen Menschen wird schon unerträglich sein. Jeder wird bestrebt sein, geringste Anflüge von Sucht sofort wieder abzulegen.

Siegfried: Ist Pranaatmung eine Heilmethode der Zukunft?

Djwal Khul: Ja, natürlich. Wenn diese Lebensenergie im Fluss ist, stimuliert und gleicht sie alle Energiekörper des Menschen aus. Was wärt ihr ohne diese Lebensenergie? Auch die Ernährung gehört zum Bereich der Heilung. Ihr werdet immer sensibler gegenüber Nahrungsmitteln werden. Ihr werdet immer deutlicher spüren, was euch gut tut, was euch müde macht oder was euch sogar aggressiv macht. Ihr werdet dadurch viel bewusster eure Nahrungsmittel auswählen. Und wenn ihr euch da selbst nicht so sicher seid, so wird euch ein Heiler beratend zur Seite stehen und ganz genau sagen können, welches Lebensmittel zu euch passt, von welchem abzuraten ist und welches man besser im Winter, aber nicht im Sommer genießt. Gezielte Ernährung kann für Heilzwecke eingesetzt werden.

Siegfried: Welche Rolle werden Vitamine spielen?

Djwal Khul: Das, was ihr als „Vitamine" bezeichnet, wird fast schon alles künstlich erzeugt. Die Landwirtschaft wird sich gravierend wandeln. Sie wird wieder Lebensmittel erzeugen, die wirklich natureigene Vitamine in sich tragen, welche den Körper stärken. Ihr werdet besonders die Lebensenergie, die in diesem liebevoll angebauten Gemüse und Obst steckt, genießen. Ihr werdet nicht nur auf Vitamine, Mineralstoffe und sonstige Teilaspekte der Früchte der Erde Wert legen, sondern auch darauf, ob sie in einem natürlichen Umfeld angebaut wurden, ob sie liebevoll in Interaktion mit Naturwesen gehegt und gepflegt wurden. Es wird wichtig sein, dass sie zum richtigen Zeitpunkt geerntet und dann so frisch wie möglich genossen werden. Aber ihr wisst schon, dass auch dies nur ein Übergang hin zu einer Zeit sein wird, in der viele von euch nicht mehr auf physische Nahrung angewiesen sein werden.

Siegfried: Ist die 5-Elemente-Ernährung der Traditionellen Chinesischen Medizin eine Ernährungsmethode der Zukunft?

Djwal Khul: Sie ist ein Trittstein für die nähere Zukunft, aber viele ihrer Regeln sind sehr rigide. Wenn ich mir die alternative Heilungsszene ansehe, so ist ein hartnäckiges Verharren in rigiden Ansichten zu beobachten. Diese Heilmethode oder jene Ernährung ist die absolut richtige, heißt es da. Dann müssten ja alle anderen falsch sein. Auch hier wird ein Umdenken stattfinden, meine Lieben, wenn ihr entdeckt, dass jeder Mensch ein Individuum ist und jeder Einzelne selbst entdecken darf, was für ihn gut ist. Alles, was Ernährung und Heilung betrifft, wird in Zukunft präzise auf die Bedürfnisse des Individuums zugeschnitten sein. Ihr seid ja nicht alle gleich gebaut. Für jeden ist etwas anderes geeignet.

Siegfried: Wir wissen, dass die Pharmaindustrie absichtlich Krankheiten fördert und sogar neue Erreger züchtet, um noch mehr ihrer Produkte abzusetzen. Wie können wir uns davor schützen?

Djwal Khul: Es gibt Methoden auszutesten, ob ein Medikament hilfreich oder schädlich ist. Ihr kennt diese Muskeltests aus der Kinesiologie. Das wäre eine Möglichkeit. Andere Menschen erspüren deutlich, ob ein Medikament was bringt oder nicht. Euer Körper hat ein Bewusstsein, das weiß, was zur Heilung beiträgt. Was Pharmakonzerne auf den Markt bringen, dient häufig nicht einmal zur Linderung der Symptome. Wahre Heilung geschieht sowieso nicht durch chemisch erzeugte Medikamente. Das wisst ihr. Verlasst euch hier noch auf einen zweiten Test, wenn ihr ein Medikament verordnet bekommt. Fragt euch, was euer Körper dazu sagt. Euer „Bauchgefühl" ist die letzte Instanz.

Siegfried: Welche Rolle werden Psychiatrie und Psychotherapie in Zukunft spielen?

Djwal Khul: Sie werden einerseits sehr wichtig sein, andererseits aber extrem verwandelt werden. Oft findet man in diesen Bereichen statt Menschenliebe Menschenverachtung. Wenn es ins breite Bewusstsein sickert, dass viele eurer Krankheiten, die ihr jetzt als unheilbar diagnostiziert, auf energetische Ursachen zurückzuführen sind, sprich Energieraub, Besetzung, usw., die euch in der Schulmedizin völlig unbekannt sind, dann werdet ihr mit seelischen Erkrankungen besser umgehen können. Der Psychotherapeut wird dann ein spiritueller Lehrer und Heiler in einer Person sein. Er wird sich seiner hellseherischen und hellfühlenden Fähigkeiten bedienen. Spirituell aufbauende Gespräche werden sehr wichtig sein. Nur wenn die Patienten über die Zusammenhänge der geistigen Gesetze Bescheid wissen, ist wahre Heilung möglich. Nur die Problemstellung zu betrachten und einzukreisen, wie es jetzt größtenteils praktiziert wird, verstärkt das Problem nur. Ihr wisst, dass die Energie dort hin fließt, wohin man die Aufmerksamkeit richtet. Deswegen würdet ihr das Gespräch mit dem Patienten nicht ständig um seine Krankheit kreisen lassen. Es reicht, kurz die Ursache zu ergründen und dann sofort in die Lösung zu gehen.

Siegfried: Welche Bedeutung wird die anthroposophische Medizin haben?

Djwal Khul: Die anthroposophische Medizin hat ganz zentrale Gesetzmäßigkeiten erkannt. Sie berücksichtigt die feinstofflichen Vorgänge in Pflanzen, Tieren und Menschen. Ebenso ist der Kontakt und die Zusammenarbeit mit Naturwesen ein Bestandteil dieser Lehre. Sie wird ein weiterer Weg in die Zukunft sein, der aber noch ausgebaut wird. Es wird sich noch vieles auftun, wenn immer mehr Menschen in der Lage sein werden, Heilenergien wahrzunehmen. Ihr werdet lernen, dass äußere Heilmittel innere Bewusstseinsprozesse anstoßen, die zur eigentlichen Heilung führen. So ist ganzheitliches Heilen möglich.

Siegfried: Viele spirituell aufgeschlossene Menschen arbeiten mit alternativen Methoden an der Heilung ihres Körpers und ihrer Seele. Bei vielen zeigen sich aber keine Erfolge. Woran kann das liegen?

Djwal Khul: Da müsst ihr jetzt unterscheiden, meine Lieben. Einige Leiden können durch Gedankenkraft weggedacht werden. Manchmal hat man es aber mit hartnäckigen Krankheiten zu tun. Dann heißt es genauer hinzusehen und zu ergründen, ob vielleicht karmische Faktoren eine Rolle spielen. Fragt euch: „Was will mir diese hartnäckige Erkrankung sagen? Wohin muss ich in einer Meditation oder Seelenreise gehen, um die wahre Ursache zu entdecken?" Meistens zeigt euch euer Körper etwas ganz plastisch an, was euch sonst nur im Verborgenen drücken würde. Dadurch wird es euch schwerfallen, die Angelegenheit zu ignorieren. Es wird dann Zeit, auf der Seelenebene wirklich aktiv zu werden.

Siegfried: Welche Voraussetzungen müssen erfüllt sein, damit Heilung stattfinden kann?

Djwal Khul: Da gibt es zwei Stichworte: Alle Energien müssen im *Fluss* und im *Ausgleich* sein.

Siegfried: Lieber Djwal Khul, wir bedanken uns für dieses interessante Gespräch! Willst du uns noch etwas zum Thema Heilung sagen?

Djwal Khul: Ja, noch ein Stichwort, das sehr wichtig ist. Das Zusammensein mit liebevoll gepolten Menschen trägt am meisten zur Heilung bei. Wenn einer dem anderen gegenüber sein Herz öffnet, ihm liebevoll zugetan ist und ihn auch einmal auffängt, wenn es ihm schlecht geht, kann Heilung viel rascher geschehen. Gerade in der nächsten Zeit werdet ihr alle aufgerufen sein, mehr oder weniger Heiler für andere zu sein. Der eine ist ein guter Zuhörer, was für den anderen schon Heilung bedeuten kann, weil dann etwas in ihm fließen kann. Wieder ein anderer entdeckt seine heilenden Hände, durch die segensreiche Energie fließen kann. Die Bitte um den Fluss von Heilenergie kann jeder an die Geistige Welt stellen. Andere werden Freude verbreiten und dadurch heilen. Gerade Kinder sind es, die mit ihrer lebendigen, lustigen, leichten Art vielen Menschen helfen können. Genau so werden Freunde, die sich liebevoll zugetan sind und ein offenes Ohr füreinander haben, in der nächsten Zeit sehr wichtig sein. Seid gesegnet!

»Wenn wir es recht überdenken,
so stecken wir doch alle nackt in unseren Kleidern.«
Heinrich Heine

15

Partnerschaft und Sexualität

Siegfried: Liebe Maria, in unserer heutigen Gesellschaft ist das Ideal einer Partnerschaft eine monogame Beziehung zwischen Mann und Frau. Es gibt zwar noch andere Beziehungsformen, welche aber bei weitem nicht so anerkannt sind. Wie wird sich der Bereich der Partnerschaft in Zukunft entwickeln?

Maria: Das wird etwas ganz anderes werden, als ihr es gewohnt seid. Schon seit Jahrhunderten und Jahrtausenden sind in der Menschheitsgeschichte sehr strikte und rigide Vorstellungen quasi eingefroren. Hier wird einer der größten Umdenkprozesse stattfinden müssen, denn diese starre Form des Zusammenlebens ist zutiefst unnatürlich. Sie entspricht nicht dem natürlichen Fluss des Lebens. Viele Menschen spüren das intuitiv, wenn sie sich je nach Lebensphase einen anderen Partner suchen und sich dann gesellschaftlicher Ächtung ausgesetzt sehen. Trennung ist ein zerrüttendes Ereignis, aber es ist notwendig, damit ihr in jeder Lebensphase den passenden Partner für eueren gerade anstehenden Entwicklungsschritt habt. Denn das ist der Sinn jeder Beziehung, dass ihr einander etwas geben und voneinander lernen könnt. Bis ins Goldene Zeitalter werden sich die Beziehungsformen so stark verändern, dass ihr tatsächlich nur mehr auf euer Inneres, auf die Liebe, die aus euch spricht, horcht und euch allein nach dem Ruf dieser Stimme den Partner wählt. Alles basiert auf Liebe, aber gerade diese echte wahre Liebe, den anderen mit all seinen Vor- und Nachteilen anzunehmen wie er ist, wird in Zukunft viel einfacher möglich sein. Daher werdet ihr ganz verschiedene Partnerschaftsformen eingehen. Es kommt nur darauf an, dass ihr euch liebt. Aus heutiger Sicht würden euch einige dieser neuen Partnerschaftsformen fremdartig und skurril anmuten. Zum Beispiel wird das Alter eine viel geringere Rolle spielen. Gleichaltrigkeit wird kein Kriterium mehr sein. Auch müssen es nicht immer nur zwei Partner sein. Es wird nicht mehr wichtig sein, dass es Mann und Frau sind. Es kann genauso gleichgeschlechtliche Lebensgemeinschaften geben. Es kann auch Beziehungen geben zwischen mehreren Personen, verschiedenen oder gleichen Geschlechts. Alles ist möglich und es wird auf breiter Basis akzeptiert sein. Es wird ganz natürlich sein, sich mit Menschen zu umgeben, die man liebt, von denen man lernen kann, denen man geben möchte, deren Energie man spüren möchte.

Auch die Dauer der Bindungen wird sehr variabel sein. Manche werden sich nur kurze Zeit binden wollen, andere sehr lange, vielleicht sogar ein ganzes Leben lang. Wie gesagt, Liebe und Freiheit sind die einzigen Maßstäbe, die angelegt werden. Es kann zu einer bestehenden Partnerschaft ein zusätzlicher Partner hinzukommen, der dieser Beziehung neue Impulse verleiht. Diese neuen Beziehungsformen basieren auf Offenheit. Jeder ist damit im Reinen und sie werden in der Öffentlichkeit ganz selbstverständlich respektiert und nicht geringschätzig betrachtet, wie das heute mit andersartigen Beziehungen der Fall ist. Bewertungen fallen in Zukunft weg, weil ganz klar sichtbar sein wird, dass genau diese Menschen zu genau diesem Zeitpunkt wissen, was sie tun. Wenn Liebe Menschen zusammenführt, ist das wie ein energetischer Magnet, der genau weiß, warum er bei bestimmten Menschen in bestimmten Situationen Anziehung erzeugt.

Siegfried: Im Goldenen Zeitalter kann also zum Beispiel eine Frau gleichzeitig mehrere Männer haben.

Maria: So ist es, und umgekehrt, und auch ganz anders. Es ist nur wichtig, dass Herzensliebe zwischen allen beteiligten Personen fließt.

Siegfried: Eifersucht stellt in unseren Beziehungen häufig ein Problem dar. Wenn ein Mann zwei Frauen hat und eine davon eifersüchtig wird, wie geht man damit im Goldenen Zeitalter um?

Maria: Du musst bedenken, dass die Menschen andere sein werden. Eifersucht ist ein Besitzstreben, das es im Goldenen Zeitalter nicht mehr geben wird. Es wird Akzeptanz herrschen. Es ist eine hohe Form der Liebe, meinem Partner, dem geliebten Menschen an meiner Seite das zuzugestehen, was für ihn wichtig ist, was er zu seiner Entfaltung braucht. Es wird keine Eifersucht im Herzen entstehen, wenn ich den größeren Zusammenhang erfühlen und verstehen kann. Vielleicht entdeckt die erste Frau sogar selbst, dass dieser Neuzugang auch für sie eine Bereicherung darstellen kann. Rechte und Ansprüche gibt es dann zwischen den Menschen nicht mehr. Es wird ein freiwilliges Zusammensein aus Liebe geben und niemand wird sagen können: Du gehörst mir und ich habe das Recht, über dich zu bestimmen! Toleranz und Akzeptanz werden tatsächlich gelebt werden. Das ist für euch jetzt vielleicht noch schwer vorstellbar, aber so wird es sein.

Siegfried: Eifersucht wird es also überhaupt nicht mehr geben?

Maria: Nein. Es steht auch der bisherigen Partnerin in diesem Beispiel frei, diese Beziehung zu beenden und sich einer für sie erfüllenderen Beziehung zuzuwenden. Jeder ist frei und hier kann es keine starren Regeln geben.

Siegfried: Auch homosexuelle Beziehungen unter Frauen oder unter Männern werden ein ganz normaler Teil des Beziehungslebens sein?

Maria: Du musst verstehen, dass Sexualität nur eine Form von Liebe ist. Der wahre Anziehungsgrund wird immer Liebe im Herzen sein. Auch zwischen gleichgeschlechtlichen Menschen kann tiefe Liebe empfunden werden. Es bleibt den Beziehungspartnern ganz alleine überlassen, ob sie ihre tiefe Liebe und Freundschaft in körperlichem Ausdruck leben wollen. Alles unterliegt dem freien Willen. Keiner wird zu etwas gezwungen oder genötigt, aber alles ist auf Basis von Liebe möglich.

Siegfried: Du hast davon gesprochen, dass jeder Mensch zu jeder Lebensphase sich den Partner oder die Partner aussuchen kann, die nach dem Gebot der Liebe jetzt genau zu ihm passen. Jetzt haben aber unsere monogamen Ehen durchaus ihren Sinn, nämlich besonders dann, wenn sich eine Frau und ein Mann entschließen, eine Familie zu gründen. Beide übernehmen damit Erziehungsverantwortung für die Kinder. Wenn ein Ehepartner die Beziehung für sich nicht mehr stimmig empfindet und die Familie verlässt, verletzt er dann nicht seine Erziehungsverantwortung den Kindern gegenüber? Wer bekommt dann die Kinder? Das sind Fragen, die sich in unserer Welt sehr häufig stellen.

Maria: Ja, in Familien wird ein Wandel stattfinden. Es wird möglich sein, dass einer der Elternteile die Familie im gegenseitigen Einvernehmen verlässt. Alle Beteiligten wissen, dass diese Kinder, die in diese Familie geboren wurden, auch Gäste sind. Sie wissen alle Bescheid über das Gesetz der Wiedergeburt, das Gesetz von Seelenverwandtschaften und Seelenfamilien, daher wird nicht mehr so viel Wert auf Blutsverwandtschaft gelegt werden. Es wird genauso akzeptiert werden, dass Kinder andere Menschen neben ihren Eltern als Vorbilder und Erziehungspersonen um sich haben. Es liegt nicht nur bei den leiblichen Eltern, sich um ihre Kinder zu kümmern, sondern es werden sich alle Erwachsenen bis zu einem gewissen Grad der Erziehung verpflichtet fühlen. Es wird ihnen am Herzen liegen, sich um die jüngere Generation zu kümmern. Die Eltern werden ihre Kinder nicht mehr so umklammern, wie das bei euch heute noch der Fall ist. Kinder werden sehr von der Vielfalt der Erziehungspersonen profitieren. Die Erziehung wird sich auch verändern. Den Kindern wird nur mehr das beigebracht, was sie lernen wollen. Sie werden geführt und gehalten, bis sie alt genug sind, selbst zu entscheiden. Sie werden schneller reif werden, weil sie viel effektiver in ihrer Entwicklung gefördert werden. Es ist äußerst wertvoll, dass auch Erwachsene, die nicht blutsverwandt sind, ein wenig Mitspracherecht haben und ihr Wissen und ihre Erfahrungen in den Lernprozess der Kinder einbringen können.

Siegfried: Ich möchte jetzt zum Thema Sexualität kommen. Wie wird sie sich denn bis zum Goldenen Zeitalter entwickeln und wie wird sie dort gelebt?

Maria: Sexualität ist eine Form der Liebe und sie wird nur stattfinden, wenn Liebe herrscht. Das schließt schon einige Perversionen aus, die jetzt zwischen den Menschen praktiziert werden. Denn alles, was mit Gewalt in irgendeiner Form zu tun hat, auch wenn es mittlerweile gesellschaftlich fast akzeptiert ist, wird in der Sexualität nichts mehr zu suchen haben. Gewalt in jeder Form, sei es Vergewaltigung, sei es Schmerzen zufügen um der Lust willen, hat mit gelebter Sexualität nichts zu tun. Ihr werdet das wahre Potential von Sexualität erst entdecken, denn sie ist viel mehr, als ihr denkt.

Siegfried: Kannst du uns verraten, was da noch alles dahintersteckt?

Maria: Es geht nicht nur um Triebbefriedigung, wie es für viele Menschen jetzt normal ist. Ihr werdet entdecken, dass ihr euch beim Sex auf eine so tiefe Art und Weise mit eurem Partner verbinden könnt, wie es sonst gar nicht möglich wäre. Es findet ein Austausch von Energien statt, nicht nur von Körperflüssigkeiten. Diese energetische Verschmelzung ist der Vorgeschmack auf etwas, das in weiterer Zukunft noch sehr viel erfüllender sein wird als physisch gelebte Sexualität. Die vollständige Verschmelzung mit einem Menschen, die auch nur vorübergehend sein kann, wird sehr viel erfüllender sein. Seid gespannt, was da auf euch zukommen wird. Ihr werdet ganz neue Aspekte eures Wesens entdecken.

Siegfried: Unsere Vorstellung von Sexualität wird sich in den kommenden Jahren also stark verändern?

Maria: Ja, so ist es. Und es ist auch schon ein Wandel absehbar. Manche Menschen gehen heute schon ganz bewusst mit ihrer sexuellen Energie um. Sie verschleudern sie nicht, sondern bewahren sie für besondere Momente auf, in dem Sex eine Art heiliger Akt wird. Es wird Qualität gefragt sein, nicht so sehr Quantität. Sex als Entspannungsübung für den Körper wird auch kein Beweggrund mehr sein. Es wird das Zueinander sehr wichtig sein. Wenn der Partner respektiert, geschätzt und geliebt wird, bekommt Sex einen ganz anderen Stellenwert. Er wird zum gegenseitigen Dienst an der Göttlichkeit des Partners und an der eigenen.

Siegfried: Wird es dann in Zukunft überhaupt so etwas wie Ehe geben und wie sieht es mit der Zeugung von Kindern aus?

Maria: Wer sich zu binden wünscht, kann dies tun. Aber diese Bindungen sind nicht unwiderruflich und beide Menschen vereinbaren diese Bindung untereinander so, wie es für sie stimmig ist. Bei der Zeugung von Kindern werdet ihr in Zukunft mehr Einfluss haben. Im Goldenen Zeitalter wird es so sein, dass sich beide Partner bewusst entscheiden, ein Kind zu zeugen. Ihr werdet bewusst einen Augenblick wählen und optimale Voraussetzungen für die Inkarnation einer Seele schaffen. Das ist etwas ganz anderes, als die Zeugung heute abläuft, wo viele gar nicht merken, dass neues Leben entstanden ist. Die Mutter wird es energetisch sofort bemerken, dass sie eine beseelte Frucht in sich trägt. Beide Partner werden reif genug sein, bewusst über eine Zeugung zu entscheiden und eine Frau muss auch nicht empfangen, wenn sie nicht möchte.

Siegfried: Das heißt, das Problem der Verhütung gibt es dann gar nicht mehr.

Maria: So ist es.

Siegfried: Die Eltern können also genau bestimmen, wann sie ein Kind bekommen wollen. Können sie auch Sex haben so oft sie wollen, ohne dass dabei ein Kind entsteht?

Maria: In einem gewissen Rahmen, denn es wird dann immer noch eine Art Lebensplanung geben, der zu folgen ist. Die Menschen der Zukunft werden einen starken Zugang zu ihrer geistigen Führung haben und sie werden wissen, wann es an der Zeit ist, einer Seele einen Körper anzubieten. Sie werden sich dann diesem höheren Willen beugen, der ja ihr eigener freier Wille ist und einen neuen Menschen in die Welt setzen.

Siegfried: Können die Eltern dann auch das Geschlecht des Kindes bestimmen?

Maria: Nein, das ist freier Wille des Kindes.

Siegfried: Sananda hat davon gesprochen, dass es im Goldenen Zeitalter möglich sein wird, seinen Körper so zusammenzusetzen, wie man sich das wünscht. Alter wird, körperlich gesehen, keine Rolle mehr spielen und somit für Partnerschaften auch nicht mehr so bedeutungsvoll sein.

Maria: Das wird in der späteren Phase so sein. Du musst bedenken, dass auch im Goldenen Zeitalter eine Art Evolution stattfindet und die Menschen nicht alle schlagartig ihre innewohnenden Fähigkeiten entwickeln. Es wird nach und nach geschehen, so wie es für die Entwicklung des Einzelnen stimmig ist. Es ist tatsächlich so, dass Menschen die Fähigkeit haben werden, ihren Körper jung zu erhalten. Ihr Alter wird trotzdem fortschreiten und sie werden sehr viel an Weisheit in sich aufnehmen. Altersunterschiede werden kein Hindernis für Liebesbeziehungen mehr sein. Es wird keinen großen Gegensatz darstellen, wenn sich ein 130-jähriger und eine 30-jährige ineinander verlieben.

Siegfried: Dann spielt Alter gar keine große Rolle mehr, weil es körperlich keinen großen Unterschied macht?

Maria: So ist es.

Siegfried: Wenn ein 130-jähriger noch einen gesunden Körper hat, welche Rolle spielt dann der Tod überhaupt noch?

Maria: Ja, den wird nur der erleiden, der immer noch daran glauben wird. Auch hier ist eine Art Evolution zu beobachten. Diese ganzen Glaubenssätze, die viele Menschen seit Generationen in sich zementiert haben, brauchen ihre Zeit, um zu verschwinden. Auch wenn in der fünften Dimension alles anders sein wird, werden manche Menschen immer noch an alten Gedanken festhalten. Es kann sein, dass viele noch den Tod wählen, um wieder inkarnieren zu können. Andere werden wählen, in ihrem physischen Körper zu verbleiben.

Siegfried: Gibt es dann vom Alter her keine Grenzen mehr?

Maria: Es hängt davon ab, wie weit die Seelenentwicklung des Menschen fortgeschritten ist. Wenn wahre Meisterschaft erlangt wird, dann hat dieser Mensch einen Lichtkörper zur Verfügung, der jederzeit zerlegt und wieder aufgebaut werden kann. Alle diese fantastischen Möglichkeiten sind dann gegeben. Einem solchen Menschen ist es dann auch freigestellt, den Zeitpunkt seines Abgangs von dieser Ebene selbst festzulegen und durchzuführen. Es ist vieles möglich. Er könnte auch wieder inkarnieren, obwohl er es gar nicht müsste.

Siegfried: Muss dann die neuerliche Inkarnation wieder über den Weg der Sexualität und der Zeugung erfolgen?

Maria: Ja, solange es einigermaßen physisch abläuft, ist es so.

Siegfried: Gibt es nicht die Möglichkeit einer Materialisation in die fünfte Dimension, so dass eine Geburt gar nicht mehr notwendig wäre? Man könnte sich dadurch das mühsame Aufwachsen und Lernen ersparen.

Maria: Es wird nicht gewünscht werden, weil viele Seelen dieses Aufwachsen sehr genießen. Sie erleben und erforschen diese unterschiedlichen Altersbereiche mit größtem Vergnügen.

Siegfried: Wird es dadurch nicht zum Problem der Überbevölkerung kommen, wenn nur mehr ganz wenige gehen wollen und trotzdem immer neue dazukommen?

Maria: Du musst bedenken, dass die Erde jetzt sehr überbevölkert ist, aber das wird sich in Zukunft ändern.

Siegfried: Partnerschaft und Sexualität ist unser Thema. Ich habe jetzt schon eine ganz gute Vorstellung, wie das aussehen wird. Es wird alles viel freier werden. Grundlage aller Beziehungen wird Liebe sein, aber sonst ist praktisch alles erlaubt.

Maria: So ist es.

Siegfried: Und Sexualität wird eine ganz neue Bedeutungsqualität bekommen.

Maria: Sie wird feinstofflicher werden. Dieses grobstoffliche, tierische wird an Bedeutung verlieren. Das heißt nicht, dass die Lust verloren geht, aber sie wird eine andere, höhere Wertigkeit haben und nicht nur der Triebbefriedigung dienen. Diese Triebe sind wirklich noch sehr stark vom tierischen Erbgut des Menschen bestimmt. Das ist keine Wertung und es war sogar wichtig in Zeiten wo Sexualität so praktiziert wurde. Aber da ist auch sehr viel Macht im Spiel gewesen. Macht hat im Goldenen Zeitalter zwischen den Partnern keine Bedeutung mehr. Machtmissbrauch, bei dem das stärkere Geschlecht das schwächere Geschlecht unterdrückt oder umgekehrt, die Frauen die Männer durch List manipulieren, wird sich von selbst aufhören. Wo Liebe herrscht, werden sich die Partner gleichwertig gegenüberstehen. Wenn sie sich gegenseitig lieben, wird es gar nicht möglich sein, dass der eine den anderen verletzt, übervorteilt oder nötigt. All diese Spielereien, die ihr heute noch praktiziert, werden ein Ende haben.

Siegfried: Wird es dann auch zu keinen Meinungsverschiedenheiten mehr kommen oder ganz konkret, dass in einer Partnerschaft der eine Sex haben will und der andere gerade nicht?

Maria: Natürlich kann das der Fall sein. Es wird nicht so sein, dass ihr alle plötzlich verschmelzt und nur noch einen Willen habt. Wie gesagt, es wird Respekt und gegenseitige Akzeptanz herrschen. Wenn einer erspürt, dass jetzt für den Partner nicht der richtige Moment ist, wie sollte dann erzwungener Sex befriedigend sein? Für Rücksichtnahme werden keine Worte benötigt, weil jeder erspürt, was für den anderen stimmig ist und wenn du deinen Partner liebst, wirst du nichts tun, was ihn verletzen könnte.

Siegfried: Das heißt, der liebende Partner wird dann zurückstecken und sich sagen: „Okay, der Moment ist nicht passend" und dann ist die Sache erledigt.

Maria: So ist es. Denn du musst bedenken, dass die Menschen nicht mehr länger ihren Trieben unterworfen werden sein. Sie werden gelernt haben, ihre Impulse zu meistern. Und es ist ja auch so, dass ich nicht unbedingt jemanden dazu brauche, wenn ich Sex haben will. Es gibt sehr viele Praktiken, die jetzt schon bekannt sind, wie ein Einzelner mit seiner Sexualenergie umgehen kann, ohne dass er hierzu einen Partner benötigt. Es ist ein inneres Geschehen, das sehr erfüllend sein kann.

Siegfried: Das heißt, jeder hat die Möglichkeit, sich vollkommen selbst zu befriedigen?

Maria: Anders, als es vielleicht jetzt gesehen wird, als eine Notlösung. Es ist eine spirituelle Angelegenheit, mit der wir es hier zu tun haben. Ihr werdet lernen, mit Sexualenergie sehr viel besser umzugehen. Sie wird euch erfüllen und euch in euerer spirituellen Entwicklung weiterbringen.

Siegfried: Sehe ich es richtig, dass Sexualität auf einer höheren spirituellen Ebene die Verschmelzung zweier sich liebender Energien ist?

Maria: Ja, genau darum geht es.

Siegfried: Aber wenn jetzt einer/eine allein ist, wie kann er/sie sich dann mit einer anderen Energie verbinden?

Maria: Das ist natürlich dann keine Verbindung, aber er kann seine eigene sexuelle Energie benutzen, um sich selbst zu neuen spirituellen Höhen aufzuschwingen. Diese Kraft, die in den meisten noch ganz unentdeckt schlummert, dient nicht nur zur Verschmelzung mit einem Partner. Sie ist ungeheuer starke Schöpferkraft, die in euch auf ihre Erweckung wartet. Wenn sie eines Tages frei zirkulieren kann, wird es euerem ganzen Körper gut tun. Selbstbefriedigung ist wie eine spirituelle Praktik zu sehen.

Siegfried: In unserer Welt hat Sexualität gewisse Funktionen: Sie dient zur Zeugung von Kindern, zum Ausdruck von Liebe zwischen Partnern und zur Lustbefriedigung. Gibt es da im Goldenen Zeitalter noch andere Funktionen, die Sexualität hat?

Maria: Ja, die bereits angesprochene. Nämlich, dass energetischer Austausch und Verschmelzung auf einer höheren Ebene stattfindet, welche beide Partner dazu befähigt, sich selbst spirituell weiter zu bringen. Die feinstofflichen Körperstrukturen erfahren eine Energetisierung, die beiden Beteiligten unendlich viel bringt.

Siegfried: Sexualität ist also ein zentraler Bestandteil der persönlichen Entwicklung.

Maria: Ja, ein sehr wichtiger.

Siegfried: Ist diese Entwicklungsfähigkeit irgendwie begrenzt oder ist das ein unerschöpfliches Reservoir?

Maria: Sexualität ist begleitend zu nutzen. Die energetische Arbeit an sich selbst und am Partner, muss mit der Weiterentwicklung auf den anderen Ebenen einher gehen. Bewusstseinsentwicklung muss Hand in Hand mit energetischem Hochschwingen gehen. Beide Aspekte müssen in Harmonie miteinander stehen. Sex ist eine Triebfeder, die vorantreibt, die den anderen Energiekörpern unendlichen Schub gibt.

Siegfried: Werden, wenn wir auf das Goldene Zeitalter zugehen, sexuelle Rituale, wie wir sie zum Beispiel aus dem Tantra kennen, an Bedeutung gewinnen?

Maria: Ja, so ähnlich kannst du es sehen. Sex wird sehr viel würdevoller und respektvoller ablaufen, was, wenn du ehrlich bist, jetzt nicht immer der Fall ist. Sex wird für manche Menschen zu einer Art göttlichem Ritual werden, wo beide Partner an einem bestimmten Punkt beschließen, ihre Beziehung zu heiligen. Sie werden sich beim Sex ihrer Göttlichkeit bewusst. Ihr seid Schöpfergötter. Die Zeugung eines Kindes ist ein Schöpfungsakt, den ihr in vollem Bewusstsein, in voller Heiligung und Anerkennung der Tragweite dieses Geschehens vollziehen könnt. Es ist ein Ausdruck höchster Liebe, wenn ihr göttliche Energien einladet, diesem Akt beizuwohnen. Alles was ritualisiert ist, schließt sich an ein schon bestehendes Kraftfeld an. Und es ist ein heiliges Kraftfeld, in dem heilige Sexualität praktiziert wird. Die Partner verbinden sich mit diesem Kraftfeld und genießen eine Vereinigung, die weit mehr einschließt, als nur ihre beiden Körper.

Siegfried: Und das wird dann als heilige Sexualität bezeichnet.

Maria: So ist es.

Siegfried: Und dieses Ritual ist dann auch ein unabdingbarer Bestandteil der heiligen Sexualität?

Maria: Ja. Es gibt verschieden Rituale, aber alle basieren darauf, dass im Partner das Göttliche erkannt und wahrgenommen wird. So sind sofort sehr viel höhere Energien in diesem ganzen Geschehen dabei. Wie gesagt, es gibt verschiedene sexuelle Rituale. Allen gemeinsam ist aber, dass Würdigung, Heiligung, Vorbereitung, der richtige Platz und der richtige Zeitpunkt wesentlich sind. Es ist etwas Geplantes, etwas Vorbereitetes, etwas Seltenes, etwas Heiliges.

Siegfried: Ich möchte jetzt noch einen anderen Punkt ansprechen. Teil unserer Gesellschaft ist Prostitution. Wird es sie in irgendeiner Art und Weise auch im Goldenen Zeitalter noch geben?

Maria: Nicht in der Form, wie ihr sie kennt. Aber es wird eine Art „Tempelprostitution" geben. In heiligen Stätten wird es Sexualität geben, die frei verfügbar ist. Sie wird als Dienst an der Göttlichkeit angeboten, ohne dass die teilnehmenden Partner sich aneinander binden müssten. Diese Liebesdiener stehen für eine heilige Vereinigung zur Verfügung. Derjenige, der dieses Angebot in Anspruch nehmen möchte, wird dies mit der gebotenen Würde und Ehrfurcht tun. Es ist tatsächlich fast so etwas wie Prostitution, aber natürlich auf einer völlig anderen Ebene. Es ist eher eine Art Gottesdienst als etwas Schmutziges.

Siegfried: Das heißt, das ist ein heiliger Akt, der da vollzogen wird?

Maria: So ist es.

Siegfried: Und er basiert auf Freiwilligkeit.

Maria: Ja, er basiert auch auf Angebot und Nachfrage. Es wird diesen Dienst in den Tempelbereichen ganz gezielt geben, wie es ihn auch schon früher gab. Damit auch Menschen, die im Moment nicht an einen Sexualpartner gebunden sind, die Möglichkeit haben, ihre göttliche Essenz zu verschmelzen und zu vereinigen, um sich dadurch spirituell zu neuen Höhen aufschwingen zu können. Dies ist ein Dienst an der Göttlichkeit.

Siegfried: Noch ein Punkt fällt mir jetzt ein, weil du diese Tempel erwähnt hast. Wie wird denn die Sexualerziehung der Kinder im Goldenen Zeitalter aussehen?

Maria: Es wird sehr wichtig sein, dass die Kinder ohne Tabus aufwachsen dürfen. Gleichzeitig müssen aber die kosmischen Gesetzmäßigkeiten eingehalten werden. Kinder werden in allen universellen Gesetzen geschult, denn das ist alles, was sie brauchen, um zu reifen Menschen zu werden. Es greifen nur mehr geistige Gesetze, nichts anderes wird mehr von Wichtigkeit sein. Kinder werden ganz deutlich erklärt und vorgelebt bekommen, dass Respekt, Akzeptanz und vor allem Liebe die Grundlage sind. Alles andere wird sich fügen.

Siegfried: Wird es so etwas wie Tempel geben, wo diese Erziehung stattfindet?

Maria: Es wird Schulen geben, in denen verschiedene Arten von Ausbildungen stattfinden. Die Kinder dürfen frei wählen, was sie interessiert. Sie dürfen auch zwischen den Ausbildungsstätten springen. Wenn sie denken, dass sie in der einen Schule alles aufgenommen haben, was für sie stimmig ist, werden sie eine andere wählen, je nach den Bedürfnissen, die sie gerade haben. Es wird nicht so sein wie jetzt, wo die Kinder nur eine trockene Wissensausbildung erhalten und sie gar nicht vorbereitet werden auf das menschliche Miteinander. Diese menschlichen, liebevollen Umgangsregeln werden Kindern im Goldenen Zeitalter gelehrt und vorgelebt.

Siegfried: Durch ihre Eltern oder auch durch andere Personen?

Maria: Sowohl durch ihre Eltern als auch durch andere Erwachsene. Ich habe schon gesagt, dass andere Erwachsene als Vorbilder und zusätzliche Erziehungsberechtigte ihre Rolle spielen werden.

Siegfried: Liebe Maria, wir bedanken uns für dieses Gespräch! Willst du uns zum Thema Partnerschaft und Sexualität noch etwas sagen?

Maria: Ja. Es ist so, dass ihr nicht warten solltet, bis all die Dinge von selbst kommen, denn das sind Gesetzmäßigkeiten, die jederzeit jetzt schon gelebt werden können: Dem anderen Freiheit zuzugestehen, ihm Akzeptanz zu schenken in jedem Aspekt seines Seins und vor allem jegliche Form von Sexualität auf Liebe basieren zu lassen. Lebt Liebe in jeder Form, die euch vorstellbar ist, aber vor allem ohne Machtgefälle und in gegenseitigem Respekt. Liebe als Basis einer Partnerschaft kann niemals fehlgehen. Diese Dinge sind jetzt schon lebbar und wenn ihr sie jetzt schon praktiziert, werdet ihr euch euren eigenen kleinen 5D-Himmel erschaffen. Seid gesegnet!

16

Geburt, Alterung und Tod

Siegfried: Liebe Maria, was kannst du uns in Bezug auf das Goldene Zeitalter zum Thema Alterung sagen?

Maria: Die Alterung des Menschen hatte bisher einen bestimmten Sinn. Alle diese Lebensphasen mussten gelebt und erfahren werden, weil sie einen Lernprozess für die Seele bildeten. Jedes Lebensalter ist mit gewissen Aufgaben und Lernschritten verbunden. Menschen, die im Rad der Wiedergeburt gefangen sind, wie ihr es nennt, sind gehalten, diese Lebensphasen zu durchlaufen, abzuschließen und einen Neubeginn zu wagen. Ihr könnt es wie ein Gerüst sehen, das aus verschiedenen Lebensphasen besteht, die jeder zu durchlaufen hat, um verschiedene menschliche Eigenschaften zu entwickeln. Wenn wir ins Goldene Zeitalter blicken, dann müsst ihr hier umdenken: Die Geburt wird nicht mehr so schmerzhaft sein, wie es heute noch der Fall ist. Bisher wurden sehr häufig karmische Prozesse während der Gebärphase durchlebt. Die Geburt eines neuen Menschen wird für die Mutter ein freudvolles Erlebnis sein, weil sie ihre körperlichen Prozesse ganz anders wahrnehmen wird. Genauso wird das Kind bewusster ins Leben treten und nicht mehr wie ein unwissendes kleines Ding sein, dem man vor lauter Unbeholfenheit alles sagen muss. Die meisten Seelen werden im Goldenen Zeitalter sehr bewusst geboren. Sie werden sich an ihre vergangenen Inkarnationen und an den Auftrag dieser Inkarnation erinnern. So werden große Seelen in kleinen Körpern inkarnieren, die sich ganz bewusst ihre Eltern ausgewählt haben. Die Eltern können sich schon vor der Geburt auf das Kind vorbereiten. Mit Hilfe ihrer medialen Fähigkeiten können sie mit dem Kind in Kontakt treten, wenn es noch im Bauch der Mutter ist. Die Schwangerschaft läuft natürlich um einiges friedlicher und harmonischer ab, wenn das Kind zu jeder Zeit in Kommunikation mit den Eltern steht.

Siegfried: Wird die Schwangerschaft im Goldenen Zeitalter auch neun Monate dauern?

Maria: Ja, das ist ein biologischer Prozess, der sich bewährt hat.

Siegfried: Wird die Empfängnis bewusst erlebt werden oder wird sie unbewusst ablaufen, so wie das heute meist der Fall ist?

Maria: Es gibt Abstufungen im Bewusstseinsgrad. Manche Paare können sich bewusst entscheiden, ein Kind in ihr Leben einzuladen. Es ist ein spiritueller Schöpfungsakt. Die zukünftigen Eltern sind in der Lage, in Interaktion mit der Seele den geeigneten Empfängniszeitpunkt zu bestimmen. Auch können die Qualitäten einer Seele im Vorhinein abgestimmt werden.

Siegfried: Wer hat die Entscheidung darüber, welches Geschlecht das Kind haben wird, die Seele oder die Eltern?

Maria: Die Seele trifft diese Entscheidung.

Siegfried: Was können dann die Eltern bei diesem Schöpfungsprozess bestimmen?

Maria: Die Eltern können sozusagen eine Wunschliste aufstellen. Sie können ganz gezielt ihre Wünsche in die geistige Ebene schicken und dort wird sich eine Seele angesprochen fühlen, die erkennt, dass sie diesem Wunsch entspricht. Das wird im Goldenen Zeitalter möglich, weil es da keine karmischen Bänder mehr gibt, die Menschen zusammenziehen, um altes Karma aufzulösen.

Siegfried: Das heißt die Eltern können eine Wunschliste aufstellen und eine Seele, die dieser Wunschliste mehr oder weniger entspricht kann sich dafür entscheiden, dass sie mit diesen Eltern inkarniert?

Maria: So ist es im Großen und Ganzen. Das Wort „Wunschliste" ist vielleicht falsch gewählt, denn es beinhaltet euer altes Denken mit Haarfarbe, Augenfarbe, Geschlecht und Intelligenzgrad. Das ist nicht gemeint. Es geht mehr um Qualitäten, die von den Eltern gewünscht werden, weil sie erkennen, dass sie diese in ihrer Partnerschaft nicht genügend entwickelt haben. Hier kann ein kleiner Lehrer helfen.

Siegfried: Was ist mit behinderten Kindern? Ich kann mir nicht vorstellen, dass sich Eltern wünschen, ein behindertes Kind zu bekommen.

Maria: Es wünschen sich sehr viele Eltern auch jetzt schon ein behindertes Kind auf der unbewussten Ebene. Ich weiß, dass die Worte, die ich hier äußere Sprengstoff sind, aber es ist die Wahrheit. Hinter den Schleiern werden diese Kinder sehr gewürdigt, weil sie in einem Ausmaß Transformationsqualitäten mit sich bringen, die ein gesundes Kind nicht in gleicher Weise seinem Umfeld geben kann. Vor einer Inkarnation wird immer eine Vereinbarung auf der Seelenebene getroffen. Wenn ein behindertes Kind geboren wird, gibt es Gründe dafür und alle sind einverstanden. Viele sehr hoch entwickelte Seelen wählen, als behindertes Kind geboren zu werden, weil diese Andersartigkeit vielen Menschen hilft, ihren Geist zu weiten, umzudenken und Andersartigkeit anzunehmen.

Siegfried: Du sprichst davon, dass wir im Goldenen Zeitalter wesentlich bewusster sein werden als wir das heutzutage sind, aber gleichzeitig sagst du, dass auf unbewusster Ebene Entscheidungen getroffen werden, die dann realisiert werden. Ist es im Goldenen Zeitalter nach wie vor so, dass sehr viel auf der Seelenebene entschieden wird und die Menschen trotz geöffnetem Bewusstsein immer noch nicht genau wissen, was auf sie zukommt?

Maria: In letzterem Fall habe ich von der Jetztzeit gesprochen. Es kommt eine Übergangsphase auf euch zu, meine Lieben, in der ihr euch rasant entwickeln werdet. Bis ins Goldene Zeitalter dauert es dann noch eine ganze Weile. Dann wird auch der Durchschnittsmensch eine sehr hohe Form von Spiritualität leben. Er wird sehr achtsam leben, Rückschlüsse ziehen und sich verändern. Der Weg bis dahin ist für euch ein Wandlungsprozess, in dem ihr euch mehr und mehr der Tatsache bewusst werdet, dass nichts zufällig geschieht.

Alles, was ihr heute als zufällig wahrnehmt, ist sehr wohl geplant, abgesprochen und abgestimmt. Keine Mutter empfängt aus Versehen. Das sind Dinge, die erst jetzt ans Licht des Bewusstseins drängen. Die Menschen werden in ihre Eigenverantwortung gehen und sich sagen: „Ja, wenn das so ist, dann habe ich mir dieses Kind gewünscht, obwohl es einfach mal so passiert ist. Es war gar nicht geplant, aber jetzt wo ich weiß, wie diese Gesetzmäßigkeiten funktionieren, habe ich anscheinend doch unbewusst den Wunsch geäußert, dieses Kind in meinem Leben willkommen zu heißen." Dieser Bewusstseinsprozess wird in den nächsten Jahren allgemeines Gedankengut werden.

Siegfried: Du hast erwähnt, dass die Kinder im Goldenen Zeitalter nicht mehr so unbeholfen auf die Welt kommen werden wie das heute der Fall ist. Welche Fähigkeiten werden denn die Kinder schon bei der Geburt mitbringen?

Maria: Die Grundschwingung des Goldenen Zeitalters ist Liebe. Daher werden nur entsprechende Seelen angezogen. Du kannst dir vorstellen, dass diese Kinder sehr hohe menschliche Qualitäten mit sich bringen. Sie müssten nicht inkarnieren. Sie tun es freiwillig, um Aspekte zu vervollkommnen, um Erfahrungen zu sammeln und um dieser Erde zu dienen. Es gibt viele verschiedene Beweggründe, aber keiner davon ist karmischer Natur. Also ist es auch nicht nötig, dass die ganze unselige Vergangenheit hinter dem Schleier des Vergessens weggesperrt wird. Bisher war das nötig, damit überhaupt ein normales Leben möglich war ohne Verwirrung durch Erinnerungen an vergangene Inkarnationen. Du kennst die Beschränktheit des menschlichen Geistes. Die Kinder des Goldenen Zeitalters hingegen, haben sehr wohl Erinnerungen an ihre vergangenen Leben, wenn sie es wünschen. Sie lassen sich dadurch nicht verwirren, weil sie es richtig einordnen können. Je nach Vergangenheit wird jeder ein wenig anders gelagert sein. Der eine ist mehr musisch veranlagt, der andere mehr handwerklich. Andere werden wieder viele Erinnerungen an spirituelle Praktiken mit sich bringen und sie werden wie kleine Zauberer zur Welt kommen. Die Eltern wissen über die Entwicklungsgeschichte der Seele Bescheid und können das Kind richtig betreuen und fasziniert seine Entwicklung mitverfolgen. So ist ein neues Kind zu sehen.

Siegfried: Heißt das jetzt zum Beispiel konkret, dass die Kinder, die im Goldenen Zeitalter auf die Welt kommen, schon von Geburt an sprechen können?

Maria: Du musst noch physische Gegebenheiten mit einrechnen. Es werden auch diese Kinder eine physische Entwicklung und Phasen eingeschränkter Kapazitäten durchmachen müssen. Aber sie werden früher sprechen, sie werden schneller lernen, sie werden schneller ein Ich-Bewusstsein haben, sie werden früher Erinnerungen an vergangene Inkarnationen abrufen. Sie werden wie selbstverständlich feinstoffliche Wesenheiten wahrnehmen, Energien spüren, ihre inneren Sinne schon sehr bald öffnen, aber ganz bewusst mit dieser Öffnung umgehen, weil sie sich ihrer himmlischen Heimat noch so sehr nahe fühlen und wissen, dass sie in inkarnierter Form nicht von den übergeordneten Dimensionen getrennt sind.

Siegfried: Du hast zuerst vom Rad der Wiedergeburt gesprochen. Wir werden als Baby geboren, dann wächst der Körper. Wir müssen lernen, wir müssen uns entwickeln, wir durchlaufen verschiedene Altersstufen, wir werden erwachsen, wir lernen dazu, wir werden alt, wir werden schwach und dann sterben wir eines Tages. Dieser Ablauf erscheint uns ziemlich fix und unausweichlich zu sein. Wird es im Goldenen Zeitalter möglich sein, diesen Ablauf irgendwie zu ändern?

Maria: Er wird nicht mehr diese Bedeutung haben. Ich habe vorhin beschrieben, warum es so wichtig war, dass diese Lebensphasen ihren natürlichen Ablauf hatten. All dies wird im Goldenen Zeitalter an Bedeutung verlieren, denn ihr wisst, dass sich auch Materie verändern wird. Ihr werdet eure physischen Körper allein durch euer Bewusstsein verändern können. Ihr werdet viele Dinge mit ihm anstellen können, die euch jetzt noch wie Wunder erscheinen mögen. Ihr seid sehr darauf bedacht, eine jugendliche Ausstrahlung bis weit ins hohe Alter aufrecht zu erhalten und das ist nur mit sehr viel Mühe, Einsatz und manches Mal auch mit Chemie und Technik möglich. Im Goldenen Zeitalter wird es anders sein, denn niemand muss mehr Falten bekommen oder andere Anzeichen der Alterung. Es müssen Organe nicht altern, weil sie jederzeit bewusst mit Lebensenergie versorgt werden können. Der Körper kann allein durch Gedankenkraft voll funktionsfähig und gesund erhalten werden, weil die Gedanken Schöpferqualität besitzen, ihr Schöpfer seid und euch dann dessen voll bewusst seid. So könnt ihr wählen, in einem jugendlichen Stadium zu verweilen, wenn ihr es wünscht. Auch diese starren Entwicklungsphasen, die in der Vergangenheit für die Entwicklung unabdingbar waren, werden dann flexibler werden.

Siegfried: Um ein konkretes Beispiel zu nennen: Wird es möglich sein, dass ein einjähriges Kind den Körper eines Erwachsenen hat?

Maria: Warum würde es das wollen? Es ist manches einfach aus menschlicher Sicht sinnlos. Warum würdest du dir ein Kind wünschen und es dann bitten, sich einen erwachsenen Körper zu gestalten? Es macht keinen Sinn, denn wenn sich eine Seele wünscht hier zu inkarnieren, dann ist gerade der Reiz des Menschseins das Wachsen, das Entwickeln. Es macht sehr viel mehr Spaß, in einem Kinderkörper schon unglaubliche Fähigkeiten vorzufinden als umgekehrt, in einem Erwachsenenkörper vielleicht noch nicht voll entwickelte kindliche Eigenschaften.

Siegfried: Aber es macht bestimmt keinen Spaß mitzuverfolgen, wie der Körper morsch wird, wie die Organe schwächer werden, wie die Sehkraft nachlässt, wie die Haut faltig wird. Wird es möglich sein, den Alterungsprozess zu stoppen und zu sagen: „Ich möchte fünfhundert Jahre lang den Körper eines Zwanzigjährigen haben"?

Maria: Ja, das wird gehen. Wenn es dir sinnvoll erscheint, kannst du deinem Körper ewige Jugendlichkeit verordnen, weil deine Körperzellen sehr flexibel sein werden und sofort auf deine Gedanken reagieren. Wenn dein Gedankenbefehl lautet, dass sich dein Körper volle Gesundheit und Jugend erhält, so wird er das tun.

Siegfried: Kann sich dann auch ein Kind dafür entscheiden, über viele Jahrzehnte hinweg einen kindlichen Körper zu behalten?

Maria: Das kann es, wenn es sinnvoll ist. Die Sinnhaftigkeit ist sehr wichtig. Wenn sich dieses Kind zum Beispiel auf Grund der Zusammenarbeit mit anderen Kindern dafür entscheidet, in einem Kinderkörper mehr Zugang zu ihnen zu haben, dann würde das Sinn machen.

Siegfried: Wie definierst du „Sinn"?

Maria: Der selbst gewählte Lebensplan jedes einzelnen Menschen bestimmt, was Sinn macht und was nicht. Sinn wird individuell definiert, denn jede Seele kommt hierher, um etwas zu entwickeln, etwas zu vervollständigen, zu experimentieren. Wenn hierzu ein bestimmter Körper oder ein bestimmtes Alter eine bessere Voraussetzung bieten, dann kann dem entsprochen werden.

Siegfried: Worin liegt der Sinn der Geburt?

Maria: Im Vergnügen! Es ist etwas ganz Spezielles, was es in vielen Dimensionen gar nicht mehr gibt. Es ist wie ein Experiment, das sehr geliebt und geschätzt wird. Es war auch bisher so, nur haben die Menschen vergessen, wie wunderbar dieser Prozess ist, wenn aus kleinen Zellen ein wunderbares, funktionierendes Wesen gestaltet wird. Die Geburt wird viel mehr geschätzt werden, weil die Möglichkeit einer Inkarnation im Goldenen Zeitalter nicht mehr so häufig gegeben sein wird, wie bisher.

Siegfried: Welche Rolle spielt der Tod im Goldenen Zeitalter?

Maria: Er muss bewusst gewählt werden. Manches Mal wünscht sich eine Seele, die nicht sterben müsste, den Tod um eine andere Episode, vielleicht auf einem anderen Planeten zu erleben. Es sind bewusste Entscheidungen und der Tod wird auch nicht als das erlebt, was er jetzt ist: ein abruptes Verschwinden, eine Art Unfall bei dem die Seele nicht einmal weiß, was geschehen ist. Im Goldenen Zeitalter ist der Tod ein bewusstes Abschiednehmen mit dem Gedanken, dass dies ja nicht wirklich ein Abschied von geliebten Menschen ist, sondern nur eine Art „aus der Türe gehen" um etwas Neues zu beginnen.

Jedem ist bewusst, dass diese Seele, auch wenn sie noch so sehr geliebt und vermisst wird, ein weiteres Leben irgendwo anders eingeht und die Möglichkeit besteht, sich wieder zu treffen. Es wird auch nicht mehr getrauert werden, wenn sich ein Mensch entscheidet zu gehen. Es kann auch ein anderer Abgang gewählt werden, eine Art Himmelfahrt, wie ihr es nennen würdet, eine Art Dematerialisation.

Siegfried: Das ist ein gutes Stichwort. Du hast gesagt, dass die Bedeutung der Materie bis ins Goldene Zeitalter deutlich abnehmen wird und man gar nicht mehr im üblichen Sinne sterben muss. Stattdessen kann man sich dematerialisieren. Wird es auch möglich sein sich zu materialisieren, anstatt geboren zu werden?

Maria: Es wird vieles möglich sein, auch für Wesenheiten aus anderen Lebensräumen, die sich hier für einen bestimmten Zeitraum mit ins menschliche Geschehen einbringen wollen. Es wird verschiedene Reisemöglichkeiten geben, wo zum Beispiel Menschen von einem Ort verschwinden und an einem anderen auftauchen. Wenn sie sich von einem anderen Planeten plötzlich hierher materialisieren, sind sie in dieser Sphäre sozusagen neu geboren, plötzlich hier, plötzlich existent.

Siegfried: Wird es im Goldenen Zeitalter noch Friedhöfe geben?

Maria: Es ist vieles möglich, aber man wird die Einäscherung bevorzugen, denn diese transformierende Kraft des Feuers wird sehr geschätzt.

Siegfried: Also das heißt, die Menschen werden nach wie vor physisch geboren werden, leben in Fleisch und Blut und legen diesen Körper nach einer gewissen Zeit wieder ab?

Maria: Wenn sie es wünschen. Sie können diesen Körper auch transformieren und sich wie durch eine Art Himmelfahrt im Lichtkörper aus dieser Sphäre verabschieden.

Siegfried: Ist das so zu verstehen, wie die Himmelfahrt, die wir aus den Beschreibungen der Bibel von Jesus kennen?

Maria: So ist es, deshalb benutze ich dieses Wort. Es ist vielen unter euch bekannt, dass Jesus erschienen und wieder verschwunden ist. Auch das was in der Bibel sehr trefflich beschrieben wurde, dass er vor den Augen der Jünger verschwand, ist tatsächlich Realität. Er hatte gelernt, wie er seinen Lichtkörper dematerialisieren konnte.

Siegfried: Werden das im Goldenen Zeitalter alle können oder nur ausgewählte Seelen?

Maria: Du darfst nicht denken, dass alle Menschen immer alles können und alles wollen. Es wird auch im Goldenen Zeitalter Vorlieben bei den Menschen geben. Manche werden diese Techniken mit voller Hingabe praktizieren um zu ergründen, was alles mit diesen neuen phantastischen Körpern möglich ist. Andere Menschen werden ganz wunderbar zufrieden sein, ein ruhiges Leben führen, um zum Beispiel mit Blumen zu kommunizieren. Spirituelle Techniken wie Bilokation, Teleportation, Materialisation, usw. werden sie gar nicht so interessieren. Jeder wird das respektieren, was ein anderer für wichtig erachtet. Es wird keine Gleichmacherei mehr im Denken der Menschen geben. Jeder einzelne wird mit seiner Individualität als Schmuckstück gesehen, das einen speziellen Glanz auf die irdische Ebene bringt.

Siegfried: Du hast vorher erwähnt, dass es nicht mehr ganz so leicht sein wird, auf dieser Ebene zu inkarnieren. Kannst du uns das näher erläutern?

Maria: Es wird diese Erde nicht mehr so viele menschliche Wesen beherbergen, wie sie es jetzt tut. Heute ist sie absolut überbevölkert. Im Goldenen Zeitalter werden weniger Seelen diesen Planeten als ihren Lebensort wählen.

Siegfried: Ich weiß, dass es mit Zahlen immer so eine Sache ist, aber kannst du uns eine grobe Vorstellung davon geben, wie groß die Bevölkerung der Erde im Goldenen Zeitalter sein wird?

Maria: Das möchte ich nicht sagen. Es ist auch nicht so wichtig.

Siegfried: Ein Problem, das wir mit der Alterung haben ist, dass unsere Körper krank und schwach werden. Es funktioniert einfach einiges nicht mehr so, wie es noch in der Jugend funktionierte. Wird es in Zukunft möglich sein zu altern, ohne dass die Fähigkeiten des Körpers nachlassen?

Maria: Ja, denn ihr habt es dann in der Hand, euren Körpern ganz bewusst Befehle zu geben um alle Zellen wunderbar mit Lichtenergie zu versorgen, die dann das einzige Antriebsmittel sein wird. Diese Lichtenergie hat eine hohe Schwingung und das bedeutet, dass ihr in voller Gesundheit leben könnt und die Zellen nicht mehr altern müssen, weil sie anders strukturiert sind. Ihr habt dann völlig neue Körper, die nur nach außen hin ähnlich wirken, wie eure fleischlichen Körper heute. Die sind aber auch schon nicht mehr ganz so fest, wie sie es einmal waren. Viele Menschen sind mitten im Lichtkörperprozess und sie bemerken es vielleicht schon durch körperliche Veränderungen oder das Erscheinen neuer Fähigkeiten.

Siegfried: Wird es im Goldenen Zeitalter Menschen geben, die freiwillig als Greise leben wollen?

Maria: Wenn es Sinn macht, ja. Es kann ein großes Vergnügen sein, wenn du als Seele weißt, dass du unsterblich bist, dass du unendliche Lebensalter zur Verfügung hast. Es kann dir besonderen Spaß bereiten, wie ein weiser alter Mann mit Rauschebart zu leben. Andererseits kann es sehr viel sinnvoller sein, einen athletischen, jugendlichen, maskulinen Körper als Sportler beizubehalten, der niemals seine Kraft und Leistungsfähigkeit verliert, weil du dir mit deinem Körper als Werkzeug deine Lebenssphäre gestaltest und ergründest, was körperlich möglich ist. So sind viele Varianten denkbar. Es gibt hier keine festen Schablonen, denn was das Goldene Zeitalter auszeichnet ist die sehr individuelle Ausdrucksmöglichkeit.

Siegfried: Wenn dieser Greis genug hat von seinem Greisendasein, wird er dann auch die Möglichkeit haben, wieder ein junger Mensch zu sein?

Maria: Wenn er das möchte, dann ist es möglich.

17

Untergegangene Goldene Zeitalter

Siegfried: Sei gegrüßt, Bewohner des Sternes Arktur, dem hellsten Stern im Sternbild Bärenhüter!

Arkturianer: Ich grüße euch auch!

Siegfried: Wir wollen heute mit dir über vergangene Goldenen Zeitalter auf der Erde sprechen.

Arkturianer: Wenn du mir Fragen stellst, werde ich sie gerne beantworten.

Siegfried: Kannst du uns einen Überblick über die vergangenen Goldenen Zeitalter dieser Erde geben?

Arkturianer: Es gab schon einige auf diesem Planeten und das, was jetzt kommen wird, wird das siebte Goldene Zeitalter sein.

Siegfried: Schon das siebte? Das ist interessant. Dann gehen wir sie einfach von vorne durch. Wann war denn das erste?

Arkturianer: Das ist für euch gar nicht so leicht vorstellbar, denn in dem ersten Goldenen Zeitalter gab es ganz andere Voraussetzungen und die Menschen sahen auch anders aus. Es würde viel zu weit führen, die ersten Goldenen Zeitalter im Detail zu behandeln. Es wäre mir ein Bedürfnis, euch etwas über die beiden letzten Goldenen Zeitalter, Lemuria und Atlantis zu erzählen, denn diese sind für euch jetzt von großer Bedeutung. Dieses kommende dürfte sehr, sehr lange dauern.

Siegfried: Gut. Kannst du uns laut unserer Zeitrechnung sagen, wann sie waren?

Arkturianer: Atlantis war vor etwa 100.000 Jahren, Lemuria vor etwa 250.000 Jahren.

Siegfried: Das sind sehr, sehr lange Zeiträume. Unser historisches Wissen über diese Zeiten ist sehr gering.

Arkturianer: Das tut nichts zur Sache. Es waren damals Zivilisationen auf der Welt, die ein ähnlich hohes Niveau erreichten, wie eure heute. Die Menschen durften sich zu hohen geistigen Wesenheiten entwickeln.

Siegfried: Wie würdest du das lemurische Zeitalter beschreiben?

Arkturianer: Das herausragendste Merkmal dieser Zivilisation war die Gleichwertigkeit von männlichen und weiblichen Geschöpfen. Es gab einen großen Harmoniekult, der die Ausgewogenheit stark unterstützt hat. Es gab völlig androgyne Wesen, die sich aus dieser Zeitqualität entwickelt haben, aber auch herrschende polare Geschlechter hatten gleiche Wertigkeit, so dass kein Pol den anderen unterdrückt oder dominiert hat. Das war die Basis dieser Zivilisation.

Siegfried: Wo lag Lemuria?

Arkturianer: Es war ein Bereich, der jetzt unterhalb des Meeresspiegels im Pazifik liegt.

Siegfried: Wie groß war die Bevölkerung von Lemuria?

Arkturianer: In der Hochblüte waren es zirka sechs Millionen Menschen.

Siegfried: Sechs Millionen ist wenig. So ein kleines Land wie Österreich hat schon mehr. Und woher kamen diese Menschen ursprünglich? Waren sie außerirdischen Ursprungs oder waren sie vergleichbar mit uns?

Arkturianer: Sie waren euch schon sehr ähnlich, aber ihr würdet sie dennoch von euch unterscheiden können. Ihr Aussehen war etwas kompakter und kleiner.

Siegfried: Verfügten die Lemurianer über besondere, hochentwikkelte Technologien?

Arkturianer: Ja, es waren geistige Technologien der besonderen Art. Sie arbeiteten mit Schall. Viele ihrer Bauwerke haben sie mit Schall erbaut und manche dieser Reste sind immer noch zugänglich und stellen eure Wissenschaftler vor Rätsel. Alte, große, blockförmige Felsformationen, die wie gefügte Mauern wirken, die aber von euren Wissenschaftlern fehlgedeutet werden, weil sie sich nicht erklären können, wie solche gewaltigen Felsformationen in solcher Präzision in alten Zeiten von Menschen geformt sein könnten.

Siegfried: Wo befinden sich diese Felsformationen?

Arkturianer: Es werden immer wieder solche Strukturen auf dem Meeresboden des Pazifiks entdeckt und fehlgedeutet.

Siegfried: Der Pazifik ist der größte Ozean der Erde. Kannst du das konkretisieren?

Arkturianer: Gefunden werden solche Strukturen östlich des chinesischen und japanischen Meeres.

Siegfried: Haben die großen Figuren auf der Osterinsel auch etwas mit Lemuria zu tun?

Arkturianer: Es sind Reste von lemurischer Bedeutung.

Siegfried: Welchen Zweck hatten die Figuren?

Arkturianer: Es waren Wächter, Begrüßungsfiguren, die ankommende Gäste einstimmen sollten.

Siegfried: Du hast gesagt, dass große Steinblöcke sehr präzise mit Schall bearbeitet wurden. War das eine geistige Technik oder waren dazu Geräte notwendig?

Arkturianer: Das war geistige Technik.

Siegfried: Wie war denn die Gesellschaft Lemurias strukturiert? Gab es da eine Regierung oder einen Rat? Wie haben sie sich organisiert?

Arkturianer: Es gab Weisenräte, die über relevante Themen beraten und abgestimmt haben. Sie wurden von der Bevölkerung geachtet und geehrt. Es war in ihnen so viel Weisheit spürbar, dass sie als natürliche Autorität anerkannt wurden.

Siegfried: Hatten die Lemurianer Kontakt zu Außerirdischen?

Arkturianer: Ja, immer und ständig.

Siegfried: Haben sie sich selbst als außerirdisches Volk wahrgenommen?

Arkturianer: Sie waren sich bewusst, dass sie ein Siedlungsvolk auf der Erde waren, das aus vielen Ecken des Universums zusammengefügt wurde, um ein menschliches Experiment durchzuführen. Es gab zu verschiedenen Zeitaltern verschieden starke Einflüsse von Sternenvölkern, die hier teilweise ihr Unwesen getrieben haben, aber zeitweise auch positiv gewirkt haben. Es wurde sehr viel experimentiert, aber zum Zeitpunkt der lemurischen Hochkultur gab es Harmonie innerhalb dieses Volkes, trotz der genetischen Pfuscharbeit, die an ihrem Anfang stand.

Siegfried: Was war denn der Zweck dieses Experiments?

Arkturianer: Die Erde war wunderbar geeignet, um Leben aufzunehmen. Verschiedene Sternenvölker haben hier weitreichende Experimente durchgeführt, alleine um der Wissenschaft willen: um zu sehen, was möglich ist. Manche wollten bestehendes Menschenmaterial verbessern. Manche wollten ihren Schöpferwillen ausleben und haben oftmals über das Ziel hinausgeschossen. Sie vermischten menschliches und tierisches Material, woraus eigenartige Wesen entstanden, die dann wieder mühsam ausgerottet werden mussten, um nicht göttlichen Evolutionswünschen entgegenzuwirken.

Siegfried: Da haben also sehr viele genetische Experimente stattgefunden?

Arkturianer: Ja.

Siegfried: Wie ist es dann wieder zum Untergang der lemurischen Kultur gekommen?

Arkturianer: Es gab Müdigkeit, weil alles wunderbar und langweilig war. Das ist ein seltsamer Grund für ein Volk, auszusterben. Es war alles so selbstverständlich, in sich selbst alles angelegt zu haben. Viele dieser Wesen haben sich entschieden, diesen Planeten zu verlassen, weil es hier nichts mehr zu tun gab. Deshalb ist dieses Volk zahlenmäßig ausgeblutet. Zur gleichen Zeit gab es wo anders auf der Erde Zivilisationen, die nicht auf diesem hohen Niveau waren.

Siegfried: Sie haben sich entschieden, diesen Planeten zu verlassen, indem sie nicht mehr inkarnierten?

Arkturianer: So ist es. Der Rest ist einfach in einem Dämmerzustand verblieben, der nicht sehr effektiv war, denn andere Rassen haben sich mit ihnen vermischt und alles energetisch nach unten gezogen.

Siegfried: Tod einer Kultur durch Langeweile. Wie ist es dann zur atlantischen Kultur gekommen?

Arkturianer: Es hat lange gedauert, bis sich durch Vermischung und Inkarnation von ganz bestimmten Wesen wieder etwas gebildet hat, was sehr hoch schwingend war. Es hat auf sehr hohem Niveau begonnen und ist dann wieder degeneriert, diesmal aus anderen Gründen.

Siegfried: Wo lag Atlantis?

Arkturianer: Dort, wo das Meer immer noch seinen Namen trägt, im Atlantik. Es gibt Überreste in Form von Inseln.

Siegfried: Inseln im Atlantik sind Überreste von Atlantis?

Arkturianer: Ja, es gibt Überreste an Inseln, die damals Bergspitzen waren.

Siegfried: Ist das Land dann im Meer versunken?

Arkturianer: Ja.

Siegfried: Ist dadurch dann auch diese Zivilisation zugrunde gegangen?

Arkturianer: Es gab sehr viele Abwanderungswellen. Die Atlanter haben Stützpunkte auf der ganzen Erde gegründet und versucht zu retten, was zu retten war. Atlantisches Wissen wurde in Regionen verpflanzt, die dann schlagartig von primitiven zu hochentwickelten Kulturen wurden.

Siegfried: Welche Regionen meinst du damit?

Arkturianer: Es gab verschiedene Besiedelungsorte. Einige davon erkennt ihr an den Hochkulturen, die dort entstanden sind. Ägypten ist einer davon, auch der englische Inselstaat wurde bevölkert. Es gab Besiedelungen im Saharabereich und auf dem südamerikanischen Halbkontinent. Es war den weisen Atlantern sehr wichtig, dieses Wissen nicht sterben zu lassen, nur weil andere etwas mutwillig zerstören, was nicht mehr lebensfähig war.

Siegfried: Du hast von der englischen Insel gesprochen. Ist Stonehenge ein Überbleibsel aus atlantischer Zeit?

Arkturianer: Nein. Stonehenge ist noch älter.

Siegfried: Was war denn der Zweck dieses Bauwerks?

Arkturianer: Es gab dort verschiedene dieser Bauwerke, die alle demselben dienten: Zufuhr von Energie. Diese Bauwerke gingen in Resonanz mit geologischen Schwingungspunkten der Erde, die sich aber seither durch Erdbewegungen ein wenig verändert haben. Es waren Bauten, die in Steinform das verstärkt haben, was im Boden angelegt war.

Siegfried: Sind die Pyramiden in Ägypten durch Nachfahren der Atlanter entstanden?

Arkturianer: Ja, diese waren absolut atlantischen Ursprungs.

Siegfried: Und für welchen Zweck wurden sie gebaut?

Arkturianer: Sie hatten den gleichen Zweck wie Pyramiden früher in Atlantis hatten. Sie waren Transformatoren, ganz hohe Schwingungsapparate, die sehr technischer Natur waren. In Ägypten wurden sie zur Schwingungstransformation von Menschen eingesetzt.

Siegfried: Wie hat diese Schwingungstransformation funktioniert?

Arkturianer: Es waren die Atlanter für ihren Missbrauch von Energien verrufen. Sie waren Meister in allen Formen der Energiemanipulationen. Mit der Zeit achteten sie aber nicht mehr darauf, ob es in Ordnung war, so wie sie die Energien nutzten. Sie nahmen Wissen mit sich nach Ägypten und haben versucht, es auf aufbauende evolutionäre Prozesse zu reduzieren. Tatsache ist, dass diese Pyramiden einen Schwingungsschub im Menschen auslösten, den dieser nicht ohne weiteres im normalen Lebensverlauf in kurzer Zeit durchlaufen hätte können.

Siegfried: Was musste der Mensch tun, um diesen Schwingungsschub zu erleben?

Arkturianer: Er wurde von vielen Priestern mittels energetischen Tests geprüft und nur zugelassen, wenn sein System das aushalten konnte. Wenn der Proband das bestand, ohne Schaden zu nehmen, dann war es ihm gestattet, sich der großen Prozedur zu unterziehen und durch eine Art Überdosis an Energiezufuhr verwandelt zu werden.

Siegfried: Musste er dazu in die Pyramide hineingehen?

Arkturianer: Ja.

Siegfried: Kannst du etwas über das Goldene Zeitalter auf Atlantis erzählen?

Arkturianer: Das war wahrlich ein paradiesischer Zustand. Die Menschen waren so weit entwickelt, dass ihnen alles zur Verfügung stand. Sie konnten sämtliche Naturwesen kontrollieren und nutzen, hatten alle Fähigkeiten voll entwickelt, so dass es ein wunderbares Leben war. Sie genossen die Schönheiten, die sie selbst erschaffen hatten. Aber es gab verschiedene Kulturen innerhalb der Atlantiden und es kam mit der Zeit zu Spaltungen. Einige dieser spirituellen, hoch entwickelten Priesterkasten haben ihre Macht nach und nach benutzt, um Dinge zu gestalten, die nicht im Sinne der Evolution waren. Sie überschritten Grenzen, indem sie zerstörerische Naturkräfte genutzt haben, ähnlich eurer Atomenergie. Sie konnten sie nicht mehr kontrollieren und lösten dadurch Naturkatastrophen aus. Stolz und Übermut haben zum Untergang von Atlantis geführt. Der Kontinent brach in mehrere Teile und sank.

Siegfried: Warum kommt es überhaupt zum Zerfall einer Kultur, obwohl die ganze Bevölkerung zufrieden und glücklich ist und es gar nicht besser sein könnte?

Arkturianer: Es ist immer wieder Übermut im Spiel. Es wird alles ausgereizt, was möglich ist. Es ist eine Gratwanderung zu entscheiden, wofür ich mein hohes Wissen nutze. Der Grat zwischen Segen und Zerstörung ist schmal. Dann war zu dieser Zeit nicht nur die hochentwickelte atlantische Kultur auf der Erde. Es gab primitive Kulturen an anderen Orten. Alles, was hoch schwingt und mit niederer Schwingung in Kontakt kommt, wird immer versuchen, seine eigene Herrlichkeit auszuleben. Auch diese Erfahrung von Macht, Ansehen und Ruhm war wichtig.

Siegfried: Warum soll es im jetzt kommenden Goldenen Zeitalter anders laufen als damals?

Arkturianer: Weil viele Informationen jetzt freigegeben werden dürfen. Ihr sollt wissen und sensibilisiert werden für das, was früher falsch gelaufen ist. Das andere ist, dass ihr dieses Mal durch eine große Reinigung gehen müsst, um in das Goldene Zeitalter zu gelangen. Ihr werdet ganz anders geläutert werden und auf einer Erde leben, die selbst gereinigt und geläutert wurde. Es wird für Seelen, die damals diesen Missbrauch verursacht und ausgelebt haben, die Möglichkeit geben, jetzt ihr Karma in Ordnung zu bringen. Dieses Mal besteht die Chance, alles besser und lichtvoller zu gestalten, zum Wohle für den ganzen Planeten.

Siegfried: Du hast gesagt, das kommende Goldene Zeitalter könnte viel länger dauern als die vorhergehenden. Wird auch dieses Goldene Zeitalter früher oder später untergehen?

Arkturianer: Das liegt in eurer Hand. Ihr könnt dieses Mal festhalten, was ihr erschafft. Aber Zyklen in planetaren Entwicklungen werden dafür sorgen, dass auch diese eine Welle sein wird, die abnehmen wird, aber die Tiefe der Welle ist nicht vorgegeben. Es kann durchaus sein, dass die Menschen dieses Mal wirklich etwas lernen. Das liegt aber weit in der Zukunft.

Siegfried: Wird das kommende Goldene Zeitalter auch deswegen anders laufen, weil die Erfahrungen aus Lemuria und Atlantis mitgenommen und eingebaut werden in das neue Goldene Zeitalter?

Arkturianer: Ja, das meinte ich. Es sind jetzt noch die Wesen, die in Atlantis mit ihrer Selbstsüchtigkeit alles zerstört haben, auf diesem Planeten präsent. Ihr bezeichnet sie als „dunkle Mächte". Sie müssen ihren Platz räumen und gehen, um den anderen inkarnierten Wesen aus damaliger Zeit den Platz zu überlassen, um eine lichtvolle Zukunft zu gestalten.

Siegfried: Dieser große Umwandlungsprozess, der uns bevor steht, ist ja ein gewaltiger kosmischer Eingriff. Wird der jetzt absichtlich durchgeführt, weil sonst einfach keine Chance mehr auf Besserung für unsere Zivilisation besteht?

Arkturianer: Ja. Es gibt extrem hohe Wesen nahe an der göttlichen Quelle, die es so entschieden haben.

Siegfried: Die haben entschieden, aber die wussten auch nicht, dass es sich so entwickeln würde, wie es sich entwickelt hat.

Arkturianer: Auf Planeten des freien Willens ist vieles erlaubt. Was auf ihnen geschieht, wird genauestens beobachtet. Es wird nur in Ausnahmesituationen eingegriffen.

Siegfried: Und jetzt haben wir so eine Ausnahmesituation?

Arkturianer: Ja, denn die Alternative wäre völliges Auslöschen der menschlichen Rasse gewesen, um einen kompletten Neubeginn zu starten.

Siegfried: Kannst Du uns den Alltag damals auf Atlantis schildern? Ist er vergleichbar mit unserem oder war es dort ganz anders?

Arkturianer: Es war anders, leichter, lichtvoller, viel funkelnder. Die Menschen waren lichtvoller und hatten alle Eigenschaften, die ein voll entwickelter Mensch haben kann. Die Gemeinschaften waren wunderbar in ihrer Mitmenschlichkeit und ihrer Liebesfähigkeit. Es gab hohe Künste, hohe Intelligenz, hohe Heilung, hohe Spiritualität.

Siegfried: Wenn du die atlantische Kultur mit der deinigen auf Arktur vergleichst, wo liegen da die Unterschiede?

Arkturianer: Wir existieren geistig als energetische Wesen. Es ist uns eine andere Lebensform gegeben. Es ist uns möglich, als Individuen zu existieren oder auch nicht. Man kann das nicht vergleichen.

Siegfried: Und auf Atlantis lebten Menschen mit einem Körper so ähnlich wie wir?

Arkturianer: Es war physischer, aber gleichzeitig feinstofflicher. Es waren physische Bestandteile, die von diesen hoch spirituellen und hoch qualifizierten Menschen sehr leicht manipulierbar waren.

Siegfried: Wird jetzt unser Goldenes Zeitalter wieder so ähnlich sein wie das atlantische Goldene Zeitalter oder wird unser Goldenes Zeitalter ähnlich sein wie eure Zivilisation?

Arkturianer: Ähnlich wie Atlantis, aber wir hoffen, dass dieses Mal die Moral und Ethik durch die erhöhte Gesamtschwingung des Planeten mehr Gewicht haben wird. Die Menschen werden diese Leichtigkeit wieder entwickeln, wie sie sie schon in Atlantis hatten.

Siegfried: Und diese niedrig schwingenden Wesen, die sich noch auf der Erde befinden, werden den Planeten verlassen und wo anders inkarnieren?

Arkturianer: Ja. Es gibt genügend Orte, die dann diese Wesen aufnehmen, weil sie schwingungsmäßig dorthin passen.

Siegfried: Sie werden praktisch nur durch die Schwingungsanhebung wo anders hin vertrieben und Menschen, die diesen Schwingungsaufstieg mitmachen können, bleiben da. Warum wird überhaupt diese Schwingungsanhebung auf der Erde durchgeführt?

Arkturianer: Weil der Planet an der Reihe ist, sich zu entwickeln.

Siegfried: Macht jeder Planet diese Entwicklung durch?

Arkturianer: Ja. Die Erde hinkt seit langer Zeit hinterher, weil die Menschen sie gebremst haben.

Siegfried: Geht es da um die Erde als Wesen?

Arkturianer: Ja, als gesamtes Wesen mit allem drum und dran, allen Bewohnern, allen Tieren, allen Pflanzen. Alles wird mitgenommen, aber nur so weit es sich mitnehmen lässt im Rahmen der Frequenz.

Siegfried: Sind die anderen Planeten in unserem Sonnensystem schon aufgestiegen?

Arkturianer: Ja, nur die Erde hinkt nach.

Siegfried: Ist es wirklich so, dass alle Planeten in unserem Sonnensystem belebt und bewohnt sind?

Arkturianer: Ja.

Siegfried: Was kannst du uns noch über die atlantische oder die lemurische Hochkultur erzählen, um uns zu motivieren, dass es in Zukunft bei uns auch einmal so sein könnte?

Arkturianer: Es wird sehr magisch abgehen und ihr werdet mit vielen Dingen in Kontakt kommen, die euch magisch anmuten werden. Es wird altes Wissen durch Seelen wieder reaktiviert werden, die dies damals gelebt haben. Dieses Wissen ist in Feldern gespeichert, die euch wieder zugänglich werden. Zum Beispiel werden Kristalle und kristalline Strukturen, seien es gewachsene oder künstliche, für euch wieder eine große Rolle spielen.

Siegfried: Warum sind die dann so wichtig?

Arkturianer: Es wird sehr vieles an Informationsübertragung, Heilung, Kommunikation und Strahlung durch Kristalle durchgeführt werden.

Siegfried: Du sprichst immer von Heilung. Warum ist Heilung so wichtig?

Arkturianer: Weil die Menschen, auch wenn sie ins Goldene Zeitalter hineinwachsen werden, noch nicht heil und rein genug sind, um diese hohe Schwingung zu ertragen. Es wird ein weltweiter Heilprozess stattfinden, der euch helfen wird, alte Strukturen loszulassen, ganz zu werden, zu erinnern, alle feinstofflichen Fähigkeiten zu aktivieren.

Siegfried: Ist bei euch Heilung auch so wichtig wie bei uns auf der Erde?

Arkturianer: Heilung ist nur dann wichtig, wenn Wesenheiten sich nicht in ihrer Vollkommenheit befinden. In unserer Kultur ist es nicht nötig, andere zu heilen, weil es jeder selbst spürt, ob er in Harmonie ist oder nicht. Harmonie wird selbst hergestellt und Heilung geschieht.

Siegfried: Haben die Atlanter damals auch der Heilung bedurft?

Arkturianer: Ja, denn es war ja keine homogene Masse an Menschen, sondern es gab immer noch niedrig schwingende, kranke Wesenheiten, die aus minderwertigeren Rassen zu den Atlantern kamen und der Reinigung und Heilung bedurften.

Siegfried: Du hast gesagt, die Atlanter haben hoch schwingend begonnen und dann ist die Kultur degeneriert. Woher kamen sie denn ursprünglich?

Arkturianer: Es gab eine Massenbevölkerung, um diese hochqualifizierten, hoch schwingenden Wesenheiten auf der Erde zu implantieren.

Siegfried: Das heißt, sie wurden aus dem Weltraum gebracht, abgesetzt und dann gab es eine hochstehende Kultur, die dann degeneriert ist. Hatte das irgendwie mit dem Wesen der Erde selbst zu tun oder lag das daran, dass einige in dieser Kultur dann alle Macht an sich ziehen wollten?

Arkturianer: Es gab beides. Diese Machtgelüste waren ja nur möglich, weil niedrige Schwingung es ermöglichte, dass manche dieser Wesenheiten es als reizvoll empfanden, Macht auszuüben. Sie verfügten über dieses Potential an spirituellen Techniken und magischen Praktiken, dass sie es nicht lassen konnten, über unterlegene Kulturen Macht auszuüben.

Siegfried: Das wird ja heute auch gemacht.

Arkturianer: Es gibt hier sehr viele Parallelen, aber jetzt besteht eine neue Möglichkeit, diese alten Fehler nicht mehr zu begehen.

Siegfried: Sind wir sozusagen die Nachfahren der Lemurianer und Atlanter?

Arkturianer: Viele der Menschen, die jetzt inkarniert sind und in diese neue Zeit zu gehen wünschen, sind alte Seelen, die damals auch gelebt haben. Sie dürfen ihre Erfahrungen jetzt wieder reaktivieren.

»Wir sind diejenigen,
auf die wir immer gewartet haben.«
Hopi-Weisheit

18

Die Maya, Ägypten und die Pyramiden

Siegfried: Lieber Serapis Bey, wir möchten mit dir über alte Hochkulturen, speziell die Ägypter, die Maya und die Azteken sprechen. Welche Bedeutung haben sie für unsere Zeit und den Aufstiegsprozess der Menschheit?

Serapis Bey: Diese alten Hochkulturen haben eine besondere Bedeutung, weil die meisten Menschen, die jetzt inkarniert sind, schon in der einen oder anderen dieser Kulturen gelebt haben und diese Erfahrungen in die Gegenwart mitbringen. In vielen spirituell suchenden Menschen liegen Erinnerungen an diese alten Zeiten verborgen. Dieses Wissen wird jetzt wieder zum Vorschein kommen, weil sich die Zeitqualitäten und die Herausforderungen ähnlich sind. Besonders viele Menschen haben gewählt, jetzt zu inkarnieren, um ihre damaligen Erfahrungen in das neue Goldene Zeitalter hineinzutragen. Denn diese Hochkulturen, die du ansprichst, waren keine globalen Goldenen Zeitalter. Sie waren Inseln spiritueller Entwicklung in einer Welt, die sonst weitgehend düster war. Aber trotzdem gibt es aus diesen Hochkulturen sehr vieles an Wissen und Weisheit, was jetzt wieder von großem Nutzen sein wird. Warum denkst du, fühlen sich so viele spirituelle Sucher und Lichtarbeiter zu diesen speziellen Kulturen hingezogen, wo es doch auch andere interessante altertümliche Kulturen gab? Nein, gerade diese müssen es sein, weil ihr spürt, wie euch eure Sehnsucht dort hin zieht. Diese Sehnsucht stammt aus lang vergangenen Inkarnationen. Wenn es dich also stark nach Ägypten zieht, dann kannst du davon ausgehen, dass du dort schon inkarniert warst. Dieser Reiz hilft dir, dich energetisch wieder zu verbinden. Gleiches gilt für die alten Maya- und Aztekenstätten. Ihr kommt mit diesen alten Energien wieder in Kontakt, was wiederum Unmengen an altem Wissen freilegt. Wenn ihr diesem Drang nachgebt, werden immer mehr alte Erinnerungen hochkommen.

Siegfried: Welche Bedeutung hat dieses alte Wissen für die jetzige Zeit? Kann es uns dabei behilflich sein, den Aufstieg in die fünfte Dimension zu meistern?

Serapis Bey: Ja, das kann es. Dieses Wissen ist sehr ausgefeilt und detailliert. Zum Beispiel gibt es einen riesigen Erfahrungsschatz über Heilkunst. Vieles kommt jetzt schon an die Oberfläche. In allen euren alternativen Heilmethoden steckt uraltes Wissen. So ist es nicht verwunderlich, dass gerade in den letzten Jahren soviel wiederentdeckt wurde, was lange in Vergessenheit war. Die Türen zur Vergangenheit stehen euch jederzeit offen, indem ihr Seelenreisen unternehmt, Rückführungen durchführt oder euch meditativ in diese alten Zeiten versetzt. So kommt viel konkretes Wissen zum Vorschein, das jetzt und in Zukunft eingesetzt werden kann.

Siegfried: Die alten Ägypter haben ja auch mit Farben geheilt. Wie kann man mit Farben heilen und welche Rolle wird das in Zukunft spielen?

Serapis Bey: Farbtherapie ist heute schon eine professionelle Behandlungsmethode. Noch fristet sie ein Nischendasein, aber die Menschen wenden sich schon immer mehr von schulmedizinischen Behandlungsmethoden ab und wenden sich alternativen Heilverfahren zu. Farben gleichen den Körper auf allen Ebenen aus. Langsam aber sicher wird sich die Erkenntnis durchsetzen, dass jede physische Erkrankung seelische Ursachen hat. Ein unausgeglichenes Energiekörpersystem verlangt nach Ausgleich und diese Harmonisierung kann ganz schmerzlos erfolgen, in dem man den Menschen einer Lichtbestrahlung aussetzt. Auch farbige Nahrungsmittel wirken von innen auf den Körper, so unglaublich es klingt. Das hat fast noch niemand erkannt. Im Goldenen Zeitalter wird solches Wissen Allgemeingut sein.

Siegfried: Du hast davon gesprochen, dass in den nächsten Jahren Dinge aus diesen alten Hochkulturen zum Vorschein kommen werden, die bisher noch nicht zum Vorschein kommen konnten. Was erwartet uns denn da?

Serapis Bey: Mein Lieber, nicht alles war gut, was euch diese alten Hochkulturen hinterlassen haben. Deswegen ist es ratsam, mit einer gesunden Portion Vorsicht an die Sache heranzugehen. Damals war hochstehendes spirituelles Wissen vorhanden. Aber es ist nur ein schmaler Grat zwischen sinnvollem Einsatz und Manipulation. Es war sowohl in Ägypten, als auch bei den Maya und den Azteken gang und gäbe, spirituelle Praktiken für lichtvolle Zwecke einzusetzen und andererseits auch, um egoistische Machtzwecke zu verfolgen. Nicht umsonst war das alte Ägypten auch eine Hochkultur der schwarzen Magie, möchte ich anmerken. Gerade diese Dinge sind es, die jetzt aufgelöst werden müssen, wenn sich Menschen daran erinnern. Vielleicht war der eine oder andere von euch ein Hohepriester und hat geheilt. Aber vielleicht ist das nur ein Aspekt dieser Inkarnation, wo natürlich auch andere Dinge ausprobiert worden sind, die jetzt karmisch geheilt werden müssen.

Wenn das geschieht, ist das Wissen wieder klar im Bewusstsein zugänglich und kann wieder eingesetzt werden und ihr werdet dann erneut vor die Wahl gestellt: „Welche Seite wähle ich jetzt? Wie wende ich meine Fähigkeiten an? Zum Segen der Menschheit oder wieder für eigennützige Zwecke?" Dieses Risiko besteht heute auch wieder. Daher werden einige Informationen noch im Verborgenen gehalten, bis die Menschen reif dafür sind. Sie dürfen keine Angst haben, hinzusehen wer sie waren, was sie wussten und was sie taten. Es ist wichtig, dass ihr spirituell reif seid, wenn diese Erinnerungen wachgerufen werden, damit ihr klug und weise damit umzugehen wisst.

Siegfried: Wenn diese alten Hochkulturen viel mit schwarzer Magie zu tun hatten, ist es dann für uns überhaupt sinnvoll, sich mit ihnen zu beschäftigen?

Serapis Bey: Hier ist Unterscheidungsgabe gefordert. Fragt euch immer: „Was lässt mich wachsen? Was hilft mir hin zum Licht?" All diese schwarzmagischen Praktiken könnt ihr wirklich abhaken und vergessen. Es geht jetzt darum, das positive Potential dieser alten Hochkulturen zu entdecken. In Ägypten war es die besondere Fähigkeit, Menschen ganz gezielt in Mysterienschulen auf der spirituellen

Leiter hochzutreiben. Es gab grandiose Schulen und hervorragende Lehrer, die wiederum eine starke Verbindung zu Atlantis hatten, woher sie dieses Wissen ja ursprünglich mitgebracht hatten. Die Wurzeln der ägyptischen Kultur lagen in Atlantis. Viele der Priester im alten Ägypten konnten sich vollständig an ihre atlantischen Inkarnationen erinnern. Sie haben sehr großes bewirkt. All diese wunderbaren Geschichten, die ihr von den Pharaonen und ihrer großen Weltmacht kennt, wären ohne atlantischem Wissen und vor allem dieser speziellen Energie nicht möglich gewesen. Die Priester wussten, wie sie ganz starke Energie generieren und auf den Pharao übertragen konnten.

Siegfried: Was machte der Pharao mit der Energie?

Serapis Bey: Er übertrug diese segensreiche Energie dem Volk. Es ist wahr, dass die Pharaonen Götter waren. Sie hatten gerade in den Anfängen der Pharaonenzeit absolut göttliche Attribute. Sie waren selbst fast wie Priester, die in der Lage waren, sehr hohe Energien zu halten. Sie haben wie eine Sonne ihr Land bestrahlt. Sie steht nicht zufällig im Zentrum all dieser alten Hochkulturen. Die Sonne wurde als das erkannt, was sie wirklich ist: Ein hochspirituelles, göttliches Wesen. Die Ägypter haben bewusst mit ihrer Energie gearbeitet. Im Laufe der Jahrhunderte kam es aber wieder zu Degeneration. Es kam der Machtgedanke ins Spiel und aus einer spirituellen Hochkultur wurde eine gewalttätige, militärische Kultur.

Siegfried: Was uns an Ägypten ganz besonders fasziniert, sind die Pyramiden. Unsere Wissenschaftler sind sich immer noch nicht einig, wozu sie gebaut wurden.

Serapis Bey: Es sind keine Grabmäler. Es ist lachhaft, dass überhaupt jemand auf die Idee kam, sie für Grabmäler zu halten. Über die Pyramiden wird absichtlich sehr viel Falschinformation verbreitet. Was ist nun der wahre Zweck der Pyramiden? Nun sie sind Kraftwerke und Transformatoren. Allein durch ihre Geometrie generieren und bündeln sie Energie. Die Pyramide saugt feinstoffliche Energie aus ihrem Umfeld auf und leitet sie durch ihre Spitze in die Höhe. Gleichzeitig strömt durch diesen vertikalen Lichtkanal stark konzentrierte, gebündelte Lichtenergie nach unten, durch die Pyramide hindurch bis zum Mittelpunkt der Erde. Das ist der Effekt von vierseitigen Pyramiden. Der Erde kann durch Pyramiden negative Energie abgesaugt und gleichzeitig punktuell positive Energie eingespeist werden.

Pyramiden gab es übrigens weltweit. Viele davon sind in Vergessenheit geraten. Sie alle hatten den Zweck, den Ort, an dem sie erbaut wurden, gezielt mit positiver Energie zu versorgen.

Siegfried: Erfüllen die ägyptischen Pyramiden diesen Zweck auch heute noch?

Serapis Bey: Ja, denn ihre Form ist im Großen und Ganzen noch erhalten. Auch andere Pyramiden sind noch aktiv. Sie müssen schon stark verunstaltet werden, damit sie ihre energetische Funktion nicht mehr erfüllen können. Die ägyptischen Pyramiden sind voll funktionsfähig und das ist auch spürbar. Wozu denkst du dienen die Kammern in den Pyramiden? Die Menschen wussten damals, dass man mit dieser gebündelten göttlichen Lichtenergie den Körper aufladen kann. Sie ist so stark, dass sie tödlich wirkt, wenn man nicht ausreichend darauf vorbereitet ist. Darum gab es immer Hüter der Pyramiden. Niemand wurde unvorbereitet in diese speziellen Kammern gelassen. Es war eine langwierige energetische Ausbildung in den Mysterienschulen erforderlich, um diesen letzten Energieschub ertragen zu können. Die Priesterschaft wusste genau, wie die Kandidaten geprüft werden konnten.

Siegfried: Wie wurden die Pyramiden konkret genutzt? Wurden in ihnen Rituale durchgeführt?

Serapis Bey: Es gab unterschiedliche Einsatzgebiete. Legen wir den Fokus einmal auf diese Initiationspyramide. Dort wurde immer nur mit einzelnen Personen gearbeitet. Es gibt im geometrischen Gefüge von Pyramiden verschiedene Stellen mit unterschiedlichem Schwingungsniveau. So konnte man den Kandidaten stufenweise an die stärkste Schwingung heranführen. Die Menschen, die diese Energie ertragen konnten, waren erleuchtet. Sie waren klar und hart wie geschliffene Diamanten.

Das hat nicht nur die Pyramide alleine bewirkt, sondern der gesamte Ausbildungsweg, den sie durchlaufen hatten. Die Pyramideneinweihung war der glänzende Abschluss. Eine weitere Funktion der Pyramiden war, einen Schutzschild um die Erde aufzubauen. Früher gab es, wie schon gesagt, eine große Zahl von Pyramiden, die Energiestrahlen durch ihre Spitzen nach oben in die Atmosphäre schickten, wo sie sich zu einem energetischen Schutzschild verbanden. Heute ist es nicht mehr so stark, wie es einmal war, weil einige Pyramiden fehlen. Sie sind schon längst erodiert oder wurden abgebrochen und als Baumaterial verwendet, weil die Menschen es nicht besser wussten.

Siegfried: Es gibt Berichte, wonach beobachtet wurde, wie aus der Spitze der Pyramide des Kukulkan in Mexiko ein Lichtstrahl kam. Kannst du uns erklären, was das zu bedeuten hat?

Serapis Bey: Das ist die ganz normale Funktion einer Pyramide. Die Menschheit ist jetzt reift für das Wissen über diese Bauwerke, die noch immer arbeiten. Manche von ihnen funktionieren nicht einwandfrei. Einige befinden sich auf dem Meeresgrund und haben seltsame Effekte auf Schiffe oder Flugzeuge, die in ihren Strahlungsbereich geraten. Ihr kennt die mysteriösen Geschichten rund um das Bermuda Dreieck.

Siegfried: Du hast gesagt, dass die Pyramiden Energie aus dem Kosmos in die Erde leiten. Wurden sie speziell für diesen Zweck gebaut oder war das nur ein Nebeneffekt?

Serapis Bey: Nein, das war schon beabsichtigt. Dieser Effekt war für die Erde und die Menschen sehr heilsam.

Siegfried: Warum stehen auf dem Gizeh-Plateau in Ägypten drei unterschiedlich große Pyramiden?

Serapis Bey: Sie wurden für unterschiedliche Zwecke gebaut. Die große ist diejenige, die auch die stärksten Schwingungen erzeugt. Die Schwingungsstärke verhält sich proportional zur Größe der Pyramide. Aber es musste ja nicht jedes Mal gleich eine Starkstromstrahlung sein. Zur Ausbildung der spirituellen Schüler wurden sie zuerst an die Energien in den kleineren Pyramiden gewöhnt. Durch die verschiedenen Größen hatte man also verschiedene Strahlungsintensitäten zur Verfügung.

Siegfried: Wer hat denn jetzt wirklich die Pyramiden gebaut?

Serapis Bey: Ihre Erbauer waren Nachkommen von Atlantis. Sie verfügten noch über das notwenige Wissen. Als Atlantis unterging, wurde das Wissen der Atlanter rechtzeitig evakuiert. Das ist auch schon allgemein bekannt. Je nachdem, wo sie ihr neues Domizil aufschlugen, begannen sie wieder ihre alten Strukturen zu errichten. Besonders wichtig waren ihnen diese pyramidalen Strukturen. Sie hatten ja noch das ganze Know-how parat, wie Pyramiden leicht zu errichten sind. Es war keine schweißtreibende Arbeit, wie ihr vermutet. Aber eure Wissenschaftler vermuten so einiges, was wenig mit der Wahrheit zu tun hat.

Siegfried: Heißt das, die Pyramiden wurden nicht von den Pharaonen gebaut?

Serapis Bey: Die Pharaonen waren schon auch beteiligt. Aber zusätzlich gab es noch diese spirituell-religiöse Fraktion an hochentwickelten Priestern. Sie trugen das Wissen weiter und wussten genau, wie solche gigantischen Bauwerke zu errichten waren.

Siegfried: Wie wurden die Pyramiden gebaut?

Serapis Bey: Sie wurden mit spirituellen Fähigkeiten gebaut. Niemand hat sich über Gebühr mit schweren Steinblöcken abmühen müssen. Man verwendete Telekinese um die Blöcke an Ort und Stelle schweben zu lassen. Auf geistiger Ebene war der Bau schon mit Anstrengung verbunden, aber hier haben viele zusammengewirkt, damit dieses Projekt in relativ kurzer Zeit fertig gestellt werden konnte. Die Pyramiden von Gizeh waren so makellos, wie ihr es heute nur noch erahnen könnt. Ihre Oberflächen waren ganz glatt und die Spitzen bestanden aus jeweils einem anderen Material. So hatte jede der drei Pyramiden ihre eigene Energiestärke und Energiequalität.

Siegfried: Wie lange hat denn die Errichtung der Cheops-Pyramide gedauert?

Serapis Bey: Es war eine Angelegenheit von ein paar Monaten.

Siegfried: Werden wir in Zukunft wieder die Fähigkeit, tonnenschwere Steinblöcke schweben zu lassen, erlangen?

Serapis Bey: Natürlich! Das ist es ja, was an positivem Wissen vergraben liegt und wieder ausgegraben werden darf. Niemand wird sich mehr schinden und gedankenlose Roboterarbeiten verrichten müssen, die so einfach und mühelos durch Gedankenkraft zu erledigen wären. Diese Steinblöcke wurden ja auch nicht mit Werkzeugen aus dem Berg gesägt, sondern durch Gedankenkraft. Das alles könnt ihr auch. Es bedarf nur konzentrierter Ausrichtung der Gedanken, einer entsprechenden Schulung und natürlich einer gewissen geistigen Reife. Das alles habt ihr wieder in greifbarer Nähe. Im Goldenen Zeitalter seid ihr wieder im Vollbesitz eurer geistigen Fähigkeiten. Dann braucht ihr euch nicht mehr mit mühevollen Arbeiten plagen, sondern könnt eure Zeit weit sinnvoller einsetzen.

Siegfried: Wie wurden die Steinblöcke aus dem Steinbruch geschnitten?

Serapis Bey: Mit einem Energiestrahl, ähnlich einem Laserstrahl, der durch Gedankenkraft erzeugt wurde. Mit ihm wurden die Blöcke ganz präzise geschnitten. Es war schon mit Mühe verbunden, deshalb hat es auch relativ lange gedauert, diese großen Bauwerke fertig zu stellen. Trotzdem ging es viel schneller, als mit herkömmlichen Werkzeugen.

Siegfried: Wäre es nicht auch möglich gewesen, die Steinblöcke mit Gedankenkraft zu materialisieren?

Serapis Bey: Prinzipiell schon, aber das wäre noch viel anstrengender. Es ist eine Frage des Aufwandes. Außerdem war schöner Stein vorhanden. Ein natürlicher Stein hat gewachsene Energielinien in sich. Das wird sehr geschätzt. Materialisierte Dinge haben immer etwas Künstliches an sich.

Siegfried: Manche Leute meinen, sie müssten daran arbeiten, die Pyramiden mit Energie aufzuladen, damit sie uns ins neue Zeitalter helfen. Was hältst du davon?

Serapis Bey: Die Idee, dass Menschen eine Pyramide mit Energie aufladen, ist lächerlich, denn hier wirken Energien, die kein Mensch jemals imstande wäre zu erschaffen. Das ist also nicht der Weg. Natürlich erwacht jetzt in diesen Menschen vieles. Sie forschen und grübeln und sind manchmal auf Irrwegen unterwegs. Aber die generelle Richtung stimmt schon, denn die Pyramiden können euch tatsächlich sehr viel Segen für die kommende Zeit bringen. Ihr Kraftfeld hat eine stabilisierende Wirkung. Es wäre sinnvoll, fehlende Pyramiden durch visualisierte Pyramiden auszugleichen, um die energetische Hülle um die Erde wieder zu vervollständigen. Ihr müsst keine Pyramiden aus Stein errichten, sondern könnt sie in der Gruppe auf einen bestimmten Platz visualisieren. Dieser Platz muss natürlich weise gewählt werden. Es leben viele sensitive Menschen unter euch, die die richtigen Plätze ausfindig machen können.

Siegfried: Welcher Zusammenhang besteht denn zwischen den Pyramiden in Ägypten und denen in Mittelamerika?

Serapis Bey: Die Grundidee ist ein und dieselbe. Du musst nur bedenken, dass zwischen ihrer Errichtung große Zeitabstände liegen. Auch die mittelamerikanischen Kulturen der Maya und Azteken wurden von Überlebenden aus Atlantis gegründet. Leider wurde das Wissen nicht immer rein weitergegeben oder es degenerierte. Es waren zerrüttete Strukturen, die evakuiert wurden, nicht mehr diese historisch gewachsenen Dinge, wie sie auf Atlantis existierten. Die Maya-Pyramiden wurden für den gleichen Zweck errichtet, nur ist dann wieder sehr viel Machtdenken eingeflossen. Die amerikanischen Pyramiden waren machtorientierter ausgerichtet als die afrikanischen. Das ist leider so. Die Menschen aus Atlantis konnten grob in zwei Gruppen eingeteilt werden. Die einen, die dem Licht und die anderen, die der Schattenseite dienten. Ägypten war zu Beginn sehr rein. Es war fast eins zu eins gleichzusetzen mit dem lichtvollen Atlantis. Die Atlanter trafen in Ägypten auf primitive Völker, die sie zu gebildeten Menschen schulen konnten. Das war ein großer Durchbruch, den die Atlanter hier erreichten. Darum hat die ägyptische Hochkultur viele Jahrtausende überdauert. In Süd- und Mittelamerika war es anders. Dort ging es schneller bergab. Es gab Blutopfer und andere grässliche Dinge, die es in Ägypten nicht gab.

Siegfried: Lieber Serapis Bey, danke für diesen faszinierenden Einblick in die alten Hochkulturen. Willst du uns zum Abschluss noch etwas zu diesem Thema sagen?

Serapis Bey: Das reizvollste wird für euch sein, diese alten Fähigkeiten wieder auszugraben. Ihr wart ja beim Pyramidenbau oder bei ähnlichen Projekten dabei. Diese alten Fähigkeiten, die ihr damals ganz selbstverständlich angewandt habt, könnt ihr wieder zum Leben erwecken. Dazu braucht ihr nur konsequent euren individuellen spirituellen Entwicklungsweg gehen. Ihr werdet nach und nach an euer Potential herangeführt werden. Dazu ist nicht viel Zutun nötig. Es geht nur um das Zulassen. Die Ungeduldigen können sich in die alten Zeiten zurückversetzen und ihre Erinnerungen auffrischen. Im Goldenen Zeitalter werdet ihr wieder im Besitz eurer natürlichen spirituellen Fähigkeiten sein. Ihr werdet heilen, ihr werdet telepathisch kommunizieren, ihr werdet mental Dinge bewegen, ihr werdet materialisieren und dematerialisieren mit einem Wimpernschlag. Vieles wird euch möglich sein, aber dann mit der gebotenen Herzensgüte, denn das ist die Basis für alles. Atlantis darf nicht wiederholt werden, das ist euch auch bewusst. Ein neuerlicher Untergang würde gar nicht zugelassen werden. Wer versucht, dieses hohe Wissen für eigennützige Zwecke zu missbrauchen, der muss weichen. Es liegt jetzt an euch, zu entdecken, welche Fähigkeiten ihr besitzt und zu welchem Zweck ihr sie einsetzen wollt. Sie werden immer nur demjenigen zugänglich sein, der sich ihrer würdig erweist. Das ist die große Quintessenz dieser ganzen Erfahrungen aus Atlantis und Ägypten. Entwickelt euch so, wie es lichtvollen Wesen würdig ist. Ihr seid dazu auserwählt, als Meister mit all eueren Fähigkeiten diese wunderschöne Erde lichtvoll zu gestalten, zu hegen und zu pflegen. Seid gesegnet!

19

Die Venus als Vorbild

Siegfried: Ist die Venus eine mögliche Zivilisation, wie sie auf unserer Erde in 20 oder 30 Jahren aussehen könnte?

Jesus: Nicht in diesem kurzen Zeitraum, aber es ist möglich.

Siegfried: Ist die venusische Zivilisation ein typisches Beispiel für ein Goldenes Zeitalter?

Jesus: Es ist ein typisches Beispiel für ein Leben in gegenseitiger Anteilnahme und Fürsorge.

Siegfried: Wie sieht der Alltag eines Venusiers aus?

Jesus: Er sieht so aus, dass sowohl männliche als auch weibliche Bewohner einen Großteil ihrer Zeit damit verbringen, sich selbst auszudrücken. Das kann in vielerlei Hinsicht geschehen, denn es ist nicht mehr nötig, einem Arbeitsalltag nachzugehen der Geld bringt, damit das Überleben gesichert ist. Solche Sachzwänge gibt es dort nicht, weil diese Bewohner schon längst auf Lichtnahrung umgestiegen sind und Nahrung zum Genuss zu sich nehmen können, wenn sie möchten, aber nicht, weil es sein müsste. Es ist auch so, dass sie in sich vieles entdeckt haben, was sie kultivieren möchten.

Sie können zum Beispiel ihre künstlerische Ader ausleben und immer wieder neu entdecken, was in ihnen alles an künstlerischem Potential steckt. Das ist nur ein Beispiel. Es gibt viele Bereiche, wo sich die Bewohner der Venus ergründen und alles ausleben, was sie in sich entdecken. Es ist jede Kleinigkeit wertvoll und wichtig. Einfache handwerkliche Tätigkeiten werden durch neue feinstoffliche Möglichkeiten erweitert, so dass es völlig neue Ausdrucksmöglichkeiten gibt. Es ist auch ein großes Hobby, mit anderen Seinsebenen zu kommunizieren und zu interagieren: mit dem Devareich der Pflanzen, der Steine und der Tiere. Viele Venusier orientieren sich in diese Richtung. Es geht jeder seinen Herzenswünschen nach. Andere genießen es wieder, den jungen Nachwuchs aufzuziehen oder entfernte Orte zu bereisen oder Expeditionen in unterentwikkelte Sternensysteme zu unternehmen. Es gibt Venusier, die sich nur ihrer Eigenschwingungserhöhung widmen, weil sie sich auch diesem Entwicklungsstand entziehen wollen, um in eine höher schwingende Frequenz zu gelangen. Denn Weiterentwicklung hat auch dort kein Ende.

Siegfried: Du hast gesagt, es sind alle auf Lichtnahrung umgestellt und manche essen nur, weil es ihnen Spaß macht. Was essen sie, wenn sie essen?

Jesus: Früchte. Es gibt keine Landwirtschaft in eurem Sinne, aber es gibt sehr wohl Gärtner, die in Zusammenarbeit mit Pflanzen und deren Devas wunderschöne Gärten hegen und pflegen. Auch Frucht- und Obstgärten werden gestaltet und es wird experimentiert, denn es darf experimentiert werden, wenn die zugehörigen Devas einverstanden sind. Gewaltanwendung mit maschineller Landwirtschaft, genetischer Manipulation und chemischen Düngemitteln gibt es auf der Venus nicht. Dort werden Pflanzen größtenteils um ihrer Schönheit willen geschätzt. Der Wohlgeschmack der Früchte wird genossen und man hält sich gerne in den liebevoll und sorgfältig gepflegten Gärten auf.

Siegfried: Manchen Venusiern macht es also einfach Spaß, Pflanzen und Bäume zu kultivieren, auf denen dann Früchte wachsen, die andere wiederum gerne essen, obwohl sie gar nicht essen müssten?

Jesus: So ist es.

Siegfried: Das ist sehr schön. Gibt es gar keine Landwirtschaft in unserem Sinn?

Jesus: Es gibt nur naturnahe Landschaften und auch diese werden manches Mal gestaltet, um sie noch schöner zu machen. Es werden Gärten angelegt, in denen Büsche und Bäume bestimmte Muster bilden. Hier wird viel experimentiert, aber immer so, dass es nicht zum Schaden der Natur oder der Bewohner ist.

Siegfried: Ist die Bevölkerung ziemlich gleichmäßig über die Oberfläche verteilt, oder gibt es wie bei uns Ballungszentren und Städte?

Jesus: Es gibt Ansiedlungen, die ihr aber nicht wie eure großen Ballungszentren sehen dürft. Es gibt Wohnungen und Häuser, die von den Bewohnern selbst gestaltet und geschaffen werden. Die Venusier leben eher in einer Art Dorfkultur, aber sehr kultiviert. Ihre Bauwerke sind sehr kunstvoll und farbenfroh.

Siegfried: Hier auf der Erde haben wir zwei Gruppen von Tieren: Die einen sind domestiziert, wohnen mit Menschen zusammen oder sind Nutztiere, die anderen leben in freier Wildbahn. Wie ist das auf der Venus?

Jesus: Es gibt Tiere, aber weniger als ihr es hier auf der Erde gewohnt seid, wo ganze Landstriche bevölkert sind. Prinzipiell sind sie freilebend, aber es gibt eine Art Mittelding zwischen wild und domestiziert, denn die Venusier treten in telepathischen Kontakt zu Tieren. Sie sind sehr hoch entwickelt. Es gibt keine Fleischfresser und keine Raubtiere. Der Bestand beschränkt sich auf ein paar Säugetiere, Vögel und Fische.

Siegfried: Die Vielfalt an Tieren ist also wesentlich geringer als hier auf der Erde.

Jesus: So ist es.

Siegfried: Es gibt keine Raubtiere?

Jesus: Nein, es herrscht ein friedliches Miteinander der verschiedenen Tierarten. Dieses Fressschema, das ihr auf der Erde noch habt, hat dort schon lange ein Ende gefunden. Es frisst kein Tier ein anderes, alle leben in friedlicher Koexistenz nebeneinander.

Siegfried: Und die Tiere sterben eines natürlichen Todes?

Jesus: So ist es.

Siegfried: Dann ist also die Art, wie die Tiere hier auf der Erde miteinander umgehen auch nicht besonders hochstehend?

Jesus: Nein, das ist ein Ausdruck der dritten Dimension, wo das Recht des Stärkeren gilt. Sobald sich auf der Erde die Energien verfeinern, werdet ihr auch im Tierreich einen Wandel feststellen.

Siegfried: Heißt das, dass manche Tierarten komplett verschwinden werden?

Jesus: Ja, weil ihre Eigenschwingung nicht in die Gesamtschwingung passt.

Siegfried: Wird es dann in 10 Jahren keine Löwen mehr geben?

Jesus: So ist es.

Siegfried: Auf der Venus wird telepathisch mit Tieren kommuniziert. Wie funktioniert das genau und warum wird das überhaupt gemacht?

Jesus: Du musst bedenken, dass der Forschergeist niemals stirbt und noch weitaus größere Ausmaße annimmt, sobald für das tägliche Überleben nicht mehr so viel Zeit und Energie aufgewendet werden muss. Venusier konzentrieren sich auf ein Tier und richten ihre Gedanken hin zu ihm aus. Das Tier wird innehalten, Blickkontakt suchen und seinerseits erfühlen, ob es diesem Bewohner näher kommen möchte. Wenn dem so ist, so kann auf telepathische Art und Weise ein reger Austausch stattfinden.

Siegfried: Welche Rolle spielen dabei die Devas?

Jesus: Sie sind Handlanger Gottes, die die Oberaufsicht über ganze Landstriche für Tiere und Pflanzen haben. Sie sind die Bewahrer der Baupläne, die Hüter von Gesetzmäßigkeiten aller Pflanzen- und Tierarten. Die Devas sind ein Teil des Engelreiches, welcher dem Naturreich eine ordnende Struktur gibt. Sie sorgen dafür, dass ein Apfel an einem Apfelbaum wächst und sein ganz spezielles Aussehen hat.

Es ist auch möglich, mit diesem Deva in Interaktion zu treten, um etwas Neues zu erschaffen, zum Beispiel einen Apfel, der lila ist und besonders köstlich schmeckt. Ein weiterer Deva wird sich darum kümmern, dass diese Neuschöpfung in immer gleicher Weise aus den Samen gemäß dem neuen Bauplan geschaffen werden kann.

Siegfried: Bei uns auf der Erde ist Essen sehr wichtig. Nicht nur, weil die meisten Menschen glauben, dass es lebensnotwendig sei, sondern einfach für den Genuss und das gesellige Beisammensein. Trifft man sich auf der Venus auch, um gemeinsam zu essen?

Jesus: Nicht so, wie ihr es kennt. Natürlich treffen sich die Bewohner dort auch, um sich auszutauschen und Freundschaften zu pflegen. Da kann es schon sein, dass so ein Treffen in einem wunderschönen Garten stattfindet, wo der Gärtner stolz erzählt, welch köstliche Erdbeeren er hat. Vielleicht isst man dann welche gemeinsam. Essen hat aber auf der Venus nicht so eine große soziale Bedeutung, wie das bei euch der Fall ist.

Siegfried: Wenn jemand durch die Landschaft spaziert und auf einen Apfelbaum stößt, kann er dann davon essen, ohne jemanden um Erlaubnis zu fragen?

Jesus: Ja. Diese Dinge werden zum Wohle aller erschaffen. Der Gärtner ist stolz, wenn seine Geschöpfe wertgeschätzt werden. Da gibt es kein Mein oder Dein. Natürlich kann man dem Gärtner Respekt zollen und ihn für seine wunderschöne Anlage loben, aber es gibt kein Verbot, seine Äpfel nicht zu essen, denn die Pflanzen werden als Geschenk der Schöpfung betrachtet. Sie sind Lebewesen, die gerne ihre Früchte verschenken. Es ist also eher eine Art Dank an den Baum zu richten, der diese köstliche Frucht geschaffen hat.

Siegfried: Kannst du uns beschreiben, wie so ein Venusier aussieht?

Jesus: Die meisten Venusier sind blond und blauäugig. Sie sind ein wenig größer als ihr. Sie bezeichnen sich ebenfalls als Menschen, denn menschliches Aussehen hat vielerlei Formen. Außerdem ist venusisches Genmaterial auch in euch enthalten. Ihr würdet, wenn ihr Venusier sehen könntet, gar nicht groß aufschrecken, denn sie sehen euch doch sehr ähnlich.

Siegfried: Welche Unterschiede, außer der Größe, würden uns denn besonders auffallen? Haben sie zum Beispiel sieben Finger auf einer Hand oder sieht ihre Nase komplett anders aus oder haben sie doppelt so große Ohren? Gibt es da irgendetwas, wo wir sofort denken würden: „Der Mensch sieht aber komisch aus?"

Jesus: Ihr würdet eher Unterschiede im Gebaren eines Venusiers feststellen, denn es herrscht eine heitere, ruhige Stimmung vor. Es ist eine Art „in sich selbst ruhen", die nach außen durchstrahlt. Venusier verbreiten eine Atmosphäre der Heiterkeit und des Friedens. Es sind wohltuende Energien, die ihr wahrnehmen würdet. Sie haben sehr stark entwickelte übernatürliche Sinne, die sie alles wahrnehmen lassen, was ihr noch denkt, verstecken zu können. Es wäre für einen Venusier ein Leichtes, dich durchzuscannen, auf einen Blick deine körperlichen Schwächen zu entdecken und deine geheimsten Gedanken zu lesen, wenn er es nur wollte. Ein Blick genügt, um dich zu durchschauen. Deine Augen verraten alles.

Siegfried: Heißt das, auf der Venus wird nicht so viel geredet wie bei uns auf der Erde?

Jesus: Das ist nicht nötig, weil vieles einfach erspürt wird und hauptsächlich telepathisch kommuniziert wird. Man braucht nicht mehr so viele Worte, weil vieles einfach von Haus aus klar ist. Wenn man sich nur in der Nähe des anderen befindet, weiß man sofort, wie es ihm geht, deshalb erübrigt sich die Frage: „Wie geht es dir?" Vieles wird auch allein durch Blicke ausgedrückt, so dass sich in der Nähe des anderen ein Wohlgefühl einstellt, ohne nur ein Wort zu sprechen.

Siegfried: Was wird denn dann überhaupt noch ausgesprochen?

Jesus: Mit den Worten ist es ähnlich, wie mit dem Essen. Sie sind nicht mehr nötig, aber manchmal werden sie sehr geschätzt, weil zum Beispiel ein Poet ein neues Gedicht verfasst hat und der Klang seiner Worte den Großteil seiner Wirkung ausmacht. Es geht in so einem Fall darum, die Schönheit der Sprache zu würdigen und ganz gezielt durch die Schwingung der Worte eine gewisse Atmosphäre zu erzeugen.

Siegfried: Die Venus erscheint mir jetzt als eine Welt, in der sich jeder selbst verwirklichen kann und das tun kann, was ihm am meisten Freude macht. Stimmt das?

Jesus: Das stimmt so, und jeder ist auch frei, sich umzuentscheiden, weg vom handwerklichen Ausprobieren hin zum Geistigen wie dem Dichten. Es ist vieles an Wachstum und Veränderung möglich, deshalb gibt es nicht diese starke Bindung an einen Beruf. Es sind Talente und Fähigkeiten, die gelebt werden. Schönheit ist ein großes Ideal auf der Venus. Sie wird gesucht und in allen Bereichen ergründet, in der Musik, der Malerei, der Gartengestaltung, der Kleidung, der Architektur, usw.

Siegfried: Das klingt wunderbar und schön. Viele Menschen hier auf der Erde träumen davon, sich selbst zu verwirklichen, können es aber nicht, weil sie sich vielen Zwängen ausgesetzt sehen. Gibt es keinerlei Verpflichtungen oder Zwänge auf der Venus, Tätigkeiten die verrichtet werden müssen, auch wenn man sie nicht gerne tut?

Jesus: Ergründe einmal, was jetzt auf der Erde an Notwendigkeiten herrscht. Viele davon fallen auf der Venus von Haus aus weg. Zum einen muss nicht mehr darum gekämpft werden, immer genügend Nahrung auf dem Tisch zu haben. Das gleiche gilt für das berühmte „Dach über dem Kopf". Auf der Venus kennen alle das Geheimnis der Manifestation. Ein Wohnhaus samt Einrichtung und Garten wird einfach durch Gedankenkraft erschaffen. Alles, was benötigt wird oder was man gerne hätte, kann sofort erschaffen werden. Es gibt keinen Sachzwang mehr, der nicht sofort selbst befriedigt werden könnte. Alle haben Zeit, sich auszudrücken, ihre Phantasien zu leben und sich selbst zu verwirklichen.

Siegfried: Gibt es auf der Venus zeitliche Rhythmen wie Tag und Nacht?

Jesus: Ja, es gibt diese Rhythmen. Die Menschen dort können auch ruhen, aber sie müssen es nicht. Sie könnten genauso gut wochenlang durchgehend wach bleiben, denn ihre Körper können laufend mit Energie regeneriert werden. Schlaf und Erholung sind nicht unbedingt nötig, aber viele genießen sie dennoch.

Siegfried: Die Menschheit ist ständigen Veränderungen unterworfen. Ist diese venusische Welt stabil oder kommt es auch dort zu Veränderungen und Entwicklungen?

Jesus: Es gibt sehr wohl Entwicklungen und es bleibt nicht immer alles gleich. Es herrscht ein ständiger Wandel und Wachstum in allen

Individuen. Die Weiterentwicklung von vielen Aspekten der Persönlichkeit, des innewohnenden Potentials haben zur Folge, dass sich die Venusier immer weiter perfektionieren. Diese Menschen, die sich nur diesem glückseligen Zustand widmen sind in einem meditativ erhöhten Zustand der ihnen hilft, die Gesamtschwingung des Planeten Venus zu erhöhen. Sie dienen so der Allgemeinheit. Ab einem bestimmten Entwicklungsstand können sie wählen, aus dieser gegenständlichen Welt in eine noch feinstofflichere zu gehen. Diese Individuen verschmelzen immer mehr mit der Einheit und selbst dann gibt es noch kein Ende. Es ist ein ewiges Verfeinern und Erhöhen.

Siegfried: Gibt es auf der Venus auch spirituelle Zentren, wo sich diese meditierenden Menschen treffen?

Jesus: Ja, die gibt es. Es ist wie bei euch, wo sich Gleichgesinnte zusammen finden, weil sie den Austausch schätzen und in der Gruppe vieles erreichen, was ein Einzelner alleine nicht leisten könnte. Diese Arbeitsgruppen bereiten große Freude, weil jeder seine Einzigartigkeit einbringen kann, um das Ganze zu bereichern. In diesen spirituellen Zentren finden sich Menschen zusammen, nur um sich in Stille dem großen Geist zuzuwenden. Dann gehen sie mit feinstofflicher Energie aufgeladen wieder nach Hause und beglücken ihr Heim und die Projekte, mit denen sie sich gerade beschäftigen.

Siegfried: Du hast gesagt, jeder kann das manifestieren, was er gerade braucht. Gibt es trotzdem für die meisten Venusier so etwas wie ein Zuhause?

Jesus: Ja, sie wählen eine Art Heim oder Haus, das sie selbst gestalten. Sie modeln es nach Bedarf auch um, denn es ist ein Leichtes, eine einmal manifestierte Sache den veränderten Lebensumständen anzupassen. Wenn jetzt an dieser Wand ein großes Fenster gewünscht wird, weil sich dahinter ein schöner Garten befindet, der das Herz erfüllt, dann wird das Fenster in allen Details erdacht und manifestiert.

Siegfried: Du hast gesagt, dass sich die Venusier viel mit Handwerk beschäftigen. Warum gibt es auf der Venus noch Handwerk, wenn doch alles manifestiert werden kann?

Jesus: Weil es Spaß macht. Du darfst dir dieses Handwerk nicht eins zu eins wie auf der Erde vorstellen. Ein Bildhauer kann es als Genuss empfinden, sich mit Werkstoffen wie Holz, Ton, Erde, Kristall physisch auseinanderzusetzen. Er kann seine Skulpturen aber auch mit Willenskraft gestalten, wenn er das bevorzugt. Es stehen ihm handwerkliche Möglichkeiten zur Verfügung, die euere Handwerker nicht haben.

Siegfried: Nachdem jeder das herstellen kann, was er gerade braucht, nehme ich an, dass es auf der Venus keine industrielle Fertigung gibt.

Jesus: So ist es. Es wird geschätzt, wenn ein Künstler in seinem Fach ein Objekt, zum Beispiel einen Stuhl, gestaltet, das ganz seine Handschrift trägt. Man wird solch einen Stuhl sehr wertschätzen, weil er die Schwingung des Künstlers trägt. Man wird ihn gerne in seinem Heim haben, obwohl man selbst in der Lage wäre, einen weniger interessanten Stuhl durch Gedankenkraft zu erschaffen. Die Würdigung des Künstlers spielt hier auch noch eine Rolle.

Siegfried: Heißt das, wenn ich von den Stühlen eines Freundes beeindruckt bin, kann ich einfach hingehen und sagen: „Ich hätte gerne einen deiner wunderschönen Stühle."

Jesus: So ist es.

Siegfried: Wird dann von mir erwartet, dass ich eine Gegenleistung bringe?

Jesus: Es wird nicht erwartet, aber du wirst vielleicht ein Geschenk machen wollen und wirst sagen: „Es ist mir eine Ehre, dir mit meinen Möglichkeiten zu Diensten zu stehen. Lass mich etwas für dich tun." Das Geben und Nehmen Prinzip gibt es auch auf der Venus. Es entsteht allein aus dem Bedürfnis, dem anderen auch eine Freude zu bereiten.

Siegfried: Aber es gibt keinen Handel in unserem Sinne?

Jesus: Nein, den gibt es nicht.

Siegfried: Es beruht alles auf dem Prinzip der Freiwilligkeit.

Jesus: Auf Würdigung und Wertschätzung. Wenn du der Erschaffer eines solchen Stuhles bist, dann trägt er deine Energie, deine Vision.

Es ist dein Kind, das du in die Welt gebracht hast und es erfüllt dich mit einem gewissen Künstlerstolz. Du fühlst dich sehr wertgeschätzt, wenn jemand anderer dein Kunstwerk ebenfalls wertschätzt. Es gibt diesen Gemeinschaftsgeist, der mit den Dingen, die so schön gestaltet werden wie es nur möglich ist, Freude bereiten möchte.

Siegfried: Gibt es auf der Venus Krankheiten und Krankenhäuser?

Jesus: Es gibt Heilplattformen, die eine ähnliche Funktion ausüben, aber sie werden kaum benötigt, weil es sehr deutlich wahrnehmbar ist, wenn jemand sich nicht in seiner eigenen Mitte befindet, was ja die Ursache aller Krankheiten ist. Manchmal kommt es vor, dass ein Mensch aus dem Gleichgewicht gerät. Dann kann er sich zu einer Heilstelle begeben, wo seine Energiekörper wieder ausgeglichen werden. Das ist keine große Affäre, denn das energetische Gleichgewicht kann in ganz kurzer Zeit wiederhergestellt werden. Krankheiten, wie ihr sie kennt, können dann erst gar nicht entstehen.

Siegfried: Wie sieht so eine Heilplattform aus und was passiert dort?

Jesus: Es ist eine Art Zentrum, wo sich verschiedene Menschen dem Dienst der Heilung verschrieben haben. Sie gestalten energetisch eine Ruhestätte mit erhöhter Schwingungsqualität. Allein der Aufenthalt an diesem Ort bringt das Schwingungsgefüge der Energiekörper wieder in einen ausgewogenen, harmonischen Zustand. Heiler sind geschult zu erkennen, was einem Patienten gut tut und sorgen dafür, dass er sich an dem für ihn richtigen Platz aufhält. Die Schwingungen werden durch die Gedankenkraft der Heiler hineinprogrammiert. Wenn man der richtigen Schwingung ausgesetzt ist, führt das unweigerlich zur Heilung.

Siegfried: Durchlaufen die Venusier auch den Bogen von Geburt über Leben bis hin zum Tod?

Jesus: Wenn sie das wünschen. Manche ziehen das wirklich vor, weil sie lange, lange gelebt haben und wieder einmal eine andere Erfahrung machen möchten. Ich habe schon gesagt, dass Expeditionen in andere Sternensysteme unternommen werden. Dazu gehören auch das bewusste Verlassen eines venusischen Lebenskörpers und der Eintritt in eine andere Lebensform auf einem anderen Planeten.

Siegfried: Gibt es auch venusische Expeditionen hier her auf unsere Erde?

Jesus: Ja, absolut. Es werden Einzelpersonen auf die Erde entsandt, um dort etwas kennenzulernen, was es auf der Venus nicht gibt. Rohe Gewalt, Hass, Ablehnung. All diese Dinge sind sehr interessant für fortgeschrittene venusische Seelen. Aber es ist ein riskantes Unternehmen, das sei auch dazu gesagt, denn viele dieser Seelen verlieren sich in irdischen Kämpfen und bleiben hängen, erschaffen sich Karma und dann ist es vorbei mit der baldigen Rückkehr zum Heimatplaneten. Dann muss erst auf der Erde irdisches Karma abgearbeitet werden, bevor eine Rückkehr auf die Venus möglich ist. Manche Seelen haben die schwere Energie auf der Erde unterschätzt und sind immer noch hier gefangen.

Siegfried: Müssen sie dann auf der Erde mehrere Inkarnationen durchlaufen, um dieses Karma wieder abzutragen?

Jesus: So ist es. Das ist ein sehr riskantes Unternehmen. Wer würde denn so etwas machen? Nur die Mutigen, die wissenschaftlich Orientierten, die abstrakt mit dem Thema Gewalt experimentiert hatten, bis sie auf der Venus nichts mehr dazulernen konnten. Diese Seelen sind es, die sich vollbewusst auf das Abenteuer Erde einlassen. Sie sagen sich: „Was kann denn schon Schlimmes passieren? Jede Seele wird eines Tages wieder zu ihrem Ausgangspunkt zurückkehren. So ist das Risiko überschaubar." Sie wissen, dass sich ihre Seelenqualitäten nach und nach wieder durchsetzen werden. Früher oder später kehren sie wieder auf das Bewusstseinsniveau zurück, welches sie schon einmal erreicht hatten.

20

Besuch auf der Venus

Siegfried: Nach dem Gespräch mit Jesus wollten wir erfahren, wie das Leben auf der Venus konkret aussieht. Daraufhin wurde es Gaby gestattet, in den Körper einer Venusierin namens Lianella zu schlüpfen um aus erster Hand zu berichten. Diese Sitzung war für alle Anwesenden die berührendste des ganzen Buches.

Gaby auf der Venus im Körper von Lianella: Ich nehme Bewegungen wahr, die nicht die meinen sind. Ich stecke jetzt in diesem Körper und fühle ein Gewand. Wenn ich die Arme hochhebe, sehe ich ganz lange Ärmel. Es ist aus ganz zartem Stoff, ganz dünn und lang, aus mehreren Schichten. Ich nehme immer diese Bewegung mit meinem Arm wahr, als ob ich jemandem eine Aussicht zeigen würde und jetzt ist auch die Landschaft da. Ich gehe eine Treppe hinunter und bin mir eines richtig stolzen Gefühles bewusst. Ich gehe auf Gebäude zu, die ich mit ganz neuen Augen betrachte. Das erste wirkt wie eine Moschee. Es ist ein Kuppelbau mit vielen kleinen schlanken Türmchen. Ich sehe kein einziges Haus, das mit einem Spitzdach gestaltet wäre wie bei uns. Es sind lauter Kuppeldächer. Ich gehe jetzt zu einem Eingang. Da ist eine Tür in einem Rundbogen, aber ich mache nur eine Handbewegung, dann schiebt sich die Tür nach rechts zur Seite, als ob es eine Schiebetüre wäre. Ich gehe hinein und bin umgeben von Wasserplätschern, von Klängen und alles ist hell und leicht. Ah, das ist ja wie eine andere Welt da drin! Ich habe das Gefühl, dass diese Wasserbewegungen und die Töne zusammen hängen. Ich gehe nach rechts in den Hauptraum. Er ist kreisrund und in der Mitte ist eine Art Wasserspiel-Zierbrunnen. Da kommen auch das Wasserplätschern und diese ganz leichten Klänge her. Das Wasser sieht aus, als ob Edelsteine dabei wären, als ob alles vereint wäre, ich kann das gar nicht beschreiben. Ich stehe vor dem Brunnen und fange die Wassertropfen auf. Es ist so ein Zwischending zwischen Wasser und Kristall, je nachdem wie ich es anschaue und diese Kristalle erzeugen die Töne. Wenn ich sie wieder in den Brunnen gebe, werden sie wieder zu Wasser. Mir ist bewusst, dass der Brunnen etwas mit dem Raumklima zu tun hat. Es wirkt absolut aufbauend, absolut erleichternd. Diese Schwingung wird aus dem Zentrum des Raumes verbreitet und geht in den Körper über. Das ist wunderbar. Es gibt an der Wand Liegemöglichkeiten und ich lege mich da jetzt hin, so richtig gemütlich. Die Liege ist sehr klassisch mit Kissen aus Seide gestaltet. Der Raum hat eine Kuppeldecke und wird durch kleine Fensterchen beleuchtet. Diese Liegemöglichkeiten stehen rundum und in der Mitte ist einfach dieses Schauspiel, das man stundenlang anschauen könnte. Da verändert sich auch die Bewegung von diesem Wasser-Kristall-Gemisch. Es ist wie etwas Lebendiges, dem man stundenlang zuschauen könnte.

Jetzt gehe ich raus in den nächsten Raum, der etwas kleiner ist. Ich bin jetzt im Schlafzimmer und habe gerade meine Schuhe weggekickt, wie man das hier so macht. Zack und weg sind sie - und dann sind sie wirklich weg! Da braucht man nicht aufräumen oder sie irgendwo hinstellen. Sie dematerialisieren sich einfach. Der kreisrunde Raum war zuerst leer, aber als ich mich hinlegen wollte, war das Bett plötzlich da. Es steht mitten im Raum, ist rund und furchtbar weich wie eine Wolke. Wenn ich mich hinlege, passt es sich automatisch meinen Körperformen an. Ich liege da immer genau richtig. Ich betrachte jetzt meinen Körper. Ich bin blond und habe lange Haare. Die Frisur ist so ähnlich wie im alten Griechenland oder im alten Rom, um den Kopf herum gelockt und gesteckt. Sieht ganz toll aus. Ich kann meine Haare mit Gedankenkraft gestalten. Wenn ich die Haare locker lassen möchte, dann hängen sie gerade herunter bis zur Hüfte. Wenn ich sie mir wieder gelockt und festgesteckt vorstelle dann sind sie wieder so. Ich bin in mittlerem Alter und ich fühle mich sehr zufrieden mit mir. Ich gehe aus dem Raum. Ein Badezimmer gibt es nicht. Für Körperpflege, Ankleiden und Schmücken reicht ein Gedanke, dann habe ich das. Jetzt habe ich zum Beispiel ein völlig anderes Kleid an. Zuerst war es weiß, jetzt ist es blau. Ich gehe hinaus und schaue mir das Licht an. Das Sonnenlicht ist irgendwie anders, milchiger und milder.

Ich sehe zum Haus zurück und links davon kommt ein Kind gelaufen. Ich fange das kleine zappelnde Gewächs mit meinen Armen auf. Es ist ganz aufgeregt. Es zieht mich an der Hand und ich laufe hinterher. Wir kommen zu einem Teich hinter dem Haus. Das Kind springt hinein, steckt den Kopf ins Wasser und zeigt mir einen Fisch, den es jetzt in der Hand hält. Der kleine Junge knuddelt den Fisch und ich bin am erziehen und sage, er soll das Tier in Ruhe lassen, aber er ist ganz übereifrig im Entdecken und Experimentieren. Er zeigt mir, was er mit dem Fisch alles machen kann, als ob er ihn dressiert hätte. Es kommt jetzt auch ein Mann mit dunklen Haaren dazu. Wir sitzen am Rand des Teiches. Der Mann hockt sich zu uns. Er gehört zu mir und ist gerade von irgendwo her zurückgekommen. Das ist schön. Er legt mir einen Arm um die Schulter aber wir könnten auch ineinander verschmelzen. Der Körper hat nicht direkt eine Begrenzung, wenn man es nicht möchte. Das habe ich jetzt gerade erlebt. Man kann sich umarmen und in den anderen kurz „hineinverschmelzen". Dann geht man wieder raus und ist wieder sein eigener Körper. Das ist ein schönes Gefühl, aber gleichzeitig ein sehr lustiges. Der Mann schnappt sich jetzt den Kleinen, setzt ihn sich auf die Schultern und wir gehen ins Haus. Wir sind wieder im Wohnraum, an dessen Zentrumsbrunnen der Kleine herumspielt. Wir sitzen auf den Bänken und unterhalten uns. Es wird jetzt dunkler, das sieht man am Licht, das durch die Oberfenster hereinstrahlt. Wir gehen jetzt in den Schlafraum mit dem großen runden Bett und da liegt der Kleine zwischen uns.

Das Bett hat wirklich die Eigenschaft, dass es sich perfekt an die Körperformen anpasst und es ist ein sehr wohliges Gefühl, darin zu schlafen oder besser gesagt zu ruhen. Ich habe nicht das Gefühl, dass ich schlafe. Meine Augen sind offen und ich spüre, wie ich vom Bett energetisch geladen werde. Es ist wie eine Ladestation, in der man Energie tanken kann. Ich stehe jetzt wieder auf, während sich die anderen noch räkeln. Ich habe eine Handbewegung gemacht und bin wieder anders angezogen. Ich gehe raus in die Natur und kann nicht sagen, ob Sonnenuntergang oder Sonnenaufgang ist. Jedenfalls herrscht eine Zwielichtstimmung. Die Luft ist sehr erfrischend und es ist ein ganz tolles Gefühl, durch die Landschaft zu marschieren. Ich blicke zurück auf das Haus. Es ist von einem Garten umgeben und steht alleine in einer Naturlandschaft. Es gibt Sträucher, Bäume, Blumen und Wege. Alles ist sehr natürlich, nicht kultiviert. Da ist jetzt ein Bach und das ist alles eine andere Wahrnehmungsart. Ich komme zu einem Bach, in dem das Wasser über die Steine hüpft. Ich greife ins Wasser. Wenn ich will, kann ich es hochheben wie einen Stoff, aber wenn ich es als Wasser ansehe, ist es wieder Wasser. Das ist anscheinend eine Fähigkeit, die man auf der Venus hat. Auch die Wahrnehmung der Energie in der Luft ist völlig anders. Wenn ich sie einatme, prickelt es im ganzen Körper. Ich kann das nicht anders beschreiben. Ich bin mit den nackten Füßen ins klare Wasser gestiegen, was mir Spaß macht und was ich genieße. Das Wasser ist wie belebt, als ob Wesenheiten darin wären. Ich laufe dann wieder zum Haus zurück. Ich habe ein sehr leichtes Körpergefühl und es hat richtig Spaß gemacht. Ich bin wie nach einem langen Lauf richtig aufgepowert und übervoll mit Energie. Ich fühle mich richtig glücklich. Jetzt sitze ich wieder in dem Wohnraum. Der Brunnen hat auch wieder eine andere Farbe, irgendwie ist das etwas ganz Fantastisches, ganz was Außergewöhnliches. Ich kann von diesem Wasser auch trinken, das sprüht ja so nach oben und ich genieße einfach meine Energie, sonst tue ich nichts. Ich gehe jetzt wieder zu meiner Familie, ich hab nicht das Gefühl gehabt, dass die wirklich geschlafen haben. Sie waren wach, aber nun kämpfen sie sich aus dem Bett, das so eine Art „Versinkbett" ist und ich gehe mit dem Kleinen zu dem Bach hin, wo ich vorhin war und erkläre ihm da etwas. Diese Wesenheit im Bach hört ganz aufmerksam zu. Irgendwie habe ich das Gefühl, dass ich da was erkläre, was mit dieser belebten Natur zu tun hat. Und er hört zu und alles rundum hört zu, weil da wirklich alles lebendig und belebt ist. Ganz egal, ob das jetzt die Büsche sind oder andere Pflanzen, es ist eine sehr wohlwollende Atmosphäre. Das was ich dem Kleinen erkläre oder erzähle, das interessiert die anderen auch. Dann gehen wir wieder weiter, es gibt da Gewächse, ich sehe links vom Weg einen großen Pilz, zum Beispiel, mit einem farbigen Hut und den berühren wir jetzt mit den Händen und er bewegt sich ein wenig.

Ich zeige meinem kleinen Sohn jetzt ein bisschen, wie man da kommunizieren kann mit diesen Gewächsen, also auch mit dem Pilz. Das geht allein durch Gedankenkraft, da wird jetzt nicht viel geredet, man kann sich da einfach verbinden. Der Kleine ist auch ganz süß, der kniet sich hin und schaut sich das ganz genau an, wie der Pilz gebaut ist, das ist so eine Art mit Lamellen, und dann ist er schon wieder unterwegs und hat schon wieder was Neues entdeckt: da hängen irgendwelche Lianen von den Bäumen und da schaukelt er. Alles ist belebt, ich sehe immer die Naturwesen dahinter, die in diesen Bäumen und Lianen sind, alles glitzert, überall ist Energie drin und alles ist Bewusstsein. Ich fühle deutlich, dass wir da sehr respektvoll durch die Natur marschieren und nicht direkt jeden Baum grüßen, aber einfach wahrnehmen. Die ganze Sache ist uns einfach sehr bewusst, dass rundum alles lebendig ist. Ich knie jetzt auf dem Boden und habe meine Hände auf dem Boden, weil auch dieses nach unten spüren so leicht ist und dieses nach unten wahrnehmen, wie es dem Planeten geht. Und ich spüre ein Rumpeln und Rumoren, also da ist auch unterirdisch alles absolut aktiv. Und wenn ich wieder mit meinem Bewusstsein nach oben gehe, ist es sehr harmonisch. Es ist alles in Harmonie, ein überwältigendes Gefühl. Ich sehe Vögel fliegen, wenn ich mir die Landschaft so betrachte und ich habe ein absolutes Gefühl von Frieden in mir, oder dass alles ausgeglichen und ausgewogen ist. Und ich mache jetzt so eine Geste. Ich glaube, das war die Abschiedsgeste. Ich habe das Gefühl: „Das ist meine Welt."

Lianella: Hast du Fragen?

Siegfried: Ja, mit wem spreche ich jetzt?

Lianella: Mein Name ist Lianella.

Siegfried: Kannst du kurz deine Familie beschreiben?

Lianella: Meine ganze Familie ist mein Sohn und mein Gefährte. Das ist eine kleine Familie, aber es ist in unserer Kultur sehr wichtig, dass jedes Kind die nötige Förderung und Aufmerksamkeit erhält und wirklich viel Zeit mit seinen Eltern oder anderen Erziehungspersonen genießen kann.

Siegfried: Hast du das Kind mit deinem Gefährten bekommen?

Lianella: Ja.

Siegfried: Geht das Kind in eine Schule?

Lianella: Nein, ich, mein Gatte und das Umfeld schulen meinen Sohn. Er ist schon recht klug im Hinblick auf die Kommunikation mit vielen belebten Dingen. Er ergründet sie spielerisch und bringt sich selbst durch seine Neugier vieles bei. Die belebte Umwelt zeigt ihm, was für ihn wichtig ist und was er erfahren darf.

Siegfried: Warum sind bei euch alle Dächer rund?

Lianella: Wir ziehen eine Wohlfühlatmosphäre vor. In runden Räumen können die Energien kreisen und zirkulieren, was unser Wohlbefinden fördert.

Siegfried: Habt ihr das Haus gebaut?

Lianella: Es wurde von uns gestaltet und kann jederzeit umgestaltet werden.

Siegfried: Gestaltet ihr das Haus oft um?

Lianella: Es ist so, wie es uns zurzeit gefällt und dienlich ist. Es gibt nur kleine Details, die wir vielleicht hin und wieder verändern möchten. Dann tun wir es. Meist gestalte ich mehr im Außen, weil dies mein Steckenpferd ist. Ich liebe es, einen schönen Garten zu haben, in dem sich vieles tummelt.

Siegfried: Gibt es in eurem Haus eine Küche?

Lianella: Nein, die wird nicht benötigt, weil wir nicht essen müssen.

Siegfried: Esst ihr trotzdem manchmal?

Lianella: Ja, manches Mal macht es uns Spaß frisches Wasser zu trinken oder auch Früchte zu genießen.

Siegfried: Aber ihr schlaft manchmal?

Lianella: Du würdest es eher ein Ausruhen nennen. Es ist nicht so, dass wir dann unbewusst sind oder uns nicht erinnern können. Diese Zeit der Energieanreicherung ist eher eine Ruhepause, die wir uns gönnen können, weil es angenehm ist, aber auch das müsste nicht sein. Es gibt Mittel und Wege, unser Energiesystem ganz bewusst und schnell aufzuladen.

Siegfried: Wie alt bist du?

Lianella: 286.

Siegfried: 286 venusische Jahre?

Lianella: So ist es.

Siegfried: Wie alt werden die Leute dort, wo du lebst?

Lianella: Die Leute werden sehr alt. Es geht in die Tausende.

Siegfried: Dein Tagesablauf, den du geschildert hast, war ziemlich ruhig. Sehen die meisten Tage so aus?

Lianella: Das kommt ganz darauf an, welche Erfahrung ich mir oder meinem Sohn gönnen möchte. Diese Schulung, die ich mit ihm vornehme bedeutet ja auch, dass ich verschiedene Orte und Wesen mit ihm besuche. Auch der Austausch mit anderen Kindern und Erwachsenen ist sehr wichtig.

Siegfried: Gibt es bei euch Haustiere?

Lianella: Nein, nicht im Haus. Wenn wir Kontakt zu Tieren möchten, besuchen wir sie dort, wo sie ihr angestammtes Zuhause haben. Die Tiere entziehen sich uns nicht. Sie suchen den Kontakt zu Menschen oder tolerieren ihn zumindest.

Siegfried: Wie viele Räume hat euer Haus?

Lianella: Es ist nicht so groß. Es besteht aus diesem Wohnraum und einem Ruheraum. Das ist alles.

Siegfried: Diesen Brunnen oder das Objekt, das mitten in eurem Wohnraum steht, finde ich interessant. Ist das Wasser, was da rinnt?

Lianella: Nein, es kann Wasser sein, wenn du es als Wasser betrachtest. Es ist trinkbar, aber es ist eher eine Form von Energie, die sich so gestaltet, wie sie gerade benötigt wird. Es ist ein Energiesystem, das Zentrum und Herzstück der Wohnung, das alles energetisiert und harmonisiert, wie es für unsere Familie gut ist. Die Schwingung kann jederzeit verändert werden. Zum Beispiel kann es eine belebende, sprudelnde Energie sein, die den ganzen Raum mit Leichtigkeit erfüllt oder es kann beruhigen und besänftigen, ganz so wie es von uns gewünscht wird. Diese Quelle kann durch Gedankenkraft immer wieder verändert werden. Sie ist ein Kernstück, das keine venusische Familie missen möchte, weil ihre starke energetische Ausstrahlung so glücklich macht. Sie ist ein Wesen, das sich ständig im Wandel befindet, etwas künstlich geschaffenes, aber dennoch beseelt und es ist wunderbar, es nur zu betrachten.

Siegfried: Hat es einen Namen?

Lianella: Oleyon.

Siegfried: Ich würde dich gerne etwas über euer Beziehungsleben fragen. Wenn du bestimmte Vorstellungen hast, wie dein Haus gestaltet sein sollte, aber dein Mann hat andere Vorstellungen, wie einigt ihr euch dann?

Lianella: Das kann ganz unterschiedlich sein. Wenn er meint, dass etwas zum Wohlgefühl beiträgt, dann hat er ja auch Gründe dafür. Wenn diese Gründe berechtigt sind, dann werde ich mich fügen, denn ich kann mich auch in einem etwas veränderten Haus wohlfühlen, weil das in mir liegt, und nicht so sehr vom Äußeren abhängt. Das Äußere dient uns und unsere Ansprüche sind nicht besonders hoch. Viele unserer Bedürfnisse können einfach durch Gedankenkraft befriedigt werden. Die Ernährung, die Kleidung, die Körperpflege, die Gesundheit, die ganze Interaktion mit dem, was um uns herum lebt, kann durch Gedankenkraft geregelt werden. Auch der Wohnraum ist sehr flexibel.

Siegfried: Hat euer Haus Fenster?

Lianella: Ja, dieses Haus hat viele kleine Fenster, die sich oben um die Kuppel scharen. Sie bilden einen Ring, so dass Tageslicht von allen Seiten in den Raum strömen kann.

Siegfried: Ist es in der Nacht im Haus finster?

Lianella: Nein, es herrscht ein Zwielicht. Es ist niemals wirklich finster, nur die Farbe des Lichts ändert sich.

Siegfried: Wie ist denn euer Haus innen farblich gestaltet?

Lianella: Unseres ist komplett in sanftem Weiß gehalten.

Siegfried: Wie sieht der Boden aus?

Lianella: Der ist aus einem schwarz gemaserten polierten Stein.

Siegfried: Wie sieht es mit der Temperatur aus? Gibt es bei euch starke Temperaturschwankungen, so dass das Haus geheizt werden muss?

Lianella: Nein, wir leben in einem Umfeld, das klimatisch wohltuend ist. Unsere Körper passen sich der Umgebung an. An die Temperatur verschwenden wir keine Gedanken.

Siegfried: Kälte und Hitze ist für euch kein Problem?

Lianella: Nein.

Siegfried: Was macht dein Lebensgefährte?

Lianella: Er ist ein Bewunderer von alten Lehren. Er ist ein Gelehrter, der sich viel mit alten Weisheitslehren beschäftigt. Sie sind in unseren Archiven gespeichert. Dort wird im Kreise Gleichgesinnter verwaltet, ergründet, erforscht und diskutiert.

Siegfried: Gibt es bei euch so etwas wie Freizeit?

Lianella: Es gibt nur Freizeit. Es gibt nur wenig, was wir tun müssen, aber vieles was wir tun wollen. Allein die Wahrnehmung unseres lebendigen Umfeldes erfüllt uns mit Freude. Alle diese Naturwesen ständig zu betrachten, ihnen zu lauschen, alles wahrzunehmen was sich wandelt und abwechselt in der Tierwelt, der Pflanzenwelt, den Steinen ist sehr erfüllend. Sogar so ein Bach hat schon vieles gesehen, von dem er erzählen kann.

Siegfried: Du hast ja einen Garten. Gibt es da Pflanzen, die mit unseren hier auf der Erde vergleichbar sind?

Lianella: Es gibt sehr schöne Blumen. Ich hege sie und bringe sie mit meiner Bewunderung zu wirklich großem Wachstum. Sie brüsten und recken sich, um noch schöner und üppiger zu werden.

Siegfried: Das heißt, deine Pflege für diese Pflanzen und Blumen erfolgt durch deine Bewunderung für sie?

Lianella: Das gibt ihnen noch ein Quäntchen mehr Schönheit, denn sie sind ja schon wunderschön, aber durch meine Liebe, Fürsorge und Bewunderung werden sie noch schöner. Alles muss immer im energetischen Gleichgewicht sein. Wenn ich ihnen durch meine Bewunderung Energie zuführe, führt das dazu, dass ihre Schönheit noch mehr zunimmt.

Siegfried: Musst du deine Blumen gießen?

Lianella: Nein.

Siegfried: Setzt du manchmal Blumen um oder pflanzt du neue Blumen oder reißt du manchmal welche aus und wirfst sie auf den Kompost?

Lianella: Es geht nicht so brutal zu. Der würdevolle Umgang zwischen den Pflanzen und mir ist sehr wichtig. Wenn ich eine Pflanze umsetzen möchte, dann erkläre ich ihr das, bitte sie um ihr Einverständnis, welches sie mir meist gewährt, und dann kann ich mit der Prozedur beginnen. Sie sitzt dann an ihrem neuen Platz und wird genau so wundervoll weiter wachsen.

Siegfried: Verwelken manche Blumen auch?

Lianella: Sie sind auch Zyklen unterworfen, das ist schon richtig. Es gibt Vegetationszyklen, die immer wieder durchlaufen werden. Bei manchen Pflanzen und Bäumen merkt man es gar nicht, weil sie immerwährend blühen und wachsen. Andere haben ihre Rückzugsphasen.

Siegfried: Wie kommunizierst du mit deinen Blumen?

Lianella: Gedanklich und auch durch Erfühlen. Wenn ich in die Nähe komme spüre ich schon von weitem, ob etwas nötig ist.

Siegfried: Was kann denn nötig werden?

Lianella: Na ja, es kann sein, dass ein wenig mehr Sonnenlicht gewünscht wird, weil ein Baum alles wegnimmt, oder dass sich Tiere allzu breit gemacht haben und ein wenig rücksichtslos waren oder auch, dass bestimmte Pflanzen nicht nebeneinander stehen wollen. All das kann schon einmal sein.

Siegfried: Gibt es in deinem Garten angelegte Wege oder einen Teich?

Lianella: Es gibt einen Teich mit Fischen und auch Wege.

Siegfried: Habt ihr die selber angelegt?

Lianella: Ja.

Siegfried: Durch Gedankenkraft nehme ich an?

Lianella: Ja. Manches Mal macht es Spaß, etwas mit den Händen physisch zu tun. Es ist ja ein Genuss, in die Erde zu greifen und ihre Energien zu spüren. Es ist alles so erfüllend, was man berührt, weil man sich mit der Energie verbindet. Es ist ein Hobby von mir, möglichst viele unterschiedliche Energien zu erleben.

Siegfried: Ihr arbeitet nur manuell, wenn ihr Lust dazu habt?

Lianella: Ja, was könnte es sonst für einen Grund geben?

Siegfried: Wenn du deinen Tag beginnst, hast du da einen Plan wie er ablaufen sollte?

Lianella: Ja, ich habe Pläne, denn es gibt vieles zu entdecken. Mein Steckenpferd der Naturbetrachtung ist bestimmten Zyklen unterworfen. Es ist interessant, bestimmte Blumen in ihrer Blütezeit zu besuchen, weil sie dann eine besondere Energie verströmen. Pflanzen und Bäume treten mit unseren Energiefeldern in Wechselwirkung. Es tut gut sich im Ausstrahlungsbereich bestimmter Plätze und Pflanzen aufzuhalten.

Siegfried: Wie viele Jahre machst du das jetzt schon?

Lianella: Na ja, als kleines Mädchen hatte ich lange Schulungsjahre, aber sie waren genauso, wie ich es bei meinem Sohn mache. Es war sehr spielerisch, sehr entdeckungsorientiert mit wenigen Worten. Meine Mutter führte mich an viele Dinge heran und ich durfte sie selbst entdecken. So sieht Bildung auf der Venus aus. Das lässt Kinder leichter lernen. Sie haben dann viel mehr Bezug und sind selbst durch die eigene Erfahrung ganz anders mit diesen Energien verbunden. Diese Liebe zur Natur hatte ich schon in jungen Jahren. Mein Gefährte war anders gelagert und hat sich schon als junger Mann mit historischen Aufzeichnungen, alten Skripten und energetisch versiegelten Botschaften beschäftigt. Das ist sein Steckenpferd. Da findet er seine Erfüllung.

Siegfried: Er verbringt also viel Zeit mit Lesen?

Lianella: So ist es.

Siegfried: Ihr lest Bücher, so wie wir das tun?

Lianella: Das ist ein Teil davon. Es gibt Schriftrollen und Bücher. Aber es gibt auch energetische Aufzeichnungen in energetischen Büchereien, die jedoch in einer anderen Dimension besucht werden. In tiefer Versenkung kann er dort Erkenntnisse gewinnen, Rückschlüsse ziehen, Verbindungen aufbauen und seinen Erfahrungsschatz bereichern.

Siegfried: Und was macht er sonst noch, außer dass er studiert und liest?

Lianella: Was sollte er sonst noch tun?

Siegfried: Ach ja, ich habe nicht daran gedacht, dass es bei euch keine Verpflichtungen gibt. Gibt es bei euch auch Sport?

Lianella: Ja, manche lieben es, sich körperlich auszudrücken. Tanz ist zum Beispiel eine sehr beliebte sportliche Ausdrucksweise und auch Ballspiele werden sehr geschätzt. Tanz ist sehr leicht zu erleben, denn diese tänzerischen Energien sind ja auch in der Natur vorhanden und die Menschen eifern Naturbewegungen nach.

Siegfried: Gibt es bei euch auch Wettkämpfe, wo es Gewinner und Verlierer gibt?

Lianella: Ja, es gibt gerade in der Jugend sehr eifrige Mannschaften, die herausfinden wollen, wer am schnellsten und am kräftigsten ist. Sie ergötzen sich an sich selbst und genießen diese Wettkämpfe voller Spaß und überschäumender Lebensfreude. Es gibt zwar Verlierer und Gewinner, aber das spielt keine große Rolle.

Siegfried: Gibt es Momente, in denen du traurig bist?

Lianella: Es gibt solche Momente, die sich manchmal einzuschleichen versuchen, aber ich weiß wie ich damit umgehen kann. Ich habe genügend Mittel, um meine Energieabsenkung sofort umzukehren und mich wieder mit genügend Energie vollzutanken. Zum einen ist das diese Liegestatt, die du gesehen hast. Sie stellt uns sehr viel Lebensenergie zur Verfügung. Zum anderen dient dieser Brunnen zum Auftanken von positiver, leichter Energie. Alleine wenn ich meinen Geist für seine Schönheit öffne, erfüllt sie mich und alle trüben Gedanken sind wie weggeblasen.

Siegfried: Unterhältst du dich oft mit deinem Gefährten?

Lianella: Manchmal sprechen wir, aber meistens ist es eher ein gegenseitiges Wahrnehmen, denn wir sind telepathisch sehr stark verbunden.

Siegfried: Wie lange bist du mit ihm schon zusammen?

Lianella: Als wir zusammen kamen war ich 34 und er 59.

Siegfried: Habt ihr Sex miteinander?

Lianella: Ja, natürlich haben wir das. Wie wäre sonst unser Kind entstanden? Es ist auf verschiedenen Ebenen möglich, mit einem geliebten Partner zu verschmelzen. Die eine ist diese tatsächliche kurzfristige, fast begrüssungsartige Verschmelzung, die wir so sehr pflegen. Es ist uns allen ein Genuss, die Energie des anderen - sei es ein Freund, sei es eine Freundin, sei es ein Nachbar - hautnah zu erspüren und sich dem anderen sofort spontan zugeneigt zu fühlen. Das andere ist, mit dem Geliebten in Vereinigung zu versinken, die ganz körperlicher Art sein kann, aber eben auch diesen zusätzlichen starken Aspekt der energetischen Verschmelzung hat. Im Moment sexueller Verbindung sind auch die Energiefelder beider Körper ganz stark verschmolzen und sie bleiben es auch noch eine Zeit lang, nachdem sie sich wieder getrennt haben. Durch Sex entsteht ein Kraftfeld, das auch den Ort eine gewisse Zeit energetisiert.

Siegfried: Wohnt ihr in Städten oder Dörfern mit anderen Menschen zusammen?

Lianella: Es gibt Dörfer und Städte, aber wir wohnen für uns alleine.

Siegfried: Pflegt ihr Austausch mit anderen Menschen?

Lianella: Ja, das tun wir, aber es war mein Wunsch, so viel Natur wie nur möglich um mich herum zu haben. Ich wollte in erster Linie mit Pflanzen und Bäumen zu tun haben, aber ich bin dem Kontakt zu anderen nicht abgeneigt. Gerade mein Sohn drängt mich immer wieder in die Gesellschaft anderer zu gehen. Das genießen und pflegen wir auch. Es ist sehr anregend, sich mit anderen Frauen auszutauschen und die Kinder in einer Horde laufen und spielen zu sehen.

Siegfried: Bei uns auf der Erde gibt es Wohnblöcke, in denen viele Menschen auf engem Raum leben. Gibt es so etwas bei euch auch?

Lianella: Nein, das wäre energetisch nicht ratsam. Es ist sehr wichtig, dass Lebensgemeinschaften ihr eigenes Heim besitzen, weil sie ihre eigene energetische Aura bewahren und halten wollen. Wir legen viel Wert auf den vereinigenden Aspekt der Familienenergie, wobei diese Familien nicht immer aus Vater, Mutter und Kind bestehen müssen. Es gibt zahlreiche andere Lebenspartnerschaften, aber diese Wohnform in Häusern mit Kuppeln ermöglicht es ihnen ein starkes Einheitsgefühl zu entwickeln.

Siegfried: Sind sich alle eure Häuser sehr ähnlich?

Lianella: Das Grundprinzip ist die Kuppelform, weil sie den Energiefluss verstärkt und am Laufen hält. Wie ein Haus sonst gestaltet ist, welche Farben und Zierrat es hat, bleibt den einzelnen Bewohnern überlassen. Da herrscht große Vielfalt.

Siegfried: Aus welchem Material sind eure Häuser gebaut?

Lianella: Es ist eine mineralische Substanz aus Erde und Steinmehl, die durch Gedankenkraft verkittet und an Ort und Stelle verschoben werden.

Siegfried: Wird das irgendwo abgebaut oder materialisiert ihr das?

Lianella: Es gibt Plätze, wo diese mineralische Struktur in reinster Form vorkommt und dort wird es tatsächlich abgebaut, allerdings durch Gedankenkraft, denn manuell wäre das viel zu mühsam. Es sind Steine, die in gemahlenem Zustand leicht formbar sind.

Siegfried: Gibt es bei euch öffentliche Gebäude?

Lianella: Ja, es gibt Versammlungshallen.

Siegfried: Und was passiert in diesen Versammlungshallen?

Lianella: Oh, da gibt es schöne Feste, wenn ein ganzer Ort etwas feiern möchte, denn feiern tun wir auch sehr gerne.

Siegfried: Wie bewegt ihr euch über längere Distanzen fort? Gibt es irgendwelche technischen Hilfsmittel?

Lianella: Das ist gar nicht nötig. Wir genießen die körperliche Bewegung. Unsere Körper sind sehr leicht. Sie ermüden nicht, selbst wenn wir längere Distanzen laufen. Die andere Möglichkeit, die sehr oft besonders von älteren Personen praktiziert wird ist, sich einfach an einen anderen Ort zu denken und schon ist man dort.

Siegfried: Sind ältere Personen körperlich weniger leistungsfähig?

Lianella: Es ist eher so, dass sie einen bedächtigeren Lebenswandel haben und vielleicht nicht mehr so viel machen wollen, wie die Jungen. Das Körperempfinden ist mit der Zeit nicht mehr so wichtig, weil innere Aspekte den Vorrang bekommen. Es ist dann nicht mehr nötig, sich die Lebensfreude aus körperlicher Aktivität zu holen, weil inneres Empfinden genauso erfüllend und aufbauend ist.

Siegfried: Müsst ihr essen?

Lianella: Nein, das müssen wir nicht. Es ist so viel Energie um uns herum. Sie dringt in unser Energiesystem ein und ernährt uns. Das Schöne ist, dass wir wählen können, welchem Energiefluss wir uns aussetzen. Es ist eine schöne Empfindung, an einem besonderen Platz zu sein und sich innerlich mit einer etwas anderen Energie zu ernähren. Es ist nicht leicht zu beschreiben, aber verschiedene Orte, verschiedene Menschen und auch Pflanzen und Tiere haben unterschiedliche Ausstrahlungen, die man wahlweise genießen kann.

Siegfried: Gibt es bei euch Friedhöfe?

Lianella: Nein.

Siegfried: Was passiert mit Menschen, die sterben?

Lianella: Sie dematerialisieren sich. Die Körper waren ja sowieso nur eine Art Hülle für die Energie, die dann wieder auf eine andere Ebene zurückkehrt.

Siegfried: Werden die Menschen bei euch geboren?

Lianella: Ja, wir genießen das sehr.

Siegfried: Besteht auch die Möglichkeit, sich zu materialisieren?

Lianella: Es kann sein, dass spirituell hochstehende Persönlichkeiten sich materialisieren, wenn sie es für nötig halten.

Siegfried: Warst du schon einmal auf der Erde inkarniert?

Lianella: Ja.

Siegfried: Wie würdest du unser Leben hier auf der Erde mit eurem auf der Venus vergleichen?

Lianella: Es war ein wichtiger Ausbildungsaspekt in meiner Jugend. Ich machte eine Exkursion zur Erde, denn solch ein dunkles, dumpfes, abgeschnittenes Leben kann sich hier niemand vorstellen. Es war eine sehr wichtige Lehre für mich, die ich zusammen mit einer Freundin erleben durfte, die mit mir gemeinsam inkarniert ist. Es war eine Ausbildung und Schulung in einer dunklen Welt. Die Herausforderung war, dennoch das eigene Licht nicht zu vergessen. Ich muss sagen, das war eine sehr schwere Übung und ich weiß nicht, ob wir das geschafft hätten, ohne uns gegenseitig immer hilfreich zur Seite zu stehen. Es war ein sehr herabziehendes, lähmendes Gefühl.

Wir konnten nicht mehr in der gleichen Lebendigkeit denken, wie wir das gewohnt waren. Das war das Allerschwierigste. Es ist, als ob du versuchst einen Gedanken festzuhalten, aber er entschlüpft dir immer wieder. Es war ein massiver energetischer Einsatz von uns beiden nötig, um uns ständig wieder daran zu erinnern, dass wir nicht von der Erde sind, dass wir nur zu Besuch sind, dass wir uns nicht in diese dunkle Materie verstricken dürfen, um nicht an diesen Planeten gebunden zu werden. Das war eine schwierige Aufgabe, aber wir haben sie gemeistert. Wir haben den Test bestanden. Nach unserer Rückkehr wurden wir gefeiert und geehrt. Es gab ein großes Heimkehrfest. Unsere lichtvolle Sphäre erschien uns nach dieser Erfahrung noch wertvoller als zuvor.

Siegfried: Kannst du uns sagen, in welchem Jahr du hier auf der Erde warst?

Lianella: Es war in England zur Kolonialzeit. Wir hatten gewählt, als Dienstmädchen in einer Zeit zu inkarnieren, wo sehr viel Macht auf Untergebene ausgeübt wurde. Es war ein hartes Leben, in dem wir mit physischer Gewalt konfrontiert wurden und nicht viel zu sagen hatten. Wir mussten uns ganz unterwürfig verhalten.

Siegfried: Bei uns gibt es eine Lehre, nach der manche ihren Lebensraum einrichten und gestalten. Sie nennt sich Feng Shui und kommt aus China. Gibt es bei euch auch so etwas?

Lianella: Es ist uns sehr wichtig, dass die Häuser so platziert werden, dass sie in Harmonie mit dem Ort sind, an dem sie erbaut werden. Der Standort wird ebenfalls sehr sorgfältig ausgewählt. Der Hauptgrund, sich ein Heim zu wählen ist ja, sich die Energie eines bestimmten Platzes nutzbar zu machen. Wenn sich die Verhältnisse verändern, werden Häuser dematerialisiert und dort wieder aufgebaut, wo die Energie passt.

Siegfried: Wir bedanken uns für deine Erzählungen und dass du deine Welt mit uns geteilt hast. Willst du uns zum Abschluss noch etwas sagen?

Lianella: Ja. Ich wurde darauf hingewiesen, dass ihr einen Einblick in meine Welt wünscht. Es war mir eine Ehre, sie euch zu zeigen und wieder einmal ganz bewusst wahrzunehmen, welche Schönheit und Harmonie ich erleben darf. Ich kann mich sehr gut erinnern, wie schwer, dunkel und finster mein Erlebnis auf der Erde war. Ihr seid wahrlich in einem harten Leben gelandet, aber ich weiß, dass dieses Gespräch dazu dienen kann, dass auch ihr einst solche lichtvollen Verhältnisse erschafft. Ich wünsche euch alle Kraft des Lichtes, dass ihr erkennt, wie leicht es ist, so eine Welt wie die unsrige zu manifestieren, wenn ihr euch nur auf das Schöne und Lichtvolle ausrichtet. Mein Gatte schickt euch ganz besondere Grüße, denn Teil seiner Studien war es unter anderem, die irdisch-venusischen Interaktionen zu studieren. Es hat immer ein reger Austausch zwischen den beiden Planeten stattgefunden. Ich schicke euch den Segen der Venus und meine Herzensenergie heute an diesem besonderen Tag!

»Wir dürfen das Weltall nicht einengen,
um es den Grenzen unseres Vorstellungsvermögens anzupassen,
wie der Mensch es bisher zu tun pflegte.
Wir müssen vielmehr unser Wissen ausdehnen,
so dass es das Bild des Weltalls zu fassen vermag.«
Francis Bacon

21

Der Einfluss Außerirdischer auf die Menschheit

Siegfried: Sivas, wir begrüßen dich.

Sivas: Ich begrüße euch auch alle. Es ist kein Zufall, dass ihr heute hier gelandet seid. Die meisten von euch wissen es schon, dass sie Verbindungen zu uns haben.

Siegfried: Es freut uns und es ist uns eine Ehre, dass du heute mit uns sprichst!

Sivas: Es ist erst uns eine Ehre, mein Lieber! Es ist wichtig, dass wir uns immer wieder bemerkbar machen, so dass immer mehr Menschen mit dem Gedanken vertraut werden, dass es uns überhaupt gibt.

Siegfried: Warum wissen die Menschen auf der Erde größtenteils nicht, dass es euch gibt?

Sivas: Weil viele es nicht wissen dürfen. Es ist hier etwas im Gange - noch, muss ich sagen -, das der Menschheit im Großen und Ganzen den Zugang zum Wissen über außerirdische Lebewesen verwehrt hat. Es war ab einem bestimmten Zeitpunkt verboten, den Menschen weiterhin Hilfe zu gewährleisten. Sie waren aufgefordert, sich selbst zu erretten und mussten selbst mit den Problemen ihrer eigenen Entwicklung fertig werden. Wir durften nicht mehr eingreifen. Erlaubt war es nur in spezifischen Fällen, wo wir als Zivilisation eine ganz besondere Verbindung zu einzelnen Menschen auf der Erde hatten.

Siegfried: Für euch und die anderen kosmischen Zivilisationen scheint es eine Selbstverständlichkeit zu sein, dass das Universum bevölkert ist. Warum wurde uns dieses Wissen so lange vorenthalten?

Sivas: Diese Frage erklärt sich fast von selbst, wenn ihr einmal ergründet, wie kriegerisch euer Planet war. In den letzten Jahrhunderten ist es nur um Dominanz und Machtstreben gegangen. Besonders in den letzten Jahrzehnten war so vieles an Brachialgewalt vorhanden, die dann nicht mehr nur die Erde betroffen hätte, sondern auch angrenzende Bereiche im Weltraum.

Die Entdeckung der Atomkraft ist vergleichbar mit Streichhölzern, die man einem Kind zum Spielen gibt. Ihr geht so sorglos damit um, dass ihr den Planeten schon längst zerstört hättet, wenn wir nicht immer wieder eingegriffen hätten. Es wurde Gott sei Dank verwehrt, dass eure zerstörerischen Pläne in die Tat umgesetzt werden konnten. So weit reichte dann der außerplanetarische Einfluss doch. Die Erde musste beaufsichtigt werden, damit die kleinen Kinder in ihrer Experimentierfreudigkeit oder aus reinem kindlichen Fehlverhalten nicht zuviel kaputt machen.

Siegfried: Wir wissen, dass ihr, die Plejadier und auch andere Sternenvölker genetisch an der Erschaffung der menschlichen Spezies beteiligt wart. Kannst du uns Genaueres darüber sagen?

Sivas: Ja. Es hat Experimente gegeben, bei denen viele unserer Sternenbrüder und auch wir uns ein wenig ausgetobt haben. Die Erde war einmal sehr niedrig schwingend und auch mit entsprechenden Lebewesen bevölkert. Das Tierreich war vom Menschenreich noch nicht einmal klar abgegrenzt. Es waren niedrig bewusste, seltsame Lebewesen. Vieles wurde gestaltet und dann wieder verworfen. Der Planet war, bis auf seine Bodenschätze, nicht besonders wertvoll. Diese wurden aber wirklich genutzt. Die Erde war ein Ressourcen-Planet, nicht nur an Mineralien sondern auch an Lebensenergie. Zu einem bestimmten Zeitpunkt hatten ein paar Sternenrassen beschlossen, hier endlich einmal etwas Vernünftiges zu gestalten. Wir nutzten unser eigenes genetisches Material, um diesen dumpf dahinvegetierenden Humanoiden mehr Esprit, mehr Bewusstsein und mehr Intelligenz zu geben. So begannen wir Experimente durchzuführen, die auch nicht immer von Erfolg gekrönt waren. Ich muss sagen, dass wir damals nicht immer zum Vorteil der Menschen gehandelt haben. Eigennützige Gedanken mancher Rassen kamen dazu, wodurch wieder einiges schief gelaufen ist. Das ist aber sehr lange her. Alles in allem kann man sagen, dass ihr heute noch immer genetisches Material von uns in euch tragt.

Siegfried: Heißt das, ihr habt damals diesen dumpfen Humanoiden eure Gene eingepflanzt?

Sivas: Wir haben versucht hier etwas zu kreuzen: etwas Lichtvolleres in etwas Dumpferes einzupflanzen.

Siegfried: Und wir Menschen, die daraus entstanden sind, sind das Ergebnis?

Sivas: Da ist in der Zwischenzeit noch vieles geschehen. Es gab noch weitere Verbesserungen dieser menschlichen Spezies, die dahin geführt haben, dass sie jetzt doch alles in allem sehr bewusst ist. Deshalb wurden unsere Experimente von höherer Ebene auch nicht vollständig negiert oder sogar verboten. Es wurde von hohen geistigen Wesenheiten geduldet, dass wir uns sozusagen als Paten um unsere menschlichen Ziehkinder kümmerten.

Ab einem bestimmten Zeitpunkt durften wir jedoch nicht mehr offen agieren. Das hat uns sehr geschmerzt, aber wir haben eingesehen, dass wir ab dann unsere Finger von euch lassen mussten, damit ihr selbst die Möglichkeit habt, eure eigene Größe zu entdecken, um euch den Erfolg schlussendlich auf die eigenen Fahnen schreiben zu können. Es wäre nicht rechtens gewesen, euch im fortgeschrittenen Zustand eurer Entwicklung immer noch an die Hand zu nehmen. So mussten wir euch quasi wie Eltern ziehen lassen, die ihre Jugendlichen nur noch beobachten durften. Oft schüttelten wir den Kopf über das, was sie jetzt schon wieder treiben, aber im Großen und Ganzen hielten wir das Vertrauen im Herzen, dass diesen Jugendlichen der Schritt zu eigenverantwortlich handelnden Erwachsenen gelingt.

Siegfried: Du hast davon gesprochen, dass euch verboten wurde, ab einem bestimmten Zeitpunkt einzugreifen. Wer ist denn da so mächtig, euch etwas erlauben oder verbieten zu können?

Sivas: Das, was ihr Gott nennt, hat verschiedene Abstufungen an Schwingungsgraden. Wir sind nur einen kleinen Grad über euch. Über uns gibt es wieder geistige Wesenheiten, und darüber wieder, und darüber wieder. Es ist tatsächlich wie eine Art Hierarchie zu sehen, wo höher-bewusste Stufen den niedriger-bewussten Stufen Weisungen erteilen können. Das macht auch Sinn, denn es ist unser Bestreben so zu handeln, dass es zum Wohle aller ist. Manches können wir nicht in all seinen Konsequenzen überblicken. Deswegen nehmen wir liebevolle und hochweise Führung höherstehender Wesen gerne an.

Siegfried: Wie werden euch diese Weisungen übermittelt?

Sivas: Durch direkte Kommunikation. Du kannst es ähnlich sehen, wie wir jetzt mit euch kommunizieren. Auch physisch sind wir bei euch präsent. Wir sind wieder zu dritt angereist, wie üblich. Wir sind ein altes Arbeitsteam und wer hellsichtig ist, kann uns sehen. Es sind die inneren Augen, die uns sehr deutlich wahrnehmen können. So ähnlich müsst ihr euch vorstellen, dass sich hochbewusste Wesenheiten in unseren feinstofflichen Bereich herabtransformieren und mit uns auf wunderbare Weise kommunizieren. Wir fühlen uns dann auch sehr geehrt, wenn wir aus höher schwingenden Bereichen kontaktiert werden. Wir nehmen diese Weisungen sehr ernst und bemühen uns, sie vollständig umzusetzen, weil wir wissen, dass göttliche Wesenheiten viel mehr Weisheit in sich vereinigen und viel mehr Überblick haben.

Siegfried: Warum haben wir hier auf der Erde verschiedene Rassen mit verschiedenen Hautfarben?

Sivas: Das sind rein genetische Faktoren, die von den Ursprungseltern stammen. Es wollte sich jeder Planet oder universale Geist so ausdrücken, dass er wieder erkennbar war.

Siegfried: Danke. Es gibt ja verschiedene Sternenfamilien und mich würde interessieren, was euch Sirianer zum Beispiel von den Plejadiern typischerweise unterscheidet?

Sivas: Nun, ich lade euch ein, einmal einen Tag bei uns zu verbringen, so ähnlich wie ihr es auf der Venus gemacht habt. Das ist genauso bei uns möglich und ich denke, dann ist viel mehr gesagt, als wir jetzt beschreiben könnten. Wir sind uns vom Optischen ungefähr ähnlich. Wir und die Plejadier sind diese Rassen, die ihr gar nicht so unbedingt von groß gewachsenen Menschen unterscheiden könntet. Wir haben es in der Hand, uns so ähnlich aussehen zu lassen wie ihr. Wenn wir eure Kleidung nachahmen, gehen wir fast unbemerkt durch. Manche von uns machen sich einen Spaß daraus, sich ganz deutlich vor euren physischen Augen zu manifestieren. Aber dieser Spaß kostet uns eine enorme Anstrengung. Darum kommunizieren wir lieber medial mit unseren Verwandten, die auf der Erde ein offenes Ohr für uns haben und telepathisch leicht zu erreichen sind.

Siegfried: Wir hier auf der Erde sind der Meinung, dass Delphine und Wale besonders intelligente Wesen sind. Was kannst du uns über sie sagen?

Sivas: Das sind sehr hoch schwingende Wesen. Sie haben einen großen Dienst übernommen, denn sie inkarnieren freiwillig in Tierkörpern, um die Schwingung an Stellen der Erde anzuheben, wo sonst keine hohe Schwingung möglich wäre. Damit wird ein energetisches Ungleichgewicht vermieden. Delphine und Wale sind sozusagen mobile energetische Stützpunkte im Meer.

Siegfried: Wo kommen sie ursprünglich her?

Sivas: Von Wasserplaneten, die wirklich nur voller Wasser sind. Von solchen Planeten sind auch Fische zu euch gebracht worden, denn auch eure Tierwelt wurde von verschiedenen Planeten eingesetzt. Das physische Leben auf der Erde wurde aus allen Ecken des Universums importiert. Delphine und Wale sind vergleichbar mit spirituell sehr hoch entwickelten Menschen. Es sind quasi Meisterseelen, die in anderer Form existieren. Sie werden aber bald nicht mehr gebraucht werden und dürfen in ihre Heimat zurückkehren.

Siegfried: Heißt das, Delphine und Wale werden auf der Erde aussterben?

Sivas: Für euch wird es so aussehen. Sie werden nicht mehr gebraucht, weil sie ihren Dienst geleistet haben und die Erde auf andere Art mit hoch schwingender Energie versorgt wird.

251

Siegfried: Ist jetzt das Verlassen der Erde von den Delphinen und Walen daran zu erkennen, dass sie schon in ganzen Gruppen stranden und verenden?

Sivas: Ja. Viele verabschieden sich jetzt schon.

Siegfried: Leben diese hoch schwingenden Wesen auf ihren Wasserplaneten auch wieder in Delphin- und Walkörpern?

Sivas: Das ist ihre Art, aber es ist auch so, dass viele von ihnen sich dann verdient haben, nicht mehr in physische Körper inkarnieren zu müssen. Der Dienst, der auf der Erde geleistet wurde, bringt sehr viel Erfahrung und wird hoch gewürdigt. Er ist fast wie die Einweihung in einen neuen Daseinszustand.

Siegfried: Wir haben zuerst von den genetischen Wurzeln der Menschheit gesprochen. Die Gene bestimmen den Bau des physischen Körpers, in den wiederum Seelen aus dem ganzen Universum inkarnieren können. Verstehe ich das so richtig?

Sivas: Das ist richtig.

Siegfried: Sind jetzt auf der Erde auch Seelen von anderen Sternen inkarniert, wie zum Beispiel Sirianer?

Sivas: Ja. Und da gibt es wieder viele Varianten, denn manchmal ist ein Menschenkörper von einem Wesen von Sirius erfüllt. Dieses Wesen macht dann 100% der Seele in diesem Körper aus. Ein anderes Mal ist nur ein sirianischer Seelenaspekt mit einer irdischen Seele zusammen mitinkarniert. Sie bewohnen dann denselben Körper. Es ist vieles möglich. Es kann auch vorkommen, dass ein Erwachsenenkörper zur Benutzung angeboten wird. Entweder verabschiedet sich der vorherige Seelenbesitzer von seinem Körper und überlässt ihn einem anderen (Walk-In) oder zwei Seelen benutzen einen Körper gemeinsam.

Siegfried: Wozu inkarnieren Sternenbrüder in menschlichen Körpern auf der Erde?

Sivas: Da gibt es mehrere Gründe. Einer davon ist, diese physische Dichte zu erfahren. Das was euch so drückt, ist ein willkommenes Erfahrungsspektrum für eine sirianische Seele. Das ist auch für andere Sternenbrüder immer wieder interessant, denn es gibt nur wenige Planeten, die so dicht sind. Gerade jetzt, wo die Erde so niedrig schwingende Qualitäten aufzuweisen hat, ist es sehr interessant. Es ist sozusagen nur am eigenen Leib erfahrbar, wie es sich anfühlt. Vorstellen kann sich das kaum einer, der gewohnt ist in einer feinstofflichen Welt zu leben.

Siegfried: Wissen die inkarnierten Sternenmenschen über ihre Herkunft Bescheid?

Sivas: Einige wissen es und alle haben zugestimmt, denn sonst wäre göttliches Gesetz verletzt worden. Aber nicht alle wissen es im Wachbewusstsein. Sirianische Seelenanteile sind für Menschen etwas seltsam wahrzunehmen, wenn sie dann zu denken beginnen „Wer bin ich denn noch? Bin ich dann noch ich oder wer ist da mit mir zusammen in meinem Körper?" Dieser Angst einflößende Gedanke wäre aber gar nicht notwendig, weil diesem Körper nur eine bestimmte Schwingungsqualität in Absprache mit der Seele zusätzlich zugeführt wird. Es muss alles auf vollstem Einverständnis basieren. Es ist oftmals erst zu einem späteren Zeitpunkt möglich, diese sirianische Energie auf energetische Weise einsetzen zu können. Dann wird es leichter möglich, Kontakt zu unseren Mutterschiffen herstellen zu können oder Zugang zu bestimmtem Know-how zu erhalten.

Siegfried: Wo gehen diese inkarnierten Sirianer hin, wenn sie die Erde wieder verlassen?

Sivas: Sie kehren meist zurück in ihre Heimatgefilde. Wir, mit denen ihr heute sprecht, leben schon lange auf unserem Mutterschiff. Andere sind an anderen Stellen im Universum. Sie sind frei, sich zu entscheiden, wo sie ihr Leben gestalten wollen.

Siegfried: Wir auf der Erde hatten Vorbilder, die uns einen Weg zur spirituellen Weiterentwicklung gezeigt haben. Jesus war einer von ihnen. Hattet ihr auch solche geistigen Vorbilder?

Sivas: Ja, und das war gut so, denn spirituelle Evolution verläuft sehr langsam. Auch in unserer Historie hat es diese spirituell höher schwingenden Wesenheiten gegeben. Nicht alle eure Meister hatten einen irdischen Werdegang hinter sich. Viele waren inkarnierte Sternenbrüder, die es auf sich genommen haben, auf der Erde einmal ihr Licht leuchten zu lassen, um den Menschen zu zeigen, was an Bewusstseinsentwicklung möglich ist. Diese sporadisch auftauchenden hohen Wesenheiten haben meist tiefe Spuren hinterlassen. Sie fanden viele Nachfolger, die dann ihrerseits selbst zu Vorbildern wurden. Diese Möglichkeit der Bewusstseinsanhebung wird auf allen Entwicklungsplaneten genutzt. Es ist wie eine Saat, die aufgeht und den anderen keimenden Saaten zeigt, dass es möglich ist, über sich hinauszuwachsen. So ging es auch uns.

Siegfried: Das hat uns Jesus ja auch in seinem Gleichnis vom Sämann sehr schön erklärt. Er sät seine Saat aus und wenn sie auf fruchtbaren Boden fällt, trägt sie reichlich Frucht.

Sivas: Ja, das war auch unser Beweggrund und der anderer Rassen, auf der Erde dieses genetische Material einzubringen. Somit stand dann ein wenig mehr Erde zur Verfügung, die es dem Samen leichter ermöglichte, zu keimen. Es war fruchtbare Erde in Form von anderen Genen mit erhöhter Intelligenz. Zur Bewusstseinsentwicklung gehört immer ein gewisser Grad an Erkenntnis und Lernfähigkeit. Diese dumpfen Humanoiden mussten erst einmal vorbereitet werden, um überhaupt höhere Konzepte aufnehmen zu können. Dann erst war es sinnvoll, erleuchtete Seelen hierher zuschicken, um diese langsam erwachenden Wesen belehren zu können.

Siegfried: War Sirius auch einmal so dicht und unbewusst wie unsere Erde?

Sivas: Sirius war auch schon in mehr physischen Dimensionen, aber die Erde hat schon einen sehr schweren Weg eingeschlagen. Ihr erkennt das am großen Ausmaß von Hass-, Macht- und Aggressionsenergien. Auf der Erde war schon viel mehr niedrig schwingende Energie am Werk, als auf unserem Planeten. Dieser Dichtegrad hier ist fast nicht mehr zu übertreffen.

Siegfried: Du hast zuvor von euren Mutterschiffen gesprochen. Kannst du uns mehr darüber erzählen?

Sivas: Es sind komplexe energetische Stützpunkte, gigantische künstliche Lebensräume, die tausende von Seelen beherbergen. Sie sind energetische Gebilde, in denen wir in unserer eigenen Frequenz leben können. Sie sind groß angelegt, weil auch wir es ab und zu genießen, in die Stille und Einsamkeit zu gehen. Unsere Raumschiffe können durch Gedanken gesteuert und mit Energie versorgt werden.

Es ist mit Anstrengungen verbunden, diese Gebilde aufrecht zu erhalten.

Siegfried: Wie groß in etwa ist so ein Mutterschiff?

Sivas: Unser Schiff ist etwa halb so groß und halb so schwer wie euer Mond.

Siegfried: Gibt es dort auch Pflanzen und Tiere?

Sivas: Ja, wir haben zur Erholung unserer Seelen künstliche Lebensräume geschaffen. Wir haben das Lebensumfeld unseres Heimatplaneten nachgebildet um uns wohlfühlen zu können. Das ist alles mit Gedankenkraft möglich.

Siegfried: Seid ihr auf eurem Schiff vollkommen autark?

Sivas: Das sind wir. Wir sind auch nicht, so wie ihr euch eine Mannschaft vorstellt, alles nur Männer. Wir haben unsere Familien, Freunde und Bekannte bei uns. Wir pflegen regen Austausch mit anderen Raumschiffen und unserem Heimatplaneten. All das ist jederzeit möglich. Wir befinden uns hier also nicht im Exil.

Siegfried: Werden auch Kinder auf eurem Raumschiff geboren?

Sivas: Geburten nehmen wir vorzugsweise auf unserem Heimatplaneten vor. Unsere Nachkommen sollten zu Beginn seine Schwingung spüren.

Siegfried: Ist es für dich möglich, mit deinem Körper und Geist einen kurzen Urlaub auf deinem Heimatplaneten zu machen?

Sivas: Jederzeit.

Siegfried: Wie überbrückst du diese gigantischen Distanzen?

Sivas: Ich warte einen geeigneten Zeitpunkt ab, um eines der vielen Raumtore zu benutzen.

Siegfried: Ich denke, so weit sind wir noch nicht. Wir beschäftigen uns gerade erst mit der Idee, dass es Wurmlöcher geben könnte. Befindet sich eines eurer Mutterschiffe gerade in unmittelbarer Nähe zur Erde?

Sivas: Ja, ich habe euch schon gesagt, dass wir hier sind, um zu überwachen, zu beaufsichtigen und auch, weil wir neugierig sind, was ihr so treibt. Vieles ist jetzt im Wandel und das erfreut uns ganz besonders. Wir freuen uns wie stolze Eltern.

Siegfried: Wo befindet sich denn euer Schiff ungefähr?

Sivas: Es ist nicht immer über einem bestimmten Punkt der Erde verankert, sondern bewegt sich in der näheren Umgebung der Erde außerhalb der Atmosphäre.

Siegfried: Ist es auch manchmal für uns Menschen sichtbar?

Sivas: Das große Mutterschiff nicht, aber kleinere Gefährte sind hin und wieder sichtbar.

Siegfried: Was interessiert euch denn so an uns und an der Erde?

Sivas: Wir haben durch unsere sirianischen Kontaktleute auf der Erde sehr intensiven, energetischen Zugang, so dass wir vieles sehr hautnah miterleben. Vor allem militärische Aktivitäten unterliegen unserer Aufsicht, damit hier nicht zu guter Letzt doch noch etwas geschieht, was nicht geschehen dürfte. Wir kümmern uns darum, dass die Erde ihren Entwicklungssprung macht, ohne noch kurz vor Schluss in die Luft gejagt zu werden. Solche Pläne haben wir schon oft vereitelt. Im Geheimen wird vieles experimentiert, was schon sehr großen Schaden im Feld der Erde angerichtet hat. Ich spreche von euren Spielereien mit der Atomkraft. Aber das sind alles Dinge, die wir mit etwas Einsatz wieder zurechtrücken können, nur darf jetzt nichts mehr aus der Hand geraten. Menschen, die Kontrolle über atomare oder HAARP-Technologien haben, sind besonders gefährlich. In einer Panikstimmung müssen wir vorsichtig sein, dass hier nicht doch noch etwas geschieht.

Siegfried: Das heißt, wir brauchen uns vor einem Atomkrieg keine großen Sorgen zu machen, weil ihr den dann verhindern würdet?

Sivas: So ist es. Solche Dinge dürfen nicht geschehen und werden verhindert. Aber es gibt kleinere Vorfälle, wo wir nicht immer eingreifen können.

Siegfried: Warum könnt ihr bei kleineren Dingen nicht eingreifen?

Sivas: Weil uns dazu die Erlaubnis fehlt. Vieles muss der Mensch selbst ausbaden, um sein eigenes Karma aufzulösen. Es ist sonst keine Lernmöglichkeit gegeben. Ihr wisst, dass wir uns aus diesem Grund auch zurückziehen mussten, um euch den Raum zu geben, eure eigenen Erfahrungen und Entwicklungen durchzumachen.

Siegfried: Habt ihr auch ein Mutterschiff in der Nähe unserer Sonne?

Sivas: Ja, da ist auch etwas. Wir haben viele Mutterschiffe überall dort stationiert, wo interessante Dinge vor sich gehen. Zum Beispiel, wo sich Sonnen bilden, wo gewaltige kosmische Umbrüche stattfinden, wo sich Galaxien bilden oder wo sich neue Sternentore öffnen. Viele von uns sind Forscher und Wissenschaftler. Das ist unsere große Gabe und unser Auftrag. Daher sind wir gerade an solchen Stellen platziert, wo große Veränderungen ablaufen.

Siegfried: Pflegt ihr auch Kontakte zu irdischen Regierungen?

Sivas: Das haben wir versucht, aber wieder verworfen, weil vollkommen klar wurde, dass die Regierungen nur einseitigen Austausch anstrebten. An uns wurden nur Forderungen gestellt. Wir sind nicht auf offene Herzen gestoßen.

Siegfried: Gibt es andere Sternenrassen, die Kontakte zu irdischen Regierungen pflegen?

Sivas: Ja, es wurden immer wieder Versuche gemacht und es werden auch Verbindungen unterhalten, aber diese sind von einer Art, die wir nicht befürworten, weil es um Bereiche geht, die euch Angst machen. Es wurden Verträge in beiderseitigem Einvernehmen geschlossen, so dass eure irdischen Machthaber Technologien, Knowhow und auch Fachpersonal erhielten. Auf der anderen Seite wurde einigen Sternenrassen erlaubt, mit Menschen und Tieren genetische Experimente durchzuführen, wie in alten Zeiten. Das befürworten wir nicht, weil wir um die karmischen Gesetzmäßigkeiten wissen und gelernt haben, eigenverantwortlich zu handeln und nicht mehr manipulatorisch zu wirken. Anderen Rassen war das egal. Sie haben dieses Schlupfloch genutzt.

Siegfried: Wozu dienten diese genetischen Experimente?

Sivas: Es war ähnlich, wie das was wir getan haben, allerdings mit einer komplett anderen Zielsetzung. Wie gesagt haben wir diese dumpfen Humanoiden mit unserem Geist, unserer Intelligenz und unserer höher schwingenden Energie befruchtet. Diese anderen Sternenrassen wollten durch genetische Experimente wiederum etwas vom menschlichen Potential in das ihrige überleiten, in dem sie Kreuzungen durchführten. Ich sage euch ganz klar, dass es außerirdische Rassen gibt, die nicht der Liebe dienen. Sie hatten Angst zu degenerieren und wollten die Chance wahren, sich höher zu entwickeln, nachdem sie erkannten, dass sie in ihrer Frequenz in die Enge getrieben wurden, weil immer weniger Orte im Universum niedrig schwingend sind. Sie sind dann den leichteren Weg gegangen und haben höher schwingende menschliche Energie in ihr Genmaterial eingebracht.

Siegfried: Sind das diese Wesen, die wir unter dem Namen die „Grauen" oder „Greys" kennen?

Sivas: Auch diese waren dabei.

Siegfried: Und noch andere?

Sivas: Ja.

Siegfried: Ist 1947 in Roswell wirklich ein außerirdisches Raumschiff abgestürzt?

Sivas: Ja.

Siegfried: Woher stammte es?

Sivas: Das waren diese Greys, die in Interaktion gestanden sind mit Regierungen auf der Erde. Es war ein Routineflug, der schiefgegangen ist und dann vertuscht wurde.

Siegfried: War das der Beginn der Kontakte der amerikanischen Regierung mit Außerirdischen?

Sivas: Nein, die gab es schon vorher. Aber Roswell war ein spektakulärer Unfall.

Siegfried: Bestehen die Kontakte noch bis heute fort, oder wurden sie wieder abgebrochen?

Sivas: Es herrscht momentan eine Art Vakuum, denn Experimente mit Menschen und Tieren dürfen auf der Erde nicht mehr vorgenommen werden. Es wurde diesen niedrig schwingenden Außerirdischen der Zugang durch energetische Schranken verwehrt. Das hat manche eurer Regierungen in Verlegenheit gebracht, denn sie würden diese Kontakte sehr begrüßen, um davon weiterhin zu profitieren. Nun sind diese alten, verlässlichen Kontakte weggebrochen.

Siegfried: Wann wurden diese Kontakte unterbunden?

Sivas: Es war im Jahrzehnt vor 2000.

Siegfried: Angeblich gibt es im Universum einen Zusammenschluss verschiedener Sternenrassen, die sogenannte Galaktische Föderation. Was ist das genau?

Sivas: Das ist, wie du schon gesagt hast, ein Zusammenschluss aus verschiedenen Sternenrassen, zu dem auch wir gehören. Es ist ähnlich, wie ihr es auch auf der Erde habt, wenn sich Völker vereinigen, um ein großes gemeinsames Ziel anzustreben. Die Galaktische Föderation setzt an verschiedenen Orten im Universum ganz gezielt Maßnahmen zur Entwicklungshilfe. Es steht eine gute Absicht dahinter und deshalb sind auch wir hier am Wirken. Wir bringen euch Informationen, um euch anzuschubsen, um euch zu unterstützen und zu helfen.

Siegfried: Welches Ziel verfolgt diese Föderation konkret?

Sivas: Bewusstseinsentwicklung, Wachstum, Evolution. Es ist euch schon bekannt, dass die Galaktische Föderation mit den Wesen, die ihr als Meister bezeichnet, in Zusammenarbeit steht. Die gesamte Weiße Bruderschaft und auch die Engelwesen arbeiten mit uns. Es ist ein großes Ganzes, das zusammenarbeitet um unter anderem diesem Planeten beim Aufstieg behilflich zu sein. Es war schon sehr riskant, was hier in den letzten Jahrhunderten gelaufen ist und es bedurfte großer Anstrengungen unsererseits, um wirklich eine Veränderung herbeizuführen. Leider waren uns die Hände gebunden und wir durften nicht alles tun, was wir gerne getan hätten. Aber immer wieder fanden wir Schlupflöcher und Wege, unsere Informationen einzuschleusen und konnten somit trotz allem immer wieder punktuelle Veränderungen bewirken. Diese Punkte waren einzelne Menschen und kleine Gruppen, die unserer Energie gegenüber aufgeschlossen waren. So entstand ein Netzwerk, welches das Informationsfeld der Erde langsam zum Positiven transformierte.

Siegfried: Und die galaktische Föderation steht in direktem Kontakt zur Weißen Bruderschaft?

Sivas: Ja, und einige ihrer Mitglieder sind sogar beides: Aufgestiegene Meister **und** Außerirdische. Was ihr als Meister anseht, sind fast nie irdische Inkarnierte. Aber es ist gar nicht so wichtig, wer woher stammt. Ausschlaggebend ist die Schwingung. Ihr werdet irgendwann auch einmal den Gedanken ganz natürlich finden, dass nicht die Herkunft zählt, sondern die Schwingung. Ihr werdet euch zu gleich schwingenden Wesen hingezogen fühlen. Da spielt es dann keine Rolle mehr, woher sie stammen und welchen Namen sie tragen.

Siegfried: Gibt es außerhalb der galaktischen Föderation noch andere Vereinigungen oder Gruppen?

Sivas: Nein, nichts, was die Erde betreffen würde. Die Galaktische Föderation ist ein Zusammenschluss vieler Sternenvölker. Das muss genügen. Wenn das nicht ausreicht, helfen auch weitere Kommandos nicht.

Siegfried: Wir haben in Europa die Europäische Union. Da gehören gewisse Staaten dazu und andere gehören nicht dazu. Mich würde interessieren, ob eure Galaktische Föderation das ganze Universum einschließt, oder ob davon gewisse Sternenrassen ausgeschlossen sind?

Sivas: Es ist natürlich so, dass sich hier nur gleich schwingende Sternenbrüder zusammengeschlossen haben. Wir haben schon von diesen anders schwingenden Außerirdischen gesprochen, mit denen auch manche von euch schon unangenehme Erfahrungen gemacht haben. Diese wollen wir nicht in unserem Schwingungsbereich dulden. Sie können sich zusammenschließen, oder auch nicht, ganz wie es ihnen beliebt. Auf der Erde werden sie jedenfalls nicht mehr geduldet, weil sie von solch niedrig schwingenden außerirdischen Einflüssen nicht mehr berührt werden darf. Es ist jetzt ein Zeitpunkt erreicht, wo ihre Einflussnahme außer Kraft gesetzt worden ist und wir noch nicht richtig zum Zug kommen dürfen. Ihr befindet euch in einer Art Vakuum. Aber das wird nicht mehr lange dauern. Wir freuen uns auf den Moment, wo wir offenen Zugang zu euch haben werden.

Siegfried: Wann wird es soweit sein?

Sivas: Immer diese gleiche Frage! *(Im Hintergrund ist fast ein Schmunzeln zu spüren.)* Es wird soweit sein, wenn ihr uns mit offenen Herzen und Armen empfangen wollt. Es liegt also an euch. Je mehr Menschen von uns wissen, sich uns gegenüber öffnen, ihre eigenen Blockaden abbauen, ihre Engstirnigkeit über Bord werfen, desto leichter und schneller wird es gehen. Es liegt wirklich **nur** an euch! **Wir** sind bereit! Wir freuen uns darauf, euch ebenbürtig begrüßen zu dürfen und euch alles mitzuteilen, was für euch nützlich sein könnte. Wir möchten euch ganz konkret unterstützen, aber das wird nur möglich sein, wenn wir durch unser Erscheinen nicht noch mehr Aggression und Mobilmachung auslösen. Das würde die Gesamtschwingung eher herabstufen, als sie emporheben. Das wäre kontraproduktiv. Deshalb ist uns nur der Weg geblieben, uns ständig in unseren Schlupfwinkeln präsent zu machen. Dazu nutzen wir unsere Kontaktpersonen und auch Medien, wie zum Beispiel Filme oder das Internet. Natürlich werden wir in den gleichen Medien auch wieder durch den Kakao gezogen, aber wenn alle Menschen einmal die innere Gewissheit erlangt haben, dass sie nicht alleine im Universum existieren, dann wird der Zeitpunkt reif sein.

Siegfried: 1968 wurde von Stanley Kubrick ein faszinierender Film produziert *2001: Odyssee im Weltraum*. Woher stammen die faszinierenden, fortschrittlichen Ideen, die in diesem Film verarbeitet wurden?

Sivas: Das ist eine dieser Möglichkeiten, die wir, die Galaktische Föderation, genutzt haben. Vieles an Wissen über unsere Technologien wurde in symbolischer und bildhafter Form in die Köpfe von Menschen eingeimpft. So diente auch Stanley Kubrick als Medium für außerirdische Informationen, damit auf der Erde bekannt wird, dass ihr Menschen nicht alleine seid. Ihr könnt davon ausgehen, dass alle großen Filmemacher, die mit außerirdischer Technologie in ihren Filmen glänzen, diesen direkten Input hatten. Sie dachten, sie wurden inspiriert und haben es aus ihrer Fantasie aufs Papier oder in die Filme gebracht, dabei war immer jemand auf der anderen Seite, der ihnen diese Dinge eingeflüstert hat. Ihr habt ja schon erkannt, dass vieles was vor Jahrzehnten als Utopie durch die Köpfe geisterte, jetzt schon Realität geworden ist. Viele literarische Werke der vergangenen Jahrhunderte wurden so inspiriert. Vieles, was visionär und zukunftsweisend war, habt ihr aus geistigen Reichen erhalten, um euer Bewusstsein aufzuschließen. Es ging nie um etwas anderes.

Siegfried: Es gibt sehr bekannte Channeling-Medien, die umfangreiche Informationen der „Galaktischen Föderation" verbreiten. Kann man diesen Durchgaben glauben?

Sivas: Nicht immer. Es gibt sehr aktive Medien, aber es sind nicht immer reine Einflüsse zu verzeichnen. Ich muss dazu sagen, dass es sehr schwer ist, auf diese Weise zu kommunizieren, weil unsere Schwingung sehr leicht und fein ist und auf der irdischen Ebene immens schwere und dichte Energien herrschen. Das kann zu Verschmutzungen führen und wenn ein Kanal hier nicht sehr bewusst auf seine energetische Reinheit achtet, wird nicht immer die vollständige reine Botschaft durchgegeben werden. Ihr müsst sehr achtsam sein, weil diese Kanäle aus bestem Wissen und Gewissen handeln, aber dennoch gegen eine Übermacht an schmutziger, niedrig schwingender Energie ankämpfen müssen. Das ist nicht leicht, aber sie tun ihr Bestes. Mehr ist manchmal nicht möglich.

Siegfried: Wozu dienen die Kornkreise?

Sivas: Informationsübertragung und Energieübertragung. Sie sind für die Sternenbrüder eine Möglichkeit, energetische Symbolik in das irdische Energiefeld einzubringen. Auf der Erde werden energetische Akupunkturpunkte gesetzt, die ihre Wirkung haben. Aber auch Menschen können mit ihrem Bewusstsein mit diesen wunderbaren Piktogrammen in Resonanz gehen. Viel Information darf auf diese Weise in die irdische Ebene gelangen. Es ist sozusagen ein Informationsübertragungsweg, ohne dass dazu ein menschliches Medium notwenig wäre.

Siegfried: Und die Sternenbrüder sind die Schöpfer dieser Kornkreise?

Sivas: Überwiegend. Nicht alle sind aus dem Weltraum initiiert und auf die Erde projiziert worden. Hier ist von der Gegenseite auch wieder Desinformation und Täuschung im Spiel. Aber wer sich diesen Kunstwerken energetisch öffnet, wird sofort erspüren, welche Energien am Werk sind. Die echten Kornkreise, die von Sternenbrüdern platziert wurden, sind vollgepackt mit positiver Energie.

Siegfried: Warum wurden die Kornkreise in den letzten Jahren immer kunstvoller und komplexer?

Sivas: Weil Interaktion mit menschlichem Bewusstsein stattfindet **und** weil immer mehr Menschen aufmerksam werden, sich öffnen, interessiert sind. Das inspiriert die Macher und sie bemühen sich, noch viel interessantere und detailliertere Informationen einzubringen. Jetzt geht es darum, einen Bewusstseinsschub unter den Menschen auszulösen und gleichzeitig dem Planeten Erde zu helfen, sich möglichst sanft in höhere Dimensionen zu bewegen. Beides wird durch die Kornkreise gefördert. Zum einen, weil der Erdboden berührt wird, zum anderen, weil immer mehr Menschen sich für die neuen Informationen und Energien öffnen.

Siegfried: Wird es auch in zehn Jahren noch Kornkreise geben?

Sivas: Sie sind nur ein Hilfsmittel. Sobald offener Kontakt zwischen euch und uns möglich ist, können wir direkter miteinander kommunizieren. Dann sind Kornkreise vielleicht ein liebenswertes Hobby, aber nicht mehr so nötig wie jetzt. Wir hoffen, dass sich in zehn Jahren das Bewusstsein der Erdbevölkerung so weit entwickelt hat, dass offener Kontakt möglich ist. Ihr werdet dann wissen, dass vieles getan werden muss, um noch lichtvoller zu werden. Die Entwicklung muss ja immer vom Inneren des Menschen ausgehen. Es muss eine Sehnsucht nach liebevollem, freiem Leben entfacht werden. Kornkreise sind nur äußere Anstöße unsererseits.

Siegfried: Habt ihr Zweifel daran, dass die Erdbevölkerung in zehn Jahren lichtvoller sein wird als heute?

Sivas: Wir erkennen deutlich, dass jetzt viele Menschen ein starkes Bedürfnis entwickeln, ihre innewohnende lichtvolle Seite zu leben, ihr Licht strahlen zu lassen. Das ist für uns energetisch spürbar. Über diese Menschen freuen wir uns sehr und machen uns keine großen Sorgen. Was uns jedoch besonders am Herzen liegt, ist jener Teil der Menschheit, der noch unentschieden ist und dösig vor sich hin lebt. Hier wäre noch so viel Potential herauszuholen, das euch allen und uns allen gut tun würde. Jedes Lebewesen, das nicht das lebt, wozu es gekommen ist, ist ein weißer Fleck auf einer Landkarte, die dann nicht komplett ist. Auch wir dienen unserem Lebensplan. Wenn sich einer abwendet und sich weigert, seinen Lebensplan zu erfüllen, fehlt ein Stück und schmerzt alle anderen rundherum. Uns und auch allen anderen geistig hochstehenden Wesenheiten ist es ein großes Anliegen, euch in eurer Entfaltung voranzubringen. Wir wollen diese schlafenden Seelen zum Erwachen bringen, damit auch ihre Lichter zu strahlen beginnen. Dann wäre es erst richtig schön, was mit der Erde gerade geschieht. Es sind schon viele Menschen bereit, ihr Licht strahlen zu lassen, aber noch viel mehr hätten das Potential dazu.

Siegfried: Manche hoffen darauf, dass ihr eines Tages mit euren Schiffen auf der Erde landet und einige von uns in eine bessere Welt mitnehmt. Ist diese Hoffnung berechtigt?

Sivas: Es ist ein Irrglaube zu denken, dass wir Massenevakuierungen durchführen werden. Das ist so nicht gedacht. Es werden einzelne Menschen geholt werden, weil sie an einem anderen Ort gebraucht werden, oder weil sie auf der Erde nicht mehr gebraucht werden und ihren Dienst abgeleistet haben. Die Menschen werden sich selbst helfen müssen, selbst retten müssen, selbst ihre Erde verwandeln müssen. Das ist ganz klar, denn das blüht jedem Planeten, der sich selbst so verschmutzt hat. Hier muss Aufräumarbeit geleistet werden und wir helfen gerne mit Technologien und viel Know-how. Die Hilfe kommt aus allen Bereichen des Universums durch die Galaktische Föderation. Vieles steht schon für den Zeitpunkt parat, an dem die Menschen bereit sein werden unsere Hilfe anzunehmen. Denn der momentan herrschende Größenwahn verhindert, dass wir jetzt erscheinen dürfen. So lange die Mehrheit der Menschheit noch denkt, dass es völlig in Ordnung sei, diesen Planeten zu misshandeln, auszubeuten und ausbluten zu lassen, kann es nicht angehen, dass wir erscheinen und sagen: „Kommt, lasst uns diese Naturzerstörungen wieder reparieren! Lasst uns Mutter Erde wieder gesund pflegen und heilen!" Diese Menschen würden nur völlig verständnislos reagieren und sagen: „Ja natürlich! Lasst uns reparieren und dann können wir wieder von vorne beginnen, die Erde bis zum Exzess auszubeuten!" Es **muss** erst ein Zusammenbruch der Strukturen erfolgen! Das System muss am Boden liegen und einsehen, dass es so nicht weitergeht! Was auf der irdischen Ebene passiert ist lächerlich. Kaum jemand kümmert sich um dieses wunderbare Wesen, die Erde, die euch allen als Lebensgrundlage dient. Sie erkennen nicht einmal, wie abhängig sie sind und wie sie sich ihr eigenes Wasser abgraben. Sie bringen die nachfolgenden Generationen um die Lebensgrundlage.

Siegfried: Danke für das Beantworten unserer vielen Fragen. Es war uns eine Freude und Ehre mit euch zu sprechen!

Sivas: Ich verabschiede mich im Namen meiner Brüder und verlasse euch in Frieden. Seid gesegnet!

*»Wenn die Welle kommt, kann man sich von
ihr erschlagen lassen, oder auf ihr reiten.«
Surferweisheit*

22

Wettermanipulation, HAARP,
Erdbeben und Polsprung

Siegfried: Sivas, wir begrüßen dich! Es freut uns, wieder mit dir zu sprechen.

Sivas: Wir grüßen euch auch! Wir freuen uns sehr, dass wir wieder gerufen werden. Es ist uns ein Fest, mit euch zu kommunizieren. Unsere Verbindung mit euch wird immer enger, je häufiger ihr unserer Energie ausgesetzt seid.

Siegfried: Unser heutiges Thema ist das Wetter, das Klima und die geologischen Veränderungen auf der Erde. Ihr beobachtet ja unseren Planeten schon seit geraumer Zeit. Was tut sich denn da momentan so?

Sivas: Das Auffallendste ist, dass sich die Erde rüstet. Ihr wisst, dass sie ein bewusster planetarer Körper ist. Sie stellt sich jetzt mit Vorfreude auf ein großes Ereignis und eine glorreiche Zukunft ein.

Siegfried: Wie lange beobachtet ihr die Erde schon?

Sivas: Wenn du meinst, wie lange wir speziell in diesem Team mit diesem Raumschiff hier stationiert sind, kann ich dir sagen, seit den 1950er Jahren. Es gab aber in der Vergangenheit schon Kontakt, nur nicht in diesem Ausmaß, weil sich jetzt vieles so radikal und schnell verändert. Wir sind ja nicht nur zur Wetterbeobachtung hier stationiert sondern vor allem als Einsatzteam, welches auch die Möglichkeit hat, einzugreifen. In manchen Situationen war es uns möglich, Schlimmes zu verhindern, was Menschen sonst in ihrem kindlichen Leichtsinn verbrochen hätten. Wir beobachten das Gesamtwesen Erde und wenn es in unserer Macht liegt, dann beschützen wir es auch vor den Menschen, die nicht wissen, was sie tun. Das betrifft leider auch euer Wetter.

Siegfried: Ja, bleiben wir gleich beim Thema Wetter. Wir stellen starke Veränderungen in den letzten Jahren fest. Manche meinen, es spielt verrückt. Was ist mit dem Wetter los?

Sivas: Es wird manipuliert. Euren Wissenschaftlern sind viele Zusammenhänge bekannt, die sie gar nicht aus eigener Kraft entdeckt haben. Es wurde massiv mit ausserirdischer Information und Technologie nachgeholfen. In der UFO-Forschung ist das bestens bekannt. So sind viele Wetterphänomene, die ihr in den vergangenen Jahren beobachten konntet, auf menschlichen Ursprung zurückzuführen. Gleichzeitig hat die Erde selbst viele Prozesse in die Wege geleitet. Das meinte ich mit „die Erde rüstet sich".

Siegfried: Wir haben in den letzten Jahren eine starke Zunahme an heftigen Wirbelstürmen festgestellt. Was ist die Ursache dafür?

Sivas: In der Atmosphäre und dem näheren Umfeld der Erde gibt es unsichtbare energetische Strömungen. So wie der Planet im Erdinneren Energieströme fließen lassen muss, um gesund und lebendig zu bleiben, so gibt es diesen magnetischen und elektromagnetischen Energiefluss auch außerhalb der Erde. Der Mensch hat gelernt, darauf Einfluss zu nehmen. Er funkt einfach dazwischen und beobachtet dann wie ein kleines Kind mit großen Augen, was geschieht, wenn er einmal hier manipuliert oder dort auf ein Knöpfchen drückt. Sie haben keine Ahnung, womit sie sich spielen und deshalb ist es so gefährlich. Sie sehen die Auswirkungen und sind oft unangenehm überrascht über das eigene Tun. Aber es bleibt ja alles geheim und niemand wird zur Rechenschaft gezogen, weil alle Welt glaubt, dass es sich lediglich um natürliche Wetterphänomene handelt.

Siegfried: Kannst du uns erklären, mit welchen Technologien das Wetter manipuliert wird?

Sivas: Das erfolgt auf Strahlungsebene. Die natürlichen Energiefelder der Erde werden durch künstliche Wellen angeregt und in Resonanz gebracht.

Siegfried: Meinst du damit Hochfrequenzanlagen wie zum Beispiel HAARP in Alaska?

Sivas: Ja, das ist eine davon. Ich möchte noch einen interessanten Nebengedanken anfügen: In vergangenen Zeiten gab es Menschen, die um dieses Phänomen wussten. Das, was ihr Regenzauber nennt, war tatsächlich real und wurde erfolgreich praktiziert. Menschen haben sich zusammengeschlossen und entsprechende Frequenzen auf spirituelle Weise selbst erschaffen. Sie setzten sich mit Devas in Verbindung und konnten in gegenseitigem Einverständnis Regen erzeugen. Die Devas waren bereit, die menschlichen Bitten zu erfüllen. Das ist aber bei diesen gewaltsamen Manipulationen ganz und gar nicht der Fall. Diese Menschen fragen nicht, sie tun einfach. Sie wissen zwar nicht, was sie da genau tun, aber sie wissen, dass sie es können und darum tun sie es.

Siegfried: Wir wissen, dass die USA über solche Anlagen verfügen. Gibt es auch noch andere Nationen, die das aktiv betreiben?

Sivas: Wenn du denkst, die Amerikaner sind die einzigen, die solche Spielzeuge haben, irrst du dich. Im Zeitalter der Globalisierung verbreiten sich diese Dinge sehr schnell. Da wo Geld im Spiel ist, fließen auch Informationen und Know-how.

Siegfried: Manche unserer Wissenschaftler meinen, dass die Durchschnittstemperatur auf der Erde ansteigt. In den Medien wird das als „Klimaerwärmung" bezeichnet. Findet sie tatsächlich statt?

Sivas: Ja, diese Messungen stimmen schon. Die Erde erwärmt sich tatsächlich.

Siegfried: Warum erwärmt sie sich?

Sivas: Weil die Sonne erhöhte Strahlung ins gesamte Sonnensystem abgibt. Davon ist alles betroffen, was sich im Sonnensystem befindet.

Jeder Planet ist intensivierter Strahlung ausgesetzt und erwärmt sich folge dessen. Das ist von euren Astronomen nachweislich messbar.

Siegfried: Warum nimmt die Strahlung der Sonne plötzlich zu?

Sivas: Die Sonne ist sehr viel mehr, als bloß euer Licht- und Wärmespender. Sie ist eine hohe geistige Wesenheit, die jetzt sozusagen auf ihre Kinder vermehrt einwirkt. Die meisten ihrer Planeten entwikkeln sich prächtig, nur die Erde hinkt noch etwas hinterher. Sie ist gerade dabei, das nachzuholen, was ihre Geschwister schon längst hinter sich haben. Dazu ist ein verstärkter energetischer Schub nötig. Ihr nehmt das als vermehrte Sonnenfleckenaktivität und Sonneneruptionen wahr, worüber eure Wissenschaftler staunen. Die Sonne kümmert sich um die Erde und macht sich jetzt bemerkbar.

Siegfried: Über die Medien wird uns vermittelt, dass für die Klimaerwärmung der Treibhauseffekt verantwortlich sei. Wie groß ist der Einfluss des Treibhauseffektes auf das Weltklima wirklich?

Sivas: Verschwindend gering, praktisch gleich null. Das tut überhaupt nichts zur Sache. Es ist eine Schande, dass gegen die Abgase und die Verschmutzungen der Erde aller Art nichts getan wird. Dieser Planet, der euch ernährt, trägt und füttert, wird ausgebeutet und geschunden. Es geht jetzt nur noch um Schadensbegrenzung.

Siegfried: Kommen wir wieder auf die Sonne zu sprechen. Welche Veränderungen gehen gerade auf ihr vor?

Sivas: Es ist wahrscheinlich nicht allgemein bekannt, dass die Sonne eine Wesenheit ist. Sie muss wiederum einer übergeordneten Instanz Rechenschaft ablegen. Sie hat die Fähigkeit, ihren Kindern in ihrer Entwicklung zu helfen und dazu laufen jetzt hochenergetische Prozesse in der chemischen Struktur der Sonne ab. Das wiederum bewirkt, dass ihre Strahlung intensiver wird. Eure Astronomen beobachten mit ihren Teleskopen, dass es auf der Sonne immer mehr brodelt. Sie erhöht ihre Strahlungsintensität, damit sie ihren Kindern diese Energie zur Verfügung stellen kann. Ihr bemerkt es ja schon, dass euch eine erhöhte Strahlung trifft.

Siegfried: Wann wird die Strahlungsintensität ihr Maximum erreichen?

Sivas: Die Sonne ist nur **eine** Wesenheit, die der Erde bei ihrem Sprung in die fünfte Dimension hilft. Es sind auch noch andere kosmische Dinge im Spiel, die energetisch mitwirken und sich überlappen. Die Sonne hilft nach, fast wie eine Mutter, die ihr Kind ein wenig schubst: „Komm Kind, geh schneller! Denn wenn dich die Welle erreicht, musst du schon schneller laufen können, sonst wird es dramatisch." Ihr werdet dieses Ereignis erleben, wie euer Planet einer immens starken Strahlung ausgesetzt wird. Im Zentrum der Galaxie läuft ein Prozess ab, der die Erde treffen wird. Die Sonne bereitet jetzt die Erde und die Menschen darauf vor, denn wenn diese Strahlung nicht zuvor Schritt für Schritt angehoben werden würde, wäre dieser starke Schub an energetischer Einstrahlung für euch tödlich.

Siegfried: Wird dieser Schub bis zum Jahr 2012 zunehmen?

Sivas: Ja.

Siegfried: Wann wird er seinen Höhepunkt erreichen?

Sivas: Es kommen jetzt immer größere energetische Wellen und 2012 ist das große Finale.

Siegfried: Du hast vom Zentrum unserer Galaxie gesprochen. Welche Veränderungen gehen denn dort vor sich?

Sivas: Dort werden Energien freigesetzt, weil es jetzt ansteht. Ihr müsst euch vorstellen, dass das ganze große Universum einem genialen Plan unterliegt. Alles hat seinen Platz, alles hat seinen Zeitpunkt, alles hat seinen Sinn. Es soll so sein, dass zu einem bestimmten Zeitpunkt Strahlen den Planeten Erde treffen, der dann genötigt ist, sich in eine andere Dimension einzuschwingen. Das, was jetzt die Sonne mit euch macht, sind sozusagen Nachholarbeiten und Reparaturen, damit ihr und der Planet überhaupt diesem Energieschub gewachsen seid. Wie gesagt hinkt die Erde in ihrer spirituellen Entwicklung hinterher. Das hat sie größtenteils den Menschen zu verdanken, die so viel an Energie von ihr vergeudet und aufgebraucht haben, dass es ihr nur mehr unter großen Anstrengungen möglich war, weiterzuexistieren. Das alles wird jetzt schnellstens nachgeholt, damit der Zeitplan eingehalten werden kann.

Siegfried: Manche sprechen von einem „Synchronisationsstrahl", der vom Zentrum der Galaxie ausgeht und die Erde treffen soll. Stimmt das?

Sivas: Ja, das ist so. Synchronisieren bedeutet, dass etwas angepasst wird. Wenn ihr euer Sonnensystem feinstofflich wahrnehmen könntet, würdet ihr erkennen, dass die Erde fast wie ein Fremdkörper im Sonnensystem wirkt. Sie hinkt ihren schon weiterentwickelten Geschwisterplaneten hinterher.

Siegfried: Wie wirken sich diese Sonnenstrahlung und dieser Synchronisationsstrahl auf unser menschliches Bewusstsein aus?

Sivas: Sie öffnen euren Geist. Das, was ihr von eurer Sonne erhaltet, ist Liebe in purer Form. Wenn Menschen Liebe zugeführt wird, bricht etwas auf, es verändert sich etwas. Ihr werdet nicht die gleichen sein. Nichts bleibt, wie es war. Diejenigen von euch, die ihr Bewusstsein für diese hohe Frequenz öffnen, werden sie leicht integrieren können. Sie werden dadurch noch lichtvoller, durchlässiger und liebevoller. Die anderen, die sich in ihre harten Schalen verkrochen haben, werden daran erinnert werden, dass diese Schalen da sind. Entweder, sie panzern sich noch mehr, werden noch starrer und unbeweglicher oder sie erlauben es den Schalen aufzubrechen. Dann zeigt sich, welch kleines hilfloses zitterndes Etwas sich darin verborgen hat. Jetzt hat es die Möglichkeit, Kraft und Stärke zu tanken. Mit Hilfe dieser einstrahlenden Energie können sie mit den anderen Menschenkindern, die schon weiter auf ihrem Weg fortgeschritten sind, wachsen und sich weiterentwickeln. Dieser Bewusstseinswandel wird kommen und eklatante Veränderungen mit sich bringen.

Siegfried: Wir stellen fest, dass es in den letzten Jahren eine deutliche Zunahme von schweren Erdbeben gab. Was tut sich da in der Erde?

Sivas: Es ist zum einen eine energetische Reinigung. Die Erde wirft Energien ab, die ihr nicht gut tun. Zum anderen ist es aber auch eine Vorbereitung des Planeten auf das, was ihm bevorsteht. Er gestaltet sich schon ein wenig flexibler, ein wenig beweglicher sozusagen. Er spannt schon einmal seine Muskeln an, damit er den kommenden Herausforderungen gewachsen ist.

Siegfried: Das heißt, es werden noch mehr Erdbeben auf uns zukommen.

Sivas: Davon könnt ihr ausgehen.

Siegfried: Und welche Herausforderungen sind das, die da auf die Erde zukommen?

Sivas: Es werden sich Dinge tun müssen, die ihr nicht gerne hört. Das bedeutet, dass ein Großteil der Menschheit diese Veränderungen nicht überleben wird. Auch das ist mit „Reinigung" gemeint. Ihr wisst, wie Frequenzen funktionieren. Der Gesamtkomplex des Wesens Erde erhöht jetzt seine Frequenz und alles, was nicht dieser Frequenz entspricht, muss abgelegt werden. Ein Planet kann sich von niedrig schwingender Energie nur durch elementare Ereignisse reinigen. Diese bedingen den Einsatz von Feuer, Wasser und Erdbeben.

Siegfried: Schließt das auch einen Polsprung mit ein?

Sivas: Ja. Die Erde wird sich neu sortieren. Sie wird ein neues Spielfeld, für das, was hinterher kommen wird, schaffen. Es wird Tabula rasa gemacht. Alles was nicht ins neue Spiel passt, wird eliminiert. Das neue Spiel wird auf den Regeln von Freude, Licht, Freiheit und Liebe aufbauen. Ihr wisst, dass in eurem bisherigen Spiel andere Regeln galten.

Siegfried: Wird sich bei diesem Polsprung die Erde verdrehen?

Sivas: Ja, deshalb ist es auch nötig, dass sie sich jetzt schon sehr flexibel macht. Auch die Form der Erdkugel wird sich ein wenig anpassen. Das bedingt natürlich wieder große Verschiebungen von tektonischen Platten, was ja auch der Sinn der Sache ist. Alles läuft nach Plan. Die Menschen werden neue Lebensräume vorfinden. Neue Kontinente und Inseln werden entstehen, während andere versinken oder auseinanderbrechen.

Siegfried: Es gibt schon Landkarten, die die Welt nach diesem Ereignis zeigen. Kann man die ernst nehmen?

Sivas: Es wurde von verschiedenen Quellen durchgegeben, wie die Erde nach dieser großen Veränderung aussehen wird. Wir möchten uns hier nicht festlegen. Es ist nicht unsere Absicht, durch unsere Mithilfe Panik zu verbreiten. Es werden eklatante Veränderungen stattfinden, große Landstriche einfach verschwinden und damit auch viele Menschen. Das ist nötig und in Übereinstimmung mit den Lebensplänen der betroffenen Menschen. Ihr könnt davon ausgehen, dass im Pazifik viele neue Lebensräume entstehen werden und dass auch im Atlantik sich wieder einiges erheben wird, was versunken war. Dafür werden bestehende Landmassen auseinanderbrechen und teilweise versinken. Aber in diesen Landstrichen werden dann nur diejenigen Menschen sein, die dem zugestimmt haben. Das ist für euch kein Grund zur Besorgnis, aber wir wissen, wie solche Informationen auf schwache Gemüter wirken.

Siegfried: In welchem Zeitrahmen wird diese radikale Veränderung ablaufen?

Sivas: Ihr beobachtet schon, dass die Erde instabil und das Erdmagnetfeld deutlich schwächer wird. Noch gibt es ein wenig Halt. Wenn es noch schwächer wird, wird die Erde leichter bereit sein, sich zu drehen. Dieser Prozess nimmt jetzt schon seinen Lauf. Es wird geschehen. Dieser Schub an hoch schwingender Energie um dieses magische Jahr 2012 herum wird dazu führen, dass sich die Erde dreht.

Siegfried: Wird das um den 21.12.2012 passieren oder irgendwann im Jahr 2012?

Sivas: Dieses kosmische Ereignis steht fest. Es ist um diesen Tag herum.

Siegfried: Werden Atlantis und Lemurien auch wieder aus dem Meer auftauchen?

Sivas: Ja, Teile davon werden wieder da sein.

Siegfried: Werden wir dann Ruinen dieser versunkenen Kulturen entdecken?

Sivas: So ist es. Diese Ruinen sind sogar teilweise schon entdeckt worden. Es gibt schon Fundstücke aus dieser Zeit. Aber was viel wichtiger sein wird ist, dass dann Gebiete auftauchen werden, die nicht verseucht waren und die gereinigte Energie in sich tragen. Viel Wissen in Form von Bauwerken und geometrischen Strukturen wird zum Vorschein kommen, welches ihr dann wieder nutzen könnt. Ihr habt dann wieder offenen Zugang zu altem Wissen und alter Weisheit. Ihr werdet euch daran erinnern, was nötig ist, um der Erde und den Menschen zu helfen, um die spirituelle Entwicklung zu fördern und am Aufbau einer neuen planetaren Gemeinschaft mitzuarbeiten.

Siegfried: Wie werden sich denn diese starken geologischen Veränderungen in Mitteleuropa auswirken?

Sivas: Ihr seid hier relativ geschützt. Es wird jedoch zu Überschwemmungen und voraussichtlich zu vulkanischen Aktivitäten kommen.

Siegfried: Du sagst, es wird in den Alpen zu vulkanischer Aktivität kommen?

Sivas: Ja, das wird es. Obwohl es oberflächlich betrachtet unstrukturiert aussehen wird, so ist es kein Zufall, wenn manche Orte unverändert oder relativ unverändert bleiben werden. Sie werden für die neue Zeit eine besondere Bedeutung haben. Denn die Erde wird sich mit hoch schwingenden Kontinenten und Inseln schmücken, auf denen sich spirituelle Kraftzentren befinden werden. Es gibt immer eine Wechselwirkung zwischen dem, was auf der Oberfläche der Erde geschieht und dem was sie vom Inneren an Energiezufuhr einfließen lässt. Zukünftige spirituelle Kraftorte sind von jeglicher Zerstörung ausgeschlossen, da sie für das Goldene Zeitalter von besonderer Bedeutung sein werden.

Siegfried: Du hast gesagt, die Sonnenaktivität wird jetzt in Wellen zunehmen. Ist damit zu rechnen, dass es dadurch zu Störungen in der Stromversorgung kommt?

Sivas: Ja.

Siegfried: Werden diese Störungen vorübergehen oder müssen wir mit längeren Ausfällen rechnen?

Sivas: Es wird ein hin und her sein. Es wird Elektrizität geben und dann wieder nicht. Es wird den Menschen einiges abverlangen, damit klarzukommen.

Siegfried: Im Zuge dieser Veränderungen Ende 2012 wird immer wieder von drei Tagen Finsternis gesprochen. Was kannst du uns dazu sagen?

Sivas: Diese Aussage bezieht sich darauf, dass sich elektromagnetische Felder völlig neu ausrichten werden, nachdem sich die Erde gedreht hat. Es wird eine Art Auszeit stattfinden, wo die Menschen wirklich denken werden, dass die Welt untergeht und sie nichts mehr retten kann. Aber so wird es nicht sein. Es ist nur eine Phase des völligen Umbruchs, in der ihr euch in einem energetischen Loch befindet. Es lässt die Menschen haltlos zurück, damit sich etwas Neues etablieren kann. Diese kurze Phase muss nur konsequent mit zusammengebissenen Zähnen überstanden werden. Danach ist das Weiterleben leicht möglich. Aber diese Phase wird viele an ihre Grenzen bringen, sodass sie selbst Hand an sich legen werden. In dieser Hinsicht ist es eine finstere Zeit, weil sie hoffnungslos erscheint. Die meisten wissen nicht, dass es hinterher weitergeht.

Siegfried: Dann ist diese Finsternis mehr im spirituellen Sinn zu verstehen als im physikalischen?

Sivas: So ist es. Informationsverbreitung wird sehr, sehr wichtig sein, denn wenn die Menschen wissen, womit sie rechnen müssen, werden sie leichter den Willen haben durchzuhalten, auch wenn es dann noch sehr dramatisch werden wird. Es ist tatsächlich eine Zeit der Prüfung.

Siegfried: Und wie lange wird diese Zeit dauern?

Sivas: Du kannst davon ausgehen, dass es sich bei euren alten Prophezeiungen um die Wahrheit handelt. Es wird ein paar Tage dauern, bis es, energetisch gesehen, wieder aufwärts geht. Ihr werdet dann energetischen Prozessen gegenüber sehr feinfühlig sein. Dann wird wieder Hoffnung und Aufbruchsstimmung einsetzen. Ihr bekommt den nötigen Schub, um euch aus diesem Loch zu erheben, euch aufzurichten. Dann werdet ihr schauen, was von euch geblieben ist, wo ihr neu beginnen könnt, wo ihr ansetzen könnt, um weiterzuleben.

Siegfried: Wo sind denn diese schicksalsträchtigen Tage zeitlich anzusiedeln? Werden sie um den 21.12.2012 liegen oder davor oder danach?

Sivas: Es wird ein wenig vorher sein, aber das sind nur Details. Es muss geschehen, damit sich Veränderung ergeben kann.

Siegfried: Manche meinen, dass ein Planet X oder Nibiru kommen wird und auf der Erde Kataklysmen auslöst. Wird so ein Planet 2012 kommen?

Sivas: Nein, das ist nicht nötig. Dieser fiktive Planet wäre nur gekommen, um die Erde zu bewegen. Mutter Sonne kann das aber auf viel bessere Art und Weise erledigen.

Siegfried: Um die Erde zu verdrehen, sind unheimliche Kräfte notwendig. Ich könnte mir vorstellen, dass ein großer Planet, der in unmittelbare Nähe der Erde kommt, sie verdrehen könnte. Ich kann mir aber nicht vorstellen, wie die Sonne bloß durch ihre Strahlung die Erde verdrehen soll.

Sivas: Auf energetischer Ebene hat es schon stattgefunden. Die Erde verdreht sich regelmäßig. In früheren Zeiten war es auch so, dass der Energiekörper der Erde sich verdreht hat und dann starke Energiebänder die physische Erde mit sich rissen.

Siegfried: Wird sich bei dieser Verdrehung nur die Erdkruste mit dem äußeren Erdmantel verdrehen oder auch der Erdkern?

Sivas: Der muss sich nicht verdrehen.

Siegfried: Wird sich die Eigenrotation der Erde normal fortsetzen und wird es nach wie vor Tag und Nacht geben?

Sivas: Tag und Nacht wird es weiterhin geben. Die Erde wird sich weiterhin um die Sonne drehen. Soweit ist alles richtig. Es wird sich nur durch die Verdrehung ein anderes Wetter, andere Tageszeiten und andere Jahreszeiten ergeben. Die Tage werden von ihrer Stundenanzahl her geringfügig anders sein.

Siegfried: Wie wird denn das Klima im Goldenen Zeitalter auf der Erde sein?

Sivas: Es wird nicht so sehr anders sein als jetzt. Allerdings werden sich andere Landstriche in Äquatornähe befinden, welche dann logischerweise mehr Sonnenstunden haben werden als bisher. Erdbereiche, die jetzt in kühler Polnähe angesiedelt sind, werden dann in tropischer Äquatornähe sein und umgekehrt.

Siegfried: Wird es nach diesen großen Umwälzungen 2012 wieder ruhiger werden?

Sivas: Ja. Die Erde ist ein lebender Organismus und wird es auch bleiben. Es wird auch im Goldenen Zeitalter kleinere Erdbeben geben, die aber niemandem schaden werden. Das wird nicht so dramatisch sein, wie das, was jetzt in naher Zukunft nötig ist.

Siegfried: Wird es im Goldenen Zeitalter auch wieder Eiskappen am Nord- und Südpol geben?

Sivas: Nicht in diesem Ausmaß, wie ihr es heute gewohnt seid, weil die Erde tatsächlich ihre Gesamttemperatur erhöht haben wird.

Siegfried: Aber nicht so stark, dass es nicht mehr möglich sein wird, auf der Erde zu leben?

Sivas: Nein, das wird weiterhin möglich sein, aber es werden viel mehr Wüsten da sein. Es ist tatsächlich eine Gesamtumstellung des Klimas zu erwarten.

Siegfried: Was wird denn mit der Sonne im Goldenen Zeitalter sein? Wird sie sich wieder auf einen Zustand beruhigen, wie sie ihn in der Vergangenheit hatte?

Sivas: Natürlich, denn es ist ja dann wieder so, wie es sein soll. Sie muss niemandem mehr helfen, um sich zu entwickeln. Sie wird sanfter werden und ihre Aktivitäten auf ein normales Maß zurückschrauben. Die Menschen werden diese zusätzliche Unterstützung für ihre spirituelle Entwicklung auch nicht mehr brauchen. Es wird alles von selbst gehen.

Siegfried: Lieber Sivas, wir bedanken uns für das hochinteressante Gespräch und freuen uns auf das nächste Mal.

Sivas: Wir verabschieden uns auch von eurem Zirkel und es ist gewiss, dass wir wieder miteinander sprechen werden. Ich grüße euch und auch meine Brüder senden ihre Grüße!

*»Eines Tages wird man offiziell zugeben müssen,
dass das, was wir Wirklichkeit getauft haben,
eine noch größere Illusion ist, als die Welt des Traumes.«*
Salvador Dalí

23

Aufstieg in die fünfte Dimension

Siegfried: Wenn wir in die fünfte Dimension aufsteigen, sind wir dann noch in der gleichen Umgebung, dem gleichen Haus, mit den gleichen Freunden nur mit einem anderen Bewusstsein oder sind wir dann für unsere Umgebung unsichtbar?

Kuthumi: Ihr lebt ja jetzt schon wechselweise in 3D und 5D und so ist es auch zu sehen, wenn ihr aufsteigt. Es ist nicht so, dass ihr euch dann plötzlich in einem anderen Film wieder findet. Ihr werdet ein anderes Bewusstsein haben, soweit ist das richtig. Dieses Bewusstsein wird mit einer anderen Sichtweise, einer anderen Körperstruktur, einer anderen Wahrnehmung vernetzt und verbunden sein. Ihr werdet in dieser 3D-Welt, die nach wie vor existieren wird, eine andere Welt überlappend wahrnehmen. Ihr werdet offener sein für die Dimensionen, die hinter 3D liegen, denn alle Dimensionen sind ineinander verschachtelt. Du musst es dir ganz praktisch so vorstellen, dass ein Mensch, der seine Eigenschwingung erhöht, Zugang zu anderen Dimensionen bekommt. Wenn er seinen Fokus auf 3D richtet, sieht er, was sich in der physischen Welt abspielt. Richtet er hingegen seinen Fokus auf 5D, sieht er, was sich auf den nächst höheren Dimensionen abspielt, außerhalb von Zeit und Raum. Euere Wahrnehmung wird erhöht und sensibilisiert werden. Ihr werdet Einblick in 5D und sogar in 6D bekommen. Es werden euch Informationen in Form von Bildern, Worten und Gefühlen zufließen, die nicht von dieser Welt sind. Viel mehr an komplexem Wissen, Weisheit und Energien kann euch zufließen. Ihr braucht dazu nur euren Fokus auf eine andere Dimensionsebene richten. Du siehst ja, dass in 3D auch 2D und 1D enthalten sind. Genauso ist es mit den höheren Dimensionen. Auch diese überlappen sich, greifen ineinander und sind parallel zugänglich. Nur wird es, wenn du ein 5D-Bewusstsein hast, keine Zeitgrenze mehr geben. Du wirst zusätzlich die Fähigkeit bekommen, jederzeit wahrnehmen zu können, was in der Vergangenheit und in der Zukunft liegt. Es wird sich dahingehend nichts ändern, dass du nach wie vor Orte und Menschen wahrnehmen wirst, aber sie werden dich anders wahrnehmen. Sie werden sehen, dass du ein anderes Wesen geworden bist. Sie werden intuitiv deine 5D-Schwingung wahrnehmen, auch wenn sie noch in 3D schwingen. Sie werden sich zu deinem lichtvollen Körper hingezogen fühlen, weil er eine kristalline Struktur haben wird, die wie ein Computerchip mit völlig neuen Informationen aufgeladen ist.

Siegfried: Sieht dann dieser Körper optisch irgendwie anders aus oder ist da kein Unterschied erkennbar?

Kuthumi: Er ist ähnlich. Die Menschen werden dich wiedererkennen, aber sie werden merken, dass du anders wirkst. Deine Ausstrahlung wird eine andere sein. Dein Strahlen und Leuchten wird, wenn auch nicht physisch, wohl aber energetisch deutlich wahrgenommen werden. Menschen mit 5D-Bewusstsein werden wie strahlende Sonnen sein. 3D-Menschen werden sich nicht immer hingezogen, sondern auch manchmal abgestoßen fühlen, je nach ihrer Eigenschwingung. Sie werden erkennen, dass hier etwas ist, mit dem sie gar nicht umgehen können. Sie werden sich eher abwenden. Aber andere, die dieser Schwingung sehr zugetan sind, weil sie selbst auf dem Weg sind sich in diese Schwingung zu entwickeln, werden sich hingezogen fühlen. Sie erkennen verwandte Energien und spüren eine vage Erinnerung daran, dass sie selbst als Seele einmal in dieser Dimension existierten. Es wird hier also eine strikte Polarisierung und Trennung erfolgen: Hochschwingende ziehen Hochschwingende an und stoßen Niedrigschwingende ab. Dasselbe gilt auch für Situationen und Orte. Jedem Ort sind Geschehnisse aus vergangenen Zeiten im morphogenetischen Erinnerungsfeld eingeprägt. Es wird einem aufgestiegenen Menschen entweder ein Groll sein, weiter an einem niedrig schwingenden Platz zu leben oder er wird in der Lage sein, ihn energetisch umzuwandeln.

Siegfried: Du sprichst von 1D, 2D, 3D und 5D. Wo gehört da jetzt die Astralwelt hinein?

Kuthumi: Die astralen Welten liegen unterhalb von 5D. Es ist ein Zwischenreich, das in viele einzelne Stufen aufgegliedert ist. Manche dieser Stufen wollt ihr nicht sehen. Glaubt mir, dort sind ganz dunkle Energien am Wirken. Es ist eine Welt hinter dem Schleier, die man sehr wohl ansehen kann, wenn man möchte, aber das würde euch niemand von uns raten. Diese astralen Spiegelungen sind das, was ihr als Jenseits bezeichnen würdet. Es ist eine Zwischenwelt, in der sich vieles aufhält, was nicht in höher schwingende Dimensionen passt und in der physischen Welt nur sehr störend wirken würde, wenn sie für Menschen immer zugänglich wäre.

Siegfried: Könnte man die Astralwelt als 4D bezeichnen?

Kuthumi: Nein, das ist differenzierter zu sehen. Die Zeit, die ihr physikalisch als vierte Dimension bezeichnet, gehört nicht in die Astralwelt. Es gibt dort eine Menge Täuschung, Verwirrung und Müll. Sie ist vollgepackt mit Erinnerungen, Hüllen von Verstorbenen, astralen Wesenheiten, die sehr gut in dieser Ebene zurechtkommen, weil sie täuschen, lügen und betrügen. Diese Wesen beherrschen die Astralebene. Deshalb raten wir hier zu Vorsicht! Es ist euren Astralkörpern, die ihr ja auch besitzt, sehr wohl möglich, in diese Ebene einzutauchen. Aber wir bitten euch, nur unter massivstem Schutz diese Ebene zu betreten, denn sonst geht ihr verloren in diesen Welten, die nur auf sehr niedrige Emotionen ausgerichtet sind. Wenn ihr aufbauende Erlebnisse haben wollt, dann orientiert euch hin zur Kausalebene, auf die diese täuschenden Energien keinen Zugang haben. Ihr werdet auch feststellen, dass ihr diesen niedrig schwingenden Astralkörper in 5D praktisch ablegen dürft, weil ihr ihn nicht länger braucht. Auch euere wenig bewussten mentalen Anteile werden ihre Bedeutung verlieren und verkümmern. Es werden sich neue Fähigkeiten in euch entwickeln, wenn euere höheren Körper mehr und mehr zur Entfaltung kommen.

Siegfried: Wenn wir den Aufstieg gemeistert haben, können wir uns dann frei zwischen den Dimensionen bewegen?

Kuthumi: So ist es. Ihr werdet Meister in eurer Fokussierung sein und werdet entscheiden können, auf welche Dimension ihr euren Fokus legen wollt. Wenn es notwendig ist, euch auf 3D herunterzuneigen, dann wird euch das auch möglich sein, so wie es auch uns möglich ist, in verschiedenen Dimensionen zu erscheinen. Aber ihr werdet verstärkt den Wunsch verspüren, in eurer lichtvollen, energetisch angenehmen 5D-Realität zu leben. Ihr werdet sehr wohl sehen, was in 3D los ist, aber ihr werdet euch ausklinken und euch nicht mehr sonderlich dafür interessieren. Ihr werdet nicht mehr auf 3D leben, außer ihr wünscht es. Ihr habt die Wahl.

Siegfried: Das bedeutet, nach dem Aufstieg können wir, wenn wir den Fokus auf 3D legen, in 3D leben und dann auch 3D so wahrnehmen wie jetzt?

Kuthumi: Ja, aber es wäre so, als würdest du jetzt als 3D-Wesen gezwungen sein, auf einem Blatt Papier in nur zwei Dimensionen zu leben. Wer würde das wollen?

Siegfried: Unsere eigentliche Heimat liegt also auf den höheren Ebenen?

Kuthumi: So ist es und diese Sehnsucht wird euch immer weiter nach oben tragen. Ihr werdet nicht mehr den Wunsch hegen, noch in 3D aktiv zu sein. 5D wird euch eine Bandbreite von Möglichkeiten erschließen, die euch noch gar nicht bewusst ist. Es wird für euch kaum mehr Sinn machen, euch auf 3D zu begeben, denn auf 5D liegen die Lösungen für all euere menschlichen Probleme, sei es Umweltverschmutzung, sei es liebloses Miteinanderumgehen, seien es all diese gesellschaftlichen Strukturen, die so sehr auf eueren Seelen lasten. Das alles wird sich nach dem Aufstieg auf 5D leicht bewältigen lassen. Das ist es ja, wohin wir euch helfen wollen, denn dort liegen euch alle Möglichkeiten zu Füßen. Niemand wird mehr etwas auf die althergebrachte Weise mit 3D-Mitteln verändern wollen. Auf 5D, euerem neuen Betätigungsfeld, wird alles viel leichter sein.

Siegfried: Aber wie sieht die Zukunft von 3D aus, wenn unsere Zukunft in 5D liegt?

Kuthumi: Das ist eine gedankliche Spielerei und ich erkläre es jetzt noch einmal so, wie ich hoffe, dass ihr es verstehen könnt. Die Erde existiert in allen Dimensionen gleichzeitig. Diese 3D-Welt wird es weiterhin geben, aber dadurch, dass ihr Werkzeuge von 5D zur Verfügung haben werdet, wie zum Beispiel Materialisation und Dematerialisation, seid ihr in der Lage, ganz anders mit 3D-Gegebenheiten umzugehen. Das bedeutet, dass ihr Orte energetisch reinigen könnt, von denen ihr jetzt überhaupt noch keine Ahnung habt, dass sie auf energetischer Ebene verseucht sind. Das werdet ihr erst mit euren 5D-Sinnen wahrnehmen und dann mit 5D-Werkzeugen ändern können. Ihr werdet auch die 3D-Menschen in ihrer dunklen Energie wahrnehmen. Ihr werdet mit 5D-Mitteln, mit Worten, mit Mitgefühl, mit Liebe in jeder Ausprägung Werkzeuge haben, diesen Menschen Hilfe anzubieten. In wie weit sie angenommen wird, müsst ihr jedem Einzelnen überlassen. Ihr werdet sämtliche menschlichen Strukturen (politische, wirtschaftliche, gesellschaftliche) von 5D aus neu entdecken. Die alten Strukturen werden zerbrechen und ihr werdet sie auf 5D völlig neu und besser aufbauen. Ihr werdet das Alte ummodellieren und völlig neu gestalten. Ihr werdet kreativ, mit viel Lust und Liebe an diese Arbeit herangehen. Genauso werdet ihr es mit Gegenden, Orten, Städten, Gebäuden, Institutionen, allem was nicht mit dieser 5D-Schwingung kompatibel ist, machen. Ihr werdet euer Lebens- und Wohnumfeld so gestalten, wie es für euch stimmig ist, weil ihr es gar nicht mehr ertragen werdet, anders zu leben.

Siegfried: Was ich noch immer nicht verstehe ist, ob diese dreidimensionale Welt, die wir mit unseren fünf Sinnen wahrnehmen, nach wie vor Bestand haben oder in Zukunft irgendwie anders aussehen, sich anders anhören, anders anfühlen wird?

Kuthumi: Sie wird Bestand haben, aber sie wird durch den Einfluss von 5D verändert werden.

Siegfried: Wird sich die Materie, so wie sie jetzt existiert, auch verändern?

Kuthumi: Ja, es gibt diese kristallinen Strukturen, die aller Materie innewohnen. Diese subatomaren Partikel mit eingebautem Bewusstsein sind auch jetzt da. Ihr habt nur noch nicht die Werkzeuge, diese Dinge wahrzunehmen, zu verändern und zu modellieren. Das wird euch in 5D möglich sein. Ihr könnt dann eure Umwelt so gestalten, wie ihr es für richtig haltet, weil ihr dann auf der Basis von Liebe und Weisheit handeln werdet. Auch eure Körper sind dann ein Spielzeug eurer selbst. Ihr könnt euch gestalten, wie ihr euch wohl fühlt. Es wird kleine Bausteine geben, die jederzeit zerlegt und wieder neu zusammengesetzt werden können. Alle diese Spielereien, die ihr in euren Visionen schon wahrgenommen habt, werden dann möglich sein. Bis es so weit ist, wird aber noch einige Zeit vergehen, denn ihr müsst euch erst entwickeln. Es wird eine sanfte Übergangsmöglichkeit für euch geben, damit ihr in diese Strukturen hineinwachsen könnt. Eure Körper verändern sich nicht schlagartig. Das wäre euren Systemen nicht zuträglich, denn ihr müsst euch ja langsam von dieser physischen Kohlenstoffbasis hin zur kristallinen Lichtkörperstruktur entwickeln. Es ist ein Prozess, bei dem Altes abgelegt und Neues aufgebaut wird, Altes sterben darf und Neues vernetzt und verbunden wird. Auch außerhalb eures Körpers werden dann sehr viele Vernetzungen stattfinden. Die Entwicklung eueres Lichtkörpers geht Schlag auf Schlag, aber trotzdem ist ein Prozess unterlegt, der euren Körpern einen sanften Übergang ermöglicht, damit es zu keiner Überlastung kommt.

Siegfried: Du hast jetzt ein ganz wichtiges Thema angesprochen: den Ablauf dieses Prozesses. Du hast gesagt, es gibt einen kontinuierlichen Übergang, es passiert aber auch etwas Schlag auf Schlag. Ist es ein gleichmäßiger Prozess oder gibt es da starke Sprünge?

Kuthumi: Ja, es gibt Sprünge. Es gibt, wie du mir bestätigen würdest, sehr große Sprünge in sehr kurzer Zeit. Diese Kurve verläuft in einem exponentiellen Anstieg, aber zuerst wird es sanft beginnen. Der Übergang vom Kohlenstoffkörper hin zum Lichtkörper ist ein Prozess von Jahren und er ist schon im Gange. Viele Menschen sind auf dem Weg und manche spüren jetzt, dass eine Gangart zugelegt wird und das Universum sozusagen mehr Gas gibt. Sie sind schon auf einer sehr steilen Kurve angekommen und bei einigen von ihnen ist der Aufstieg so steil, dass es in Tagen und Stunden zu Veränderungen kommt. „Es geht die Post ab", wie ihr sagen würdet.

Siegfried: Wenn man diesen Aufstiegsprozess unterstützen und fördern möchte, was kann man dazu als Einzelner tun?

Kuthumi: Der Weg beginnt immer bei jedem Einzelnen selbst. Es geht darum, in der Gesamtschwingung der Erde mitzuschwingen. Wenn ihr euch mit eurer Pranaröhre - eurer senkrecht verlaufenden Energieversorgung - an die irdische Energie des Erdkerns andockt und euch gleichzeitig nach oben in die geistigen Welten verbindet, dann seid ihr immer in der Schwingung, die auch die Erde gerade einnimmt. Dann seid ihr wunderbar in diesem Energiefeld gehalten, zentriert in eurer Kraft und Mitte. Ihr seid dann genau in der richtigen Schwingung, in der ihr euch wohl fühlt, wo ihr gesund und stark seid. Wenn ihr so als Individuen angedockt seid, habt ihr Strahlkraft, die immer mehr zunehmen wird. Diese Strahlkraft ist eure Wirkung nach außen, hin zu euren Mitmenschen, zu eurer Umwelt. Hier ist es euch gegeben, in diesem Status des eigenen Angebundenseins, in eurer eigenen Kraft stehend euren Mitmenschen weiterzuhelfen, ihnen zu dienen und zur Hilfe zu eilen. Wie ihr eure Gaben an eure Mitmenschen weitergebt, ist eine ganz individuelle Angelegenheit. Das kann durch ganz gezielte Informationsweitergabe, Mitgefühl, Zuhören, ein freundliches Wort oder eine liebevolle Berührung erfolgen. Alles das, was Mitmenschlichkeit bedeutet. Hier könnt ihr in eurem Herzen ganz gezielt ergründen, was in 5D Bestand hat. Fragt euch: Was will ich jetzt schon erschaffen, was ich auf 5D mitnehmen kann? Alle auf Liebe aufgebauten Strukturen werden Bestand haben, seien es neue mitmenschliche Wirtschaftsstrukturen, seien es auf Liebe basierende Finanzstrukturen, seien es ganz neue Wege, wie ihr mit Bedürftigen umgeht, sei es wie ihr Flora und Fauna behandelt.

Siegfried: Was passiert mit den ganzen unbelebten Gegenständen, die uns umgeben? Werden sie sich durch den Aufstieg nach 5D auch verändern?

Kuthumi: Mein Lieber, diese „unbelebten" Gegenstände haben auch Bewusstsein. Das wirst du dann mit deinen 5D-Augen sehen. Du denkst jetzt, ein Kugelschreiber hat kein Eigenleben. Das kann man wohl so sehen, aber er ist auch aus Bausteinen des Universums gestaltet worden. Er wurde erdacht und hat eine geistige Form erhalten. Diese geistige Form hat sich physisch manifestiert, ist hart gewordene Energie und hat einen Bewusstseinskern. Aber ich gebe dir Recht: Es ist niedrig schwingendes Bewusstsein, das du aber mit deinem Bewusstsein energetisieren kannst. Viele Menschen tun dies bereits, indem sie geliebten Gegenständen so viel Energie zuführen, dass diese fast ein Eigenleben annehmen. Denk nur an all die geliebten Teddybären der Kinder, die so sehr gedrückt und geliebt und gehätschelt werden, dass sie fast ein eigenes Bewusstsein entwickeln. Auch eure Maschinen, mit denen ihr tagtäglich zu tun habt, seien es Fahrzeuge oder Gebrauchsgegenstände des täglichen Lebens, profitieren von eurer Zuwendung. Manche von euch haben schon erkannt, dass ein Gerät seinen Dienst länger und verlässlicher leistet, wenn es gewürdigt und liebevoll behandelt wird. Auch Autos werden sehr viel länger ihren Dienst leisten, wenn sie geliebt werden, wenn nicht mit ihnen geschimpft und geflucht wird, sondern wenn sie gehätschelt, gesäubert, gereinigt und liebevoll behandelt werden. Das könnt ihr auf jedem Oldtimer-Treffen selbst beobachten. Dort erkennst du sehr wohl, dass alle diese unbelebten Gegenstände Bewusstsein in sich haben. Denn alles, was du jemals in der Hand gehalten hast, wurde aus reiner göttlicher Energie geformt. Alles, was ist, ist göttlich.

Siegfried: Das heißt, es ist gar nicht abwegig, Gegenstände mit positiver Energie aufzuladen und sie dadurch zu verändern?

Kuthumi: Nein.

Siegfried: Also wenn ich zu meinem Auto sage, „Du bist ein liebes Auto, du bist ein gutes Auto, du bist ein braves Auto", dann wird es mir länger seinen Dienst erweisen, als wenn ich es nur als technisches Fortbewegungsmittel sehe?

Kuthumi: So ist es.

Siegfried: Das ist schön. Gibt es Unterschiede in der Göttlichkeit? Etwas mehr Göttliches und etwas weniger Göttliches?

Kuthumi: Es gibt im Bewusstsein, das in jeder Materie enthalten ist, unterschiedliche Schwingungsgrade. Es gibt im Mineralreich ganz unterschiedliche Bewusstseinsstufen, genauso im Tierreich und im Pflanzenreich. Es gibt tatsächlich im Tierreich sehr hohe Abstufungen an Bewusstsein. Zum Beispiel haben Haustiere und auch Nutztiere durch ihren intensiven Umgang mit Menschen schon ein sehr hohes Bewusstsein erreicht. Das ist auch der Grund, warum euch manche Tiere so nahe stehen. Sie haben schon Vieles an menschlich hohem Bewusstsein angenommen, so dass es ihnen möglich ist, selbst immer höher aufzusteigen. Manche Haustiere erreichen irgendwann den Punkt, an dem sie den Bewusstseinssprung in menschliches Bewusstsein vollziehen dürfen, um dann als Mensch wieder auf der niedrigsten Schwingungsebene zu beginnen. Dieser Kreislauf ist unendlich, du weißt es. Ihr seid schon sehr lange unterwegs als Bewusstseinsfunken und der Mensch ist so gesehen tatsächlich fast schon die Krone der Schöpfung. Eine Krone, die noch gar nicht blitzt und funkelt, aber jetzt geht es darum, sie zu säubern, sie zum Glänzen zu bringen und die Strahlkraft all ihrer Edelsteine wiederherzustellen. Das ist euer Ziel!

*»Wenn der Wind der Veränderung weht,
bauen die einen Mauern und die anderen Windmühlen.«*
Chinesisches Sprichwort

24

Der Lichtkörperprozess und die 12-Strang-DNS

Siegfried: Lieber Serapis Bey, was versteht man unter dem Lichtkörperprozess?

Serapis Bey: Es ist ein Wandlungsprozess eures Körpers. Ihr wisst, dass ihr aus mehreren Schichten besteht, ein multidimensionales Wesen seid. Euer physischer Körper wird sich in seiner Beschaffenheit stark verändern. Dieser Wandlungsprozess ist das, was ihr unter anderem auch Aufstieg nennt, denn es bedeutet, dass ihr mit eurem physischen Körper zu vielen Dingen in der Lage sein werdet, die euer jetziger Körper nicht tun kann. Ihr werdet mit dem Lichtkörper in das Goldene Zeitalter gehen. Mit eurem alten Körper könnt ihr dort nicht hin. Deswegen werdet ihr einen längeren Anpassungsprozess durchlaufen. Der Lichtkörper unterscheidet sich vom jetzigen physischen Körper dadurch, dass er tatsächlich mehr Licht leitet und mehr Licht in sich speichert. Euer jetziger physischer Körper basiert auf einer Kohlenstoffstruktur, wohingegen der neue Körper ähnlich einem Kristall sein wird, der lichtdurchlässig und zu vielen Kunststücken fähig sein wird.

Siegfried: Wie erfolgt denn diese Umwandlung von Kohlenstoffstruktur in Kristallstruktur?

Serapis Bey: Sie ist schon im Gange. Sie geht ganz sanft vor sich, auch wenn viele von euch es nicht so wahrnehmen. Sie spüren, dass sich etwas tut und manchmal fühlt es sich unangenehm an. Im Zellkern findet ein Austausch statt. Der ganze genetische Bauplan verändert sich. Die aktuelle Zeitqualität fördert diesen Prozess, denn ab einer bestimmten Schwingungsfrequenz wird er automatisch ausgelöst. Im Zellkern befindet sich eure DNS. Dort werden Informationen freigelegt und aktiviert, um den Zellumbau voranzutreiben. Eure alten Zellen werden ausgeschieden und neue, nach dem neuen Bauplan, gebildet.

Siegfried: Ist damit der Übergang von der 2-Strang-DNS hin zur 12-Strang-DNS gemeint?

Serapis Bey: Ja, das ist damit gemeint, aber am Anfang geschieht es so, dass auch viele Bereiche eurer 2-Strang-DNS mit mehr Energie versorgt und aktiviert werden. Es ist ja bisher in euch bei weitem nicht alles aktiv gewesen. Sobald die 2-Strang-DNS vollständig aktiviert ist, bilden sich neue Stränge, die ja auf feinstofflicher Ebene schon da sind.

Siegfried: Sind diese 12 Stränge dann auch auf der physischen Ebene vorhanden?

Serapis Bey: Ja.

Siegfried: Das heißt, unsere Ärzte könnten durch eine DNS-Untersuchung feststellen, dass wir dann 12 Stränge haben?

Serapis Bey: So ist es und es gibt jetzt schon Forschungen, die dies entdeckt haben. Aber es ist für eure Wissenschaftler so seltsam, dass sie es nicht glauben wollen, weil es nicht sein darf.

Siegfried: Seit wann ist dieser Lichtkörperprozess bei uns im Gang?

Serapis Bey: Du kannst das nicht so pauschal sehen. Beim Einen geschieht es früher, beim Anderen später. Die Umstrukturierung des Körpers muss mit eurer persönlichen Entwicklung einher gehen. Viele Menschen werden jetzt vom Leben dazu gedrängt, sich zu verändern. Bei ihnen ist der Prozess voll im Gange. Einige unter euch leiden schon seit Jahren unter Begleiterscheinungen des Lichtkörperprozesses.

Siegfried: Welche Begleiterscheinungen sind das?

Serapis Bey: Sie sind ganz unterschiedlicher Natur. Bei einigen sind es mehr innere, seelisch aufwühlende Prozesse, andere wiederum haben körperliche Symptome wie Kopfschmerzen, Gliederschmerzen, seltsame Übelkeit, Körperzittern und viele andere. Wenn diese Symptome wirklich mit dem Lichtkörperprozess in Verbindung stehen, werden eure Ärzte keine Ursache dafür finden können.

Siegfried: Gibt es besondere Merkmale oder Symptome, die eindeutig vom Lichtkörperprozess kommen?

Serapis Bey: Ja, es sind Wahrnehmungen von Lichtphänomenen, die ihr in euren physischen Augen und gleichzeitig mit dem inneren Auge wahrnehmt. Diese ganzen erhöhten feinstofflichen Wahrnehmungen sind Indizien dafür, dass sich vieles schon umgestellt hat. Auch das Thema Lichtnahrung gehört hier dazu. Der Körper könnte von Prana- oder Lichtenergie nicht existieren, wenn die inneren, energetischen Bahnen diese Lichtstrahlung nicht in Energie für das Körpersystem umwandeln könnten. Der Lichtnahrungsprozess ist eine Möglichkeit, den Lichtkörperprozess massiv zu beschleunigen.

Siegfried: Heißt das, dass bei Gaby der Lichtkörper schon voll entwickelt ist?

Serapis Bey: Bei ihr sind große Teile davon voll entwickelt.

Siegfried: Kann man durch eine Nahrungsumstellung den Lichtkörperprozess beschleunigen?

Serapis Bey: Ja, das ist natürlich möglich, aber nicht zwingend notwendig. Es gibt Menschen, die mit Lichtnahrung experimentieren, die ihr aber nicht als besonders erleuchtet einschätzen würdet. Es werden dadurch Energiebahnen aktiviert, aber es ist des weiteren ein Bewusstseinsprozess nötig, um noch mehr umzugestalten. Die Meridiane, die ihr aus eurer Medizin kennt, sind die Hauptlichtbahnen im Körper. Wenn sie sehr durchlässig werden, dann ist Leben von Lichtnahrung möglich. Der sicherste Weg, den Lichtkörper voll zu entwickeln ist, sich über Meditation mit Licht aufzutanken.

Siegfried: Da sind wir schon bei der nächsten Frage: Wie kann man den Lichtkörperprozess optimal unterstützen?

Serapis Bey: Meine Lieben, euer Lichtkörper ist das eine, Bewusstseinsarbeit das andere. Es geht nicht darum, körperliche Kunststükke vollführen zu können. Das ist nur ein Nebeneffekt. Der Kernpunkt des ganzen Aufstiegsprozesses ist die Bewusstseinsentwicklung. Euer Körper folgt ihr nur nach und bildet sich so um, dass er das perfekte Vehikel wird. Euer ganzes Leben ist geprägt von Erfahrungen, die euch helfen sollen, euer Bewusstsein zu entfalten. Wenn ihr den Alltag gut bewältigen könnt und euch die Herausforderungen des täglichen Lebens nicht mehr aus eurer Mitte bringen, ist das ein sicheres Zeichen dafür, dass euer Lichtkörper schon gut entwickelt ist. Das wiederum verstärkt die Umwandlung eurer DNS. So müsst ihr ganz gezielt im Alltag an eurem Leben arbeiten. Alltagsbewältigung in jeder Hinsicht wird euch dazu verhelfen, selbst immer lichtvoller zu werden.

Siegfried: Unterstützt der Aufenthalt an Kraftorten den Lichtkörperprozess?

Serapis Bey: Das ist eine begleitende Maßnahme, die ihn sehr erleichtert. Es ist hin und wieder sehr erhebend, sich mit der kraftvollen Energie eines guten Ortes zu umgeben, um einmal loslassen zu können, denn der Prozess ist anstrengend, das möchten wir euch nicht vorenthalten. Sich nicht aus der Ruhe bringen zu lassen, lichterfüllt, freudvoll und liebevoll zu sein ist nicht leicht in diesen Zeiten, wo rund um euch herum noch so vieles in Aufruhr ist. Aber ich erinnere euch: Sich nur an Kraftorten aufzuhalten ist nicht der Sinn der Sache. Es ist wohltuend, heilsam und aufbauend, aber gleichzeitig muss die Bewusstseinsarbeit Hand in Hand mit diesen äußerlichen Maßnahmen gehen.

Siegfried: Wie lange dauert der Lichtkörperprozess?

Serapis Bey: Er dauert Jahre, meine Lieben, aber er hat begonnen und ihr braucht nicht zu verzweifeln. Er beginnt langsam und wird dann immer schneller. Er schaukelt sich auf. Der Lichtkörperprozess führt zu einer verfeinerten Wahrnehmung, welche wiederum den raschen Wandel der Zellen begünstigt.

Siegfried: Macht die Erde auch den Lichtkörperprozess durch?

Serapis Bey: Das könnte man so sagen. Es ist ähnlich, aber doch ganz anders, weil es sich hier um einen planetaren Körper handelt. Viele Plätze werden zu Kraftplätzen werden, weil niedrigschwingende Orte transformiert werden.

Siegfried: Sind wir 2012 mit dem Lichtkörperprozess fertig?

Serapis Bey: Nein, meine Lieben, aber das ist ein Schlüsseldatum, welches sehr vieles auslösen wird. Der Lichtkörperprozess geht bei den meisten noch weit über 2012 hinaus. Ihr müsst ein wenig Geduld haben, denn es wäre für eure psychische Gesundheit gar nicht gut, wenn es zu schnell gehen würde.

Siegfried: Warum ist jetzt dieser Lichtkörperprozess überhaupt notwendig?

Serapis Bey: Er ist nicht notwendig. Er ist eine Gnade, das Ziel des Menschseins. So müsst ihr es sehen, denn ihr seid dann nicht mehr wie bisher in einem physischen Menschenkörper gefangen und müsst auch keinen physischen Tod mehr sterben. Durch den Aufstieg wird der Alterungsprozess verändert. Altern ist möglich, aber nicht mehr notwendig. Wenn ihr euch dagegen entscheidet, ist ein stark verlängertes Leben möglich. Ihr könnt in feinstoffliche Bereiche aufsteigen, ohne diesen Körper irgendwie der Erde zurückgeben zu müssen.

Siegfried: Ist das die „Auferstehung des Fleisches", wie sie in der Bibel beschrieben wird?

Serapis Bey: Ja, aber das wurde ein bisschen dadurch missverstanden, dass Jesus nach seinem Tod genauso aussah wie vorher. Das hat er natürlich gemacht, damit er wiedererkannt wurde, aber sein Körper war in Wirklichkeit nicht mehr der gleiche.

Siegfried: Heißt das, dass wir unter Umständen den physischen Tod gar nicht mehr durchleben brauchen?

Serapis Bey: So ist es.

Siegfried: Ist es auch möglich, unseren Körper nachträglich zu verjüngen?

Serapis Bey: Da ist vieles möglich, weil der Lichtkörper ja aus vielen kleinen Mikrokristallen besteht, die nur mittels Gedankenkraft gesteuert werden. Diese kleinen Puzzleteile können durch euren Willen so verändert werden, wie ihr es ihnen befehlt.

Siegfried: Du hast gesagt, der Prozess dauert Jahre. Sind das viele Jahre, sind das vielleicht sogar Jahrzehnte oder sind das nur einige wenige Jahre?

Serapis Bey: Da gibt es keine fixen Regeln. Es geht darum, dass der Einzelne seine karmischen Altlasten ablegt, damit nicht wieder neu inkarniert werden muss. Neues Karma wird nicht mehr aufgebaut. Es muss dann nicht mehr in üblichen 3D-physischen Körpern gelebt werden, nicht mehr durch Leid Erfahrung gesammelt werden. All das ist dann zu Ende. Auch Jesus war nicht mehr gezwungen zu inkarnieren. Das soll nicht heißen, dass er es nicht hin und wieder doch getan hat.

Siegfried: Alle Menschen, die diese Entwicklung durchmachen, steigen also aus dem Rad der Wiedergeburt aus?

Serapis Bey: So ist es. Das ist das Ziel und deshalb ist es auch nicht mehr nötig zu sterben. Dieser neue, selbst gestaltete Körper kann mitgenommen werden, weil er Licht ist. Er kann sich ganz nach Wunsch materialisieren und dematerialisieren.

Siegfried: Besteht ein Zusammenhang zwischen dem Lichtkörper und außerkörperlichen Erfahrungen?

Serapis Bey: Nein, das sind völlig verschiedene Dinge. Außerkörperliche Erfahrungen erfahrt ihr mit euren feinstofflichen Körpern. Ihr seid dabei immer noch mit eurem physischen Körper verbunden. Ihr reist in eurem Astralkörper, aber der physische und viele andere Körper sind weiterhin verbunden. Der Lichtkörper ist etwas anderes, weil dann auch die Notwendigkeit der niederen Körper verschwindet. Ihr werdet dann einige eurer feinstofflichen Körper nicht mehr brauchen.

Siegfried: Existiert dann der Lichtkörper auch noch in der 3D-Welt?

Serapis Bey: Wenn ihr davon ausgeht, dass jetzt 3D und 5D in verschieden Ausmaßen hier auf der Erde herrschen, dann existiert ihr gleichzeitig in beiden Dimensionen. Es unterscheidet sich nur im Grad. Manche haben einen gut entwickelten Lichtkörper und halten sich vermehrt auf 5D auf, manche leben noch auf 3D.

Siegfried: Wenn wir den Lichtkörper entwickeln heißt das aber, dass wir auf der dreidimensionalen Ebene unsichtbar werden?

Serapis Bey: Nein, hier hat das Bewusstsein das Sagen. Da, wo du dich hindenkst wirst du sein. Die Meister sind in der Lage, sich jederzeit von feinstofflichen Körpern in feststoffliche umzuwandeln, zumindest in solche, die ihr als feststoffliche wahrnehmt. Wenn ihr in eurem perfekt gestalteten Lichtkörper wünscht auf 3D zu erscheinen, könnt ihr das tun. Aber wer würde das wollen?

Siegfried: Läuft dieser Prozess kontinuierlich ab oder gibt es da große Sprünge?

Serapis Bey: Es gibt Sprünge, weil ihr energetischen Umwälzungen, die die Erde jetzt mitmacht, ausgeliefert seid. Diese Energieschübe werden von manchen deutlich wahrgenommen. Einige treiben diese Schübe zum Wahnsinn, während sie den spirituell orientierten Menschen helfen, ihren Lichtkörper noch lichtvoller zu gestalten.

Siegfried: Kann man mit Hilfe einer Ernährungsumstellung den Lichtkörperprozess fördern?

Serapis Bey: Ja, sehr wohl, denn alles was niedrigschwingend ist, wirkt wie eine Bremse. Ihr wisst schon, welche Nahrung niedrigschwingend ist.

Siegfried: Kannst du das bitte detaillierter ausführen?

Serapis Bey: Es wird nur vegetarische Nahrung hochschwingend sein, weil fleischliche Ernährung immer niedrigschwingend ist. Pflanzliche Nahrung kann extrem lichtvoll sein, so dass sie keinerlei Einbußen für diesen gewaltigen Umstellungsprozess bringt. Der Mensch der Zukunft ist darauf angelegt, sich von Pflanzen zu ernähren oder auch nur noch von Licht, wenn er schon so weit ist.

Siegfried: Werden durch den Lichtkörperprozess etwaige Krankheiten geheilt?

Serapis Bey: Ja, das ist definitiv so. Der Körper wird sich selbst regenerieren und ihr könnt ihn durch Gedankenkraft heilen. Wenn ihr euch nur vorstellt, dass ihr gesund seid, alles habt was ihr braucht, dann werden euch das eure neuen Zellen sofort glauben und die Körperstruktur sofort umbauen. Auch die richtigen Heilmethoden werden viel schneller greifen. Ihr braucht euch nur auf diesen schmerzenden oder kranken Körperteil konzentrieren und die Heilung wird sofort einsetzen. Je weiter der Lichtkörper vorangeschritten ist, desto selbstverständlicher wird Gesundheit für euch sein, weil kaum mehr krankmachende Blockaden vorhanden sind. Alle diese Ursachen werden ein Ende haben und so muss der Körper keine Ungleichgewichte der Seele mehr zum Ausdruck bringen.

Siegfried: Heißt das, dass es mit einem entwickelten Lichtkörper keine Krankheiten mehr geben wird?

Serapis Bey: Es müsste dann keine Krankheiten mehr geben. Es ist aber immer noch möglich, gegen sich selbst zu arbeiten und sich künstliche Blockaden zu erschaffen, aber diese werden so unangenehm sein, dass der Träger des Lichtkörpers dies sofort bereinigen und aus der Welt schaffen möchte. Damit sind wieder alle Ursachen für Krankheiten verschwunden.

Siegfried: Warum ändert sich die DNS?

Serapis Bey: Eure DNS war ursprünglich anders strukturiert. Es haben in Vergangenheit Genmanipulationen stattgefunden. Das ist für euch auch nichts Neues. Ihr wurdet in eurer Großartigkeit zurückgestutzt. Es waren viele außerirdische Einflüsse daran beteiligt, um die Menschen in alten Zeiten als Sklaven zu nutzen. Das ist natürlich schon lange her, aber diese Einschränkungen wirken noch immer, weil sie aus karmischen Gründen nicht eher gelöst werden durften. Jetzt ist es aber möglich, weil die Menschheit einen gewissen Entwicklungsstand, also die kritische Masse erreicht hat, sodass wieder alles freigegeben werden kann, was Einschränkungen unterworfen war. Den Menschen wird jetzt wieder zugetraut, sich zu lichtvollen Wesen zu entwickeln, die verantwortungsbewusst mit ihrer Größe und Macht umzugehen wissen.

Siegfried: Was ist unter der kritischen Masse zu verstehen?

Serapis Bey: Viele Menschen leben auf der Erde noch in Unwissenheit und Dunkelheit. Das ist keine Wertung. Es sind nur unterschiedliche Entwicklungsstufen von Seelen inkarniert. Darunter gibt es zahlreiche Lichtarbeiter, die jetzt Schritt für Schritt an ihr volles Potential herangeführt werden. Diese wachsende Gruppe von spirituell interessierten Menschen und aktiven Lichtarbeitern macht diese kritische Masse aus. Sie gewährleistet, dass der Erde und den auf ihr lebenden Wesen kosmische Unterstützung gewährt wird.

Siegfried: Kannst du uns sagen, wie hoch diese kritische Masse ist?

Serapis Bey: Ihr liebt Prozentzahlen, aber lass es dabei bewenden, dass die Masse ausreicht und das ist gut so. Es ist ein großer Gnadenakt, der jetzt stattfindet. Noch etwas möchte ich anmerken: Es gibt hochstehende Wesen, die kopfschüttelnd mitverfolgt haben, wie bedauerlich sich die Erdbevölkerung über viele Jahrtausende entwickelt hat. Es sah so aus, als ob fast nichts mehr zu machen wäre und dann haben sich die Menschen plötzlich doch wieder so voran entwickelt, dass es eine Freude war zuzusehen. Gott sei Dank war es so, denn wenn die Masse der spirituell erwachten Seelen jetzt nicht so weit wäre wie sie ist, hätte die Geschichte einen anderen Verlauf genommen. Man hat im Universum daran gedacht die Erde aufzugeben, weil die Menschheit nichts dazulernt, aber dann hat sie diese hohen geistigen Wesen überrascht.

Siegfried: Was heißt „die Erde aufgeben"?

Serapis Bey: Die Entwicklung des Planeten hat Vorrang. Wenn seine Bevölkerung so niedrigschwingend ist und immer niedrigschwingender wird, dann ist meist eine große Reinigung das Beste. Auf anderen Planeten im Universum hat schon oft so eine Säuberung stattgefunden, damit anschließend die Evolution wieder von neuem beginnen kann.

Siegfried: Dann hätte also niemand auf der Erde überlebt?

Serapis Bey: Ja, das wäre aber zu einem früheren Zeitpunkt gewesen. Manchmal ist es besser, nicht ewig auf solch einer dunklen Ebene auszuharren, sondern einen Neustart zu wagen.

Siegfried: Wird jetzt die Menschheit kollektiv aufsteigen?

Serapis Bey: Ein Teil wird die Möglichkeit haben, aufzusteigen. Ihr wisst sehr wohl, dass ein großer Teil nicht ausreichend entwickelt ist, um nur aus der Liebe zu leben. Viele Seelen werden am Aufstiegsprozess nicht teilhaben können. Das ist eine Sache der persönlichen Frequenz. Viele haben die Möglichkeit, ihre Frequenz dermaßen zu erhöhen, dass sie den Aufstieg machen können und das ist etwas Wunderbares, etwas noch nie da gewesenes. Ich sage „die Möglichkeit", denn jeder hat seinen freien Willen, aber beim Großteil der

Menschen sehen wir ganz zielgerichtete Handlungen, was uns erlaubt vorauszusehen, dass ihnen der Aufstieg gelingen wird. Andere sind noch in der Schwebe, deshalb ist es jetzt so wichtig, sich zu orientieren und sich auf das Lichtvolle auszurichten.

Siegfried: Du hast gesagt, die DNS entwickelt sich von einer 2-Strang-Struktur hin zu einer 12-Strang-Struktur. Woher kommen diese zehn zusätzlichen Stränge?

Serapis Bey: Sie sind feinstofflich schon da, aber sie wurden sozusagen ausgeschaltet.

Siegfried: Unsere Wissenschaftler gehen davon aus, dass die sogenannte Junk-DNA (Müll-DNS) nutzlos ist. Ist das das Material, aus dem die anderen zehn Stränge gebildet werden?

Serapis Bey: Ja und nein. Bestandteile der 2-Strang-DNS liegen auch brach oder werden für Dinge verwendet, die euren Wissenschaftlern gar nichts sagen. Wissenschaftler sind sehr physisch orientiert, wollen alles messen und wiegen. Sie haben nicht erkannt, dass ihr auch feinstoffliche Körper mit Fähigkeiten besitzt, die euren Wissenschaftlern ein Rätsel sind. Die Junk-DNS ist ein Baustein der 2-Strang-DNS. Sie hat aber auch Potenzial für den Bau der 12-Strang-DNS, die feinstofflich schon da ist und nur mehr aktiviert werden muss.

Siegfried: Gibt es zwischen 2-Strang und 12-Strang-DNS auch Zwischenstufen?

Serapis Bey: Ja, sie baut sich langsam auf.

Siegfried: Was ist mit den Indigo- und Kristallkindern? Kommen sie mit mehreren Strängen auf die Welt oder haben sie gar schon einen entwickelten Lichtkörper?

Serapis Bey: Es sind verschiedene Entwicklungsstufen, die sich inkarnieren. Sie sind nicht perfekt, wie ihr manchmal annehmt, aber sie haben ein großes Potenzial mitgebracht. Manche besitzen schon mehrere DNS-Stränge. Sie haben dadurch den Vorteil, dass sie die Schwingungsanhebung begünstigt, womit sich die Entwicklung ihres Lichtkörpers schneller vollziehen kann.

Siegfried: Aber auch diese Kinder müssen den Lichtkörperprozess durchmachen?

Serapis Bey: Ja.

Siegfried: Du hast davon gesprochen, dass die Forschung schon mehrere Stränge entdeckt hat, diese Ergebnisse aber geheim gehalten werden. Wird diese Erkenntnis bald öffentlich bekannt werden?

Serapis Bey: Das wird geschehen, aber ihr kennt die Wissenschaft, die sehr blind sein kann, wenn es um Dinge geht, die nicht sein dürfen. Sie wird immer wieder etwas als Anomalie abstempeln, obwohl es unwiderlegbar vorhanden ist. Die Wissenschaftler werden bestimmte Phänomene bis zum allerletzten Schluss wegdiskutieren, weil sie ihre Sichtweise nicht erweitern wollen.

Siegfried: Gibt es jetzt schon Menschen mit mehreren DNS-Strängen?

Serapis Bey: Ja.

Siegfried: Woran erkennt man sie?

Serapis Bey: Ihr könnt sie an ihrem Charakter erkennen. Sie sind besonders menschlich und lichtvoll ausgerichtet. Das kann auch gar nicht anders sein. Es wird niemand mehrere DNS-Stränge besitzen, der sich weiterhin in Kampf und Hass ergießt. Die Freischaltung weiterer Stränge wird nur nach Erreichen höherer Bewusstseinsstufen gewährt.

Siegfried: Kann man sich das so vorstellen, dass der Bewusstseinsstand der Menschen beobachtet wird und wenn ein gewisses Niveau erreicht ist, werden weitere Stränge freigeschaltet?

Serapis Bey: So ist es zu sehen.

Siegfried: Wer entscheidet das?

Serapis Bey: Da gibt es keine Aufseher. Es ist die Eigenschwingung, die eine bestimmte Schwelle überschreitet und dann darf es geschehen.

Siegfried: Kann es sein, dass es mit der DNS zu tun hat, wenn man plötzlich Zugang zu Informationen erhält, die einem bisher verschlossen waren?

Serapis Bey: Ja, das ist einer dieser Effekte, denn dann ist wieder ein Bewusstseinssprung erfolgt. Es geht Schritt für Schritt und eines begünstigt das andere. Bewusstseinsarbeit begünstigt den Lichtkörperprozess und der Lichtkörperprozess unterstützt wiederum Bewusstseinssprünge.

Siegfried: Welche anderen spirituellen Fähigkeiten kommen mit der Entwicklung des Lichtkörpers zurück?

Serapis Bey: Es sind grundsätzlich viele Dinge möglich aber ihr werdet manches mehr erleben, manches weniger, denn es hat immer einen Bezug zu eurer Aufgabe. Ihr werdet telepathischer, hellsichtiger, hellhörender, hellfühlender und empathischer als ihr es jemals wart. Ihr werdet zur Bilokation, Teleportation und Manifestation fähig sein. Das heißt nicht, dass ihr perfekt in diesen Techniken seid. Ihr müsst erst wieder lernen, diese Mittel einzusetzen.

Siegfried: Bedeutet das, dass jeder Mensch, je nach seiner Aufgabe entsprechende Fähigkeiten freigeschalten bekommt?

Serapis Bey: Er wird selbst das Augenmerk auf die legen, die er braucht, denn es muss am Anfang nicht alles entwickelt sein. Der Aufstieg ist ja nicht euer alleiniger Lebensinhalt. Ihr habt ja auch eure Lebensaufgabe zu erfüllen. Diese besonderen Fähigkeiten sind eine nette Zugabe, aber eure Seelen drängt es danach sich einzubringen, Dienst zu leisten und anderen zu helfen. Es gibt noch so viele, die ihr an der Hand nehmen könnt.

Siegfried: Woran erkennt man, dass der Lichtkörperprozess abgeschlossen ist?

Serapis Bey: Dann ist wahre Meisterschaft, völlige Loslösung vom Materiellen, von allem was ihr Ego nennt, erreicht. Ihr könnt dann Kranke heilen und Tote zum Leben erwecken. Ihr habt dann alle Attribute, die ihr eurem geliebten Jesus zuschreibt. Er ist ein Meister, der diesen Aufstieg vor aller Augen praktiziert hat und so dient er immer wieder als hervorragendes Beispiel. Alles was er getan hat, könnt ihr auch tun, wie er es ja selber sagte.

Siegfried: Es sind ja jetzt auch Meister auf der Erde inkarniert. Müssen die auch durch diesen Lichtkörperprozess oder haben sie schon einen voll ausgebildeten Lichtkörper?

Serapis Bey: Das kommt darauf an. Wenn sie normal fleischlich inkarniert sind, müssen sie ihren Lichtkörper wieder entwickeln. Das ist aber praktisch kein Problem, weil sie sich diese Zulassung schon erarbeitet haben. Der Prozess läuft ganz natürlich ab, genau so schnell wie es nötig ist, damit diese Meister zur rechten Zeit einsatzbereit sind. Viele von ihnen sind unbewusst inkarniert und erkennen erst zu einem späteren Zeitpunkt, wer sie wirklich sind. Aber spätestens dann ist Aktion gefragt. Manche Meister mischen auf der Erde mit, ohne dass sie den normalen Geburtsvorgang durchlaufen haben. Sie materialisieren sich in einem Lichtkörper, der für euch physisch wirkt. Sie wirken aber nur für kurze Zeit irgendwo unterstützend ein und verabschieden sich dann wieder, wenn sie ihren Dienst geleistet haben.

Siegfried: Kann es passieren, dass ein Meister seinen Lichtkörper durch eine normale Inkarnation verliert?

Serapis Bey: Nein. Ein Meister ist ein Meister, da gibt es kein Zurück.

Siegfried: Kannst du uns zum Abschluss dieses Gesprächs noch ein paar ganz praktische und konkrete Tipps geben, wie wir den Lichtkörperprozess möglichst effizient unterstützen können?

Serapis Bey: Ja. Wenn ihr erkennt, dass euer niedrigschwingender Körper gereinigt werden muss, dann wisst ihr was zu tun ist. Reinigung auf allen Ebenen ist angesagt. Löst euch von verstaubten Gedankenmustern, von alten Emotionen, von Ängsten, von allem was euch unten hält. Umgebt euch mit hochschwingenden Menschen und Energien. Haltet euch an hochschwingenden Plätzen auf. Reinigt eure physischen Körper. Segnet was ihr esst und trinkt, und lebt euren Lebensplan mit allen Fasern eures Herzens. Geht diesen Weg! Das ist der Kürzeste. Umwege kosten nur Kraft und Zeit.

Siegfried: Lieber Serapis Bey, wir bedanken uns für deine Ausführungen und Erklärungen. Es war uns eine Ehre mit dir zu sprechen. Wenn du willst, kannst du uns zum Abschluss noch etwas sagen.

Serapis Bey: Ja. Das Wichtigste wurde noch gar nicht angesprochen. Ihr habt ja eure Paten an eurer Seite. Es sind die feinstofflichen Helfer, die geistigen Führer, die jedem von euch zugeteilt wurden, um euch beim Aufstieg zu begleiten. Sie sind eine massive Hilfe, die von eurer Seite genutzt werden kann, wenn ihr euch dessen nur bewusst seid. Jeder hat seinen Coach zur Seite gestellt bekommen, der diesen Prozess schon hinter sich hat und weiß, worauf es ankommt. Verbindet euch in Gedanken gelegentlich mit diesem Paten, der euch durch Eingebungen und intuitives Wissen führen wird. Nehmt diesen Aufstiegsprozess ernst. Es hört sich immer alles sehr leicht an, das weiß ich, aber es ist ein Prozess, der auch viel Loslassen von liebgewonnenen Dingen bedeutet: Menschen, Gewohnheiten, Orte. Es kann schmerzhaft sein, aber nur so, erleichtert vom irdischen Gepäck, kann sich der Lichtkörper voll entfalten. Wenn ihr Vorbilder braucht, dann nehmt eure Heiligen, die in der Lage waren sich zu zeigen oder zu verschwinden. Das sind klare Anzeichen für Lichtkörperpräsenzen. Sie sind nicht verhaftet mit irdischem Hab und Gut, Freunden, Verwandten, Partnern oder was auch immer bindend sein kann. Ein Lichtkörper ist frei. Seid gesegnet!

25

Das große Erwachen

Siegfried: Metatron, wir begrüßen dich!

Metatron: Ich grüße euch auch! Alle, die ihr hier sitzt. So viele sind gekommen. So viele Seelen in diesem Raum. Ich kenne euch alle, denn ihr habt mich gerade eben in dieser Meditation und auch schon früher gebeten, euch mit meiner Energie auszurichten und ich war jedes Mal da.

Siegfried: Kannst du uns kurz etwas über dich erzählen?

Metatron: Das, was ich an meine ersten Worte anschließen möchte, meine Geliebten ist, dass ich eine vertraute Seele sein könnte, denn auch ich war einstmals einer von euch. Es ist nicht unbedingt das natürliche Ziel eines Menschen in das Engelreich einzutreten, aber hin und wieder ist es möglich. Und so hört ihr hier einen der Engel, der sich kompetent fühlt, auch über menschliche Belange zu sprechen. Das ist alles, was ihr vorerst von mir wissen müsst. Meine Aufgabe ist die Hingabe an das Göttliche, Dienst zu leisten, da, wo ich hingesetzt wurde und diesen leiste ich aus tiefster Hingabe und Liebe in Verbindung mit der Quelle.

Siegfried: Man sagt, dass du der einzige Mensch warst, der ins Engelreich aufgestiegen ist. Stimmt das?

Metatron: Nicht ganz. Ich bin wohl der Bekannteste, aber es ist auch anderen Menschen möglich, in diese seitwärtsgerichtete hierarchische Struktur einzutreten, wenn sie es wünschen. Aber dazu muss ich sagen, dass auch der normale Aufstiegsprozess seine Tücken hat. Es bedeutet sehr viel an Schwernis und Hingabe, wenn er wünscht, zu den Engeln zu gehören. Aber es gibt hier keine Wertung, kein besser und kein schlechter, meine Lieben. Jeder ist im Kern ein göttliches Wesen. Engel sind immer Gott zugewandt gewesen, Menschen haben auch göttlichen Ursprung, haben sich aber auf eine abenteuerliche Reise gemacht. So sind wir alle eins in unserer Essenz, aber ihr habt diesen abenteuerlichen Prozess gewählt, vieles zu ergründen, vieles zu erfahren und dann wieder heimzukehren. Ihr kennt die Geschichte vom verlorenen Sohn, wie sie euch von Jesus erzählt wurde. Ihr befindet euch auf dem Rückweg zu eurem göttlichen Vater.

Siegfried: Ja, die kennen wir. Wann war denn deine letzte Inkarnation auf dieser Erde?

Metatron: Oh, das ist schon lange, lange her. Sie war vor der Hochblüte von Atlantis.

Siegfried: Wir wissen, dass im Zuge des Aufstiegsprozesses, in dem wir uns gerade befinden, die spirituellen Fähigkeiten, die bisher in uns verschüttet lagen, wieder zum Vorschein kommen werden. Kannst du uns sagen, welche spirituellen Fähigkeiten das sein werden?

Metatron: Da könnt ihr getrost die ganze Palette nehmen. Aber ich möchte zuerst mit übertriebenen Erwartungen aufräumen, die vielleicht allzu forsch in die Welt gesetzt wurden. Es ist so, dass ihr Individuen seid und euren eigenen Weg gewählt habt. Jede Seele hat ihre eigene Ausrichtung. Manchen ist es wichtiger, ihre spirituellen Fähigkeiten zu entwickeln, als anderen. Auch bei der Wahl einzelner Fähigkeiten gibt es unterschiedliche Präferenzen. Ihr habt es in der Hand, welcher ihr den Vorzug geben wollt. Schließlich ist immer euer Zutun nötig. Nach und nach werden aber alle anderen Fähigkeiten folgen, denn das, was ihr die Meisterschaft nennt, bedeutet ja auch, sich mit allen seinen spirituellen Fähigkeiten vollends auseinandergesetzt zu haben und sie nutzen zu können, wann immer ihr sie braucht.

Siegfried: Kannst du uns ein paar Beispiele nennen, welche Fähigkeiten das sein werden?

Metatron: Zum Beispiel entfaltet sich jetzt die Empathie, das was ihr Hellfühlen nennt, ganz stark. Viele Menschen spüren mehr, als dass sie es wissen, wie es anderen geht, wie es um den Ort bestellt ist, an dem sie sich gerade befinden, wie es mit dem Energiefluss in ihrem eigenen Körper oder auch bei anderen steht. Das ist eine der Gaben. Eine weitere ist das Aurasehen. Immer mehr entwickeln diese Fähigkeit, feinstoffliche Energien wahrzunehmen. Eine andere ist, was Gaby gerade tut. Hellhören und Hellsehen sind Qualitäten, die sich immer mehr entwickeln. Viele Menschen beherrschen jetzt schon Telepathie. Ich spreche hier nicht nur von Menschen, sondern auch vom Kontakt zum Tier- und Pflanzenreich.

Auch hier ist Bewusstsein, das wisst ihr. Ihr könnt mittels Hellfühlen, Hellhören und Hellsehen mit den Tieren und Pflanzen um euch herum kommunizieren. Dem sind keine Grenzen gesetzt. Dann gibt es noch die Fähigkeiten der Materialisation und der Dematerialisation. Ihr werdet euch selbst dematerialisieren und woanders wieder materialisieren können. Gegenstände, die ihr benötigt, können von euch materialisiert und schwere Objekte mit Gedankenkraft angehoben werden. Alles, was denkbar ist, werdet ihr können. Alles, was euch Meister jemals vorgelebt haben, werdet auch ihr können. Es gibt oft gar keine Begriffe dafür. Ihr werdet die Materie beherrschen, weil ihr geistig so gewachsen sein werdet, dass sie euch gehorchen muss.

Siegfried: Wie werden diese Fähigkeiten unser Leben verändern?

Metatron: Ihr werdet sehr viel sensibler mit anderen Menschen und Lebewesen umgehen, weil ihr sofort fühlt, wenn etwas nicht in Ordnung ist. Der Energieabfall im Raum wird praktisch greifbar sein. Ihr werdet eure Worte bewusster wählen. Ihr werdet penibel auf euer eigenes Energieniveau achten und euch darum bemühen, dass es nicht unnötig abfällt. Ihr werdet darauf achten, eurem Gegenüber nichts zu nehmen, sondern womöglich aus reinem Herzen und Mitgefühl zu geben, wenn der andere es benötigt. Genauso könnt ihr durch eure inneren Wahrnehmungsorgane Kontakt zu eurer geistigen Führung aufnehmen. So werdet ihr genau erkennen, was der nächste Schritt in eurem Leben ist. Was auch immer ihr erbittet, wird euch gegeben werden, wenn ihr in die Stille geht, euch öffnet und es durch euch fließen lässt. Automatisches Schreiben ist eine Vorstufe von Medialität. Eines Tages werdet ihr es ablegen, weil ihr dann inneres Wissen haben werdet und nicht mehr den Umweg über das Schreiben nehmen müsst. Ihr werdet an Naturwesen angeschlossen sein, ihr werdet euch als Teil des Ganzen fühlen. Ihr selbst und euer Umfeld werden sich komplett verändern. Nicht zuletzt werden sich auch die zwischenmenschlichen Beziehungen verändern. Lügen wird unmöglich sein, weil ihr es sofort durchschauen werdet. Selber werdet ihr euch auch nicht mehr wohl fühlen, wenn ihr lügt, weil ihr deutlich spürt, wie sich eure Energie plötzlich zum Negativen verändert. Ihr werdet durch diese sensible Wahrnehmung ganz automatisch zu einem besseren Menschen.

Siegfried: Was müssen wir tun, um diese spirituellen Fähigkeiten zu erlangen?

Metatron: Der beste Weg ist, eurem eigenen, selbst gewählten Lebenspfad zu folgen. Weicht keinen Hindernissen aus, sondern stellt euch den Herausforderungen, die euch das Leben bringt. Mit jeder Herausforderung wachst ihr, werdet kompletter und heiler. Ihr könnt diese Fähigkeiten nur zur Gänze entwickeln, wenn ihr in die Stille geht, weil manche von ihnen so zart sind, dass sie vom Alltag übertönt werden. Es ist sehr wichtig, bei euch selbst zu sein. Gönnt euch die Zeit und den Rückzug um Verbindung zu eurer eigenen Seele, zu eurem höheren Selbst, zur göttlichen Quelle aufzunehmen. Diese Energien speisen euch, heben euer Energiefeld an, verändern eure Zellen, erneuern euren physischen Körper und lassen ihn immer lichtdurchlässiger werden. Dadurch können diese feinstofflichen Umstellungsprozesse in euren Energiekörpern stattfinden. Jede Beschäftigung mit innerem Licht ist hilfreich.

Meditation in Anbindung an das Göttliche ist das, was ihr braucht, um eure Kanäle ganz gezielt zu öffnen. Lebt alles, was hohe geistige Lehrer euch gebracht haben, alles was das Engelreich euch mitteilt. Nutzt diese Lehren und setzt sie um! Es hilft alles Meditieren und Heilig-tun nichts, wenn diese großen Wahrheiten nicht in die Tat umgesetzt werden. Das Licht, welches ihr in euch entwickelt, muss in die physische Ebene gebracht werden! Es muss anderen Menschen und Lebewesen zugute kommen. Das ist es ja, was einen Lichtarbeiter ausmacht: Er bringt Licht in diese finstere Welt. Sie hat es nötig. So muss beides geschehen: Ihr müsst die innere Anbindung an das Göttliche suchen und dann dieses Licht, diese Weisheit, diese Liebe ins Außen tragen. Dazu muss nicht jeder ein berühmter Heiler, ein spiritueller Lehrer oder eine ganz furchtbar wichtige Persönlichkeit sein. Jeder hat sich einen Platz ausgesucht und es mag oft ein ganz bescheidener sein. Aber lasst euch gesagt sein: Die größten Meister waren auch die bescheidensten und sie wirkten da, wo sie hingesetzt wurden. Sie ließen ihr Licht und ihre Liebe strahlen und haben dadurch so vieles bewirkt. Ein ganz einfacher Beruf zum Beispiel als Verkäuferin oder als Fensterputzer reicht aus, um unendlich viel Licht in diese Welt zu bringen. Wenn sich solche einfache Menschen ihrer Rolle bewusst sind, fühlen sie sich wohl an ihrem Platz und lassen dort ihr Licht erstrahlen. Nicht die Tätigkeit ist wichtig, sondern die Qualität der Herzensliebe. Das ist es, was euch ausmacht, daran wird euer Licht gemessen und daran erkennt ihr auch, wer euer Gegenüber ist. Ihr spürt es intuitiv. Wenn ihr euch in der Nähe eines einfach gestrickten Menschen rundum wohl fühlt, der ja gar nichts Großartiges tut, habt ihr einen Lichtarbeiter vor euch. Werdet solche Lichtbringer, ihr Lieben, an dem Platz, den ihr gewählt habt!

Siegfried: Wird es im Goldenen Zeitalter noch spirituelle Meister geben oder wird jeder sein eigener Meister sein?

Metatron: Jeder Mensch strebt nach Meisterschaft, ob er es weiß oder nicht. Er wird es am Beginn seines Weges wahrscheinlich noch nicht als Ziel anstreben, aber die Seele drängt auf Vervollkommnung und Veredelung. Auch im Goldenen Zeitalter wird es Menschen geben, die heller leuchten als andere. Es ist vergleichbar mit euren Glühbirnen: Alle spenden Licht, manche nur ein schwaches, manche ein ganz strahlendes. Im Goldenen Zeitalter wird es neben alten Meisterseelen ganz frisch gebackene geben. Das ist kein Widerspruch, denn wenn ihr denkt, dass ihr dann schon euren Abschluss gemacht hättet und heimkehren könnt zur Quelle, irrt ihr euch. Nein, nein, meine Lieben, das ist erst der Anfang einer lichtvollen Zeit! Ihr habt dann allerdings eure Schlammgrube hinter euch gelassen und das wird eine große Erleichterung sein. Aber die Vervollkommnung geht weiter. Ihr dürft euch ausbreiten und alles tun, was euch Freude macht. Dann kommt noch dazu, dass ihr als Meisterseelen nicht auf diesen Planeten beschränkt seid. Ihr könnt wählen, Dienste zu leisten für weniger Glückliche, die noch ganz am Anfang ihres Weges stehen. Manche Seelen sind in Sackgassen stecken geblieben und verzweifeln dort. Meisterseelen dürfen ihnen Hilfe leisten und das muss nicht immer auf diesem Planeten sein.

Siegfried: Werden irgendwann einmal alle Glühbirnen gleich hell leuchten?

Metatron: Nun ja, das ist das Ziel, das angestrebt wird.

Siegfried: Welche Rolle werden die Meister haben, mit denen wir jetzt medial kommunizieren?

Metatron: Sie werden sich noch sehr lange und intensiv um euch kümmern. Was ihr bisher erlebt habt, ist ja nur eine Vorahnung einer ganz innigen Herzensbeziehung. Alle Lichtarbeiter haben einen starken Bezug zu einem der sieben Strahlen. Jeder dieser Strahlen hat eine Unmenge an Meisterseelen, die dort wie in einer Arbeitsgruppe zusammenarbeiten. Ihr könnt euch dann in diese Gruppierungen einreihen und gemäß der Farbe eures Strahls dienen. Es wird auch noch weitere Strahlen geben, die dann aktiviert werden, wenn es nötig ist. Die „Aufgestiegenen Meister" haben nicht die Form von einzelnen Persönlichkeiten, wie ihr euch das oft in eurer Fantasie ausmalt. Viele dieser Meisterseelen leben in einer Art Verschmelzung, wo sie zwar noch individuelle Züge haben, andererseits aber in einem großen Kraftfeld eingebunden sind. Wenn ihr einen dieser Meister ruft, verbindet ihr euch mit diesem Kraftfeld und viele namenlose, ungenannte Meister lassen ihre Energie mit einfließen.

Siegfried: Wie wird sich die Spiritualität von heute bis ins Goldene Zeitalter verändern?

Metatron: Spiritualität ist kein Wort der großen Masse auf der Erde. Ihr wisst, dass es mit dem Entwicklungsstand der meisten Seelen nicht weit her ist. Sie befinden sich noch in der Entwicklungsphase, wo sie sich in der dichten Materie erproben und wo wäre das besser möglich, als hier in diesem finstersten Zeitalter. Es ist nur wenigen Menschen gelungen, ein strahlendes Licht in sich zu entfachen. Diese Lichtarbeiter leben verströmende, gebende Liebe, so wie es idealer Weise sein sollte. Die Masse der Menschen döst vor sich hin. Manchmal machen sie die Augen auf und erkennen, dass da noch mehr ist. Diese Masse ist es, die wir Engel, ihr Lichtarbeiter und die Aufgestiegenen Meister zu erreichen versuchen. Wenn sie sich wecken ließen, wären sie sehr schnell auf ihrem spirituellen Weg und könnten beginnen, diese besondere, emporhebende Zeitqualität zu nutzen. Ihr erlebt das ja täglich. Eure Entwicklung ist immens angetrieben worden und es wird noch schneller gehen, meine Lieben, macht euch auf ein schwindelerregendes Tempo gefasst. Aber es wird auszuhalten sein, weil ihr mitwachsen werdet. Einige werden sich anschließen und euch folgen. Im Goldenen Zeitalter wird es viel einfacher sein,

Liebe zu leben, weil ihr mit weniger dunkler Gegenenergie konfrontiert sein werdet. Das wird eine immense Erleichterung für euch sein. Endlich könnt ihr euren wahren Seinszustand leben. Praktizierte Liebe in all ihren Facetten zu leben, wird der ganz natürliche und selbstverständliche Zustand sein. Was denkt ihr, wie schön das ist, wenn alle Menschen beginnen, aus offenem Herzen zu leben? Spirituelles Wachstum wird ein Leichtes sein, weil ihr nicht mehr gegen diese zähe, schwere Schwingung ankämpfen müsst. Freut euch auf die Zeiten, die da kommen, meine Lieben!

Siegfried: Du sprichst davon, dass jetzt alles immer schneller geht. Welche Rolle spielen dabei kosmische Einflüsse?

Metatron: Es ist ein Geschenk des Schöpfers. Hochenergetische Strahlen treffen jetzt auf die Erde und transformieren alles. Die Erde ist ein Geschöpf, das sich wandeln darf, das ganz lichtvoll werden darf, durch und durch hoch schwingend in der Liebesenergie. Das ist der große Vorteil, den ihr genießt. Es ist eine große Gnade, jetzt in inkarnierter Form hier zu sein. Euer Entwicklungsziel ist es ja, lichtvolle strahlende Wesen zu werden. Viele von euch spüren ganz deutlich, wie sich eure Körper umstellen. Das habt ihr diesen Einstrahlungen zu verdanken, die in ihrer Intensität stark zunehmen. Es ist nicht immer angenehm, aber lasst es zu. Je weniger Widerstand ihr leistet, desto leichter ist es zu ertragen. Die Bausteine, aus denen ihr besteht, sollen wieder zu funkelnden Diamanten werden. Genau das seid ihr, wenn ihr euren Lichtkörperprozess abgeschlossen habt.

Siegfried: Wenn wir Spiritualität offen leben, stoßen wir häufig auf Widerstand und Ablehnung. Sollten wir Spiritualität offen leben oder eher im Verborgenen halten?

Metatron: Da gibt es keinen Widerspruch. Gelebte Spiritualität muss sich leben und Widerstände werden nur als Trittsteine benutzt, eine Stufe höher zu steigen. Jeder Widerstand von außen bietet eine Chance, lichtvoller zu werden. Wenn es noch so ausweglos erscheint oder so aggressiv oder so lähmend, geht in euch und bittet darum, gezeigt zu bekommen, wo die Lernaufgabe steckt. Es wird euch immer gesagt, dass der Aufstieg möglich ist, aber es gibt ihn nicht für Passivität! Ihr müsst aktiv mitgehen und jeder Widerstand, der sich euch in den Weg stellt, hat seinen Sinn. Was ihr aber vermeiden sollt ist, dass ihr allzu offensiv euer Licht auf Menschen strahlen lässt, die es noch nicht ertragen können. Nehmt euch hier etwas zurück und lebt

Mitgefühl, Verständnis und Liebe. Setzt euch keinen niedrig schwingenden Energien aus, wenn es nicht unbedingt sein muss. Geht weg von negativen Menschen. Das ist auch gelebte Spiritualität, denn ich ermahne und erinnere euch: Eure erste Verantwortung als Lichtarbeiter gilt eurer eigenen Strahlkraft! Wenn ihr glaubt, dass ihr euch unbedacht dunklen Umständen, Orten oder Menschen aussetzen müsst, dann werdet ihr in Kauf nehmen müssen, dass euer Licht abfließt, ohne etwas Positives zu bewirken. Es gibt Menschen und Orte, die Licht verschlucken, damit es nicht auf nahrhaften Boden fallen kann. Hütet euch davor. Echte Spiritualität ist gelebte Meisterschaft. Achtet darauf, wem wie viel spirituelles Wissen zugemutet werden kann. Werft keine Perlen vor die Säue. Achtet auf euer eigenes Licht, facht es an und lasst es von niemandem dämpfen.

Siegfried: Wie können wir unsere Kinder bei der Entfaltung ihrer Spiritualität unterstützen?

Metatron: Zum Einen seid ihnen Vorbilder! Zum andern schützt sie! Kinder sind sehr offen, besonders die Indigo- und Kristallkinder. Sie sind hochentwickelte Seelen. Zeigt ihnen, dass ihre Wahrnehmungen wahrhaftig sind. Bestärkt sie in ihrer eigenen natürlichen Spiritualität. Vieles steht ihnen noch offen, was euch allein schon durch euer fortgeschrittenes Lebensalter verschlossen ist. Sie haben Erinnerungen an die geistige Welt. Lasst ihnen diese Erinnerungen, würdigt sie, zeigt ihnen aber auch, wie man damit umgehen muss. Eure Kinder erfahren oft außerhalb eures Einflussbereiches, dass sie lächerlich gemacht und zum Schweigen gebracht werden. Zeigt ihnen, wo sie über ihre Wahrnehmungen sprechen können und wo nicht.

Lehrt sie spirituelle Schutztechniken. Lehrt sie alles in kindlich verständlicher Weise, was ihr selbst an energetischen Übungen praktiziert. Zeigt ihnen, dass wirklich alles belebt ist und würdig und respektvoll behandelt werden möchte. Alle spirituellen Meister haben wertvolle Lehren hinterlassen. Versucht mit den Kindern darüber zu sprechen, so dass sie sie verstehen. Ihr müsst keine Predigten halten, aber wenn sich die Situation ergibt, erklärt ihnen, dass man eine Pflanze bitten muss, bevor man sie pflückt, weil auch sie ihr Leben schätzt, aber es gerne hingibt, wenn sie zum Beispiel einen Raum schmücken darf. Sie wird es gerne tun, aber sie wird sich auch sehr gewürdigt fühlen, wenn ein Kind sich bei ihr bedankt. Dafür sind Kinder sehr zugänglich.

Siegfried: Wie wird Spiritualität in Zukunft das Heilwesen verändern?

Metatron: Heilung wird sehr viel einfacher werden. Wenn ein Mensch ernsthaft an seiner eigenen spirituellen Entwicklung arbeitet, wird er feststellen, dass er immer seltener krank wird. Er wird immer darauf achten, in Harmonie zu sein, in seiner Mitte zu sein, lichtvoll zu sein. Er wird spüren, wenn sich der Energiefluss in ihm staut und wird alles versuchen, ihn wieder in Gang zu bringen. Alles, was ein gesunder Körper braucht, ist ein ungehinderter Energiefluss. Nach und nach dürft ihr all eure Blockaden, Ängste und Widerstände abwerfen. Je durchlässiger und reiner eure feinstofflichen Körper werden, desto gesünder wird der physische Körper. Also werdet ihr mit der Zeit zu euren eigenen Heilern werden. Die Ärzte der Zukunft werden spirituelle Lehrer sein, die den Menschen nur mehr zeigen, wo es hakt. Kennt der Mensch erst die Ursache für seine Blockade, so kann er sie bewusst auflösen und die Energie beginnt wieder zu fließen. Wieder ein Thema abgehakt, das er vielleicht schon lange mit sich herumträgt. Es wird vielen immer besser gehen, wenn sie sich weiterentwickeln. Im Goldenen Zeitalter wird es Stätten geben, wo man sich selbst mit Energie versorgen kann, wenn man spürt, dass man sie jetzt nötig hätte. Das können Ortsenergien, Energien von spirituellen Zentren oder Energien, die durch hohe Wesen generiert werden, sein. Viele Probleme regeln sich allein dadurch, dass man sich in so ein Schwingungsfeld begibt. Die stärkeren Energien schwingen immer schwächere Energien auf sich ein. Wo ein starkes heilsames Energiefeld herrscht, muss man sich nur hinbegeben und der Körper wird davon profitieren. Das ist die Heilung der Zukunft.

Siegfried: Welche Rolle wird Spiritualität in der Kunst spielen?

Metatron: Sie wird das Tor zur Freisetzung eures eigenen Potentials sein. Kunst wird im Goldenen Zeitalter sehr wichtig sein. Alle diese künstlerischen Fähigkeiten, die ihr jetzt kennt, werden sich zu wahren Meisterschaften auswachsen. Ihr bezeichnet einen begnadeten Künstler als einen Meister seiner Kunst. Ein Bildhauer zum Beispiel, überträgt seine hoch schwingende Energie auf das Kunstwerk. Wenn man es dann als Dekoration in sein Wohnzimmer stellt, wird es dort seine wertvolle Energie verströmen und zur Bereicherung aller dienen, die in seinen Einflussbereich kommen. Ein Sänger wird seine Zuhörer verzücken, wird eine Energie im Raum erschaffen, die für alle wohltuend und heilsam ist. Künstler werden gleichzeitig Heiler sein. Die Schwingungen, die sie erzeugen, werden nach dem Gesetz der Resonanz Zellen harmonisieren und aktivieren. Kunst erschafft Schönheit und Schönheit ist ein ganz zentrales Prinzip im Universum.

Siegfried: Alles, was du uns erzählst, klingt wunderschön. Was macht dich so sicher, dass es wirklich so kommen wird?

Metatron: Es wird so kommen, weil diese Ereignisse nicht aufzuhalten sind. Es ist ein kosmischer Prozess, ein Gnadenakt, ein Entwicklungsprozess, der feststeht. Das, was in der Schwebe hängt, meine Lieben, ist nur die Anzahl der menschlichen Wesen, die diesen Prozess mitgehen wollen. Denn wie ihr wisst, steht nichts über dem freien Willen. Jeder, der sich den göttlichen geistigen Gesetzen unterordnet, muss ihn achten. Auch wir im Engelreich können nur ermuntern, nur motivieren, nur flüstern und ermahnen. Entscheiden und handeln müsst ihr selbst. Wir können euch nur einhüllen mit unserer Liebe, die sich mit der euren verbindet und in Resonanz geht, in euch eine Sehnsucht erweckt. Das ist uns möglich, mehr nicht.

Ob ihr unseren Worten lauschen und sie umsetzen wollt, bleibt jedem Einzelnen überlassen. Wir senden euch Motivation, Ermunterung und Hoffnung, weil wir die Gnade des Schöpfers Tag für Tag erleben. Wir bitten um Gnade für euch, damit euch das letzte Quäntchen, das euch noch fehlt, geschenkt werden möchte, weil ihr doch schon so hell am strahlen sein. Und noch etwas anderes macht mich so sicher: Ich habe denselben Prozess in anderen Sphären im Universum schon miterlebt. Es ist nur Fortschritt möglich, meine Lieben. Rückschritt wird nicht geduldet, außer dort, wo er Erfahrungsräume schafft. Die Erde war als Lehrplanet gedacht. Diese Aufgabe hat sie bravourös, fast bis zur Erschöpfung, erfüllt. Jetzt darf auch sie sich im wohlverdienten Ruhestand ausruhen und in einer lichtvollen Sphäre auftanken. Das wird ihr gut tun und sie heilen.

Siegfried: Was können wir tun, um noch möglichst viele Menschen zu erreichen?

Metatron: Da komme ich zurück auf das, was ich vorhin schon gesagt habe: Es wird eure größte Aufgabe sein, euer eigenes Licht so strahlend wie möglich leuchten zu lassen. Das hat oberste Priorität. Denn wenn ihr leuchtet, erlaubt ihr auch anderen Menschen zu leuchten, weil sie sehen, wie es geht. Es ist oft nur eure Präsenz notwendig, um andere zu berühren und anzuziehen oder auch abzustoßen, wenn die

Frequenzen absolut nicht vereinbar sind. Auch das ist in Ordnung. Was ihr an Weisheit und Wissen weitergeben wollt, das bitte ich euch immer genau abzuwägen. Denn einen wahren Meister - und das werdet ihr sein, meine Lieben - kennzeichnet es, ganz genau zu erfühlen, wer mit welcher Weisheit umgehen kann. Manchen ist mit ein paar Worten gut gedient, andere brauchen tiefe Erörterungen. Wählt hier ganz bewusst aus, aber informiert die Menschen und seid ihnen Vorbilder an Standhaftigkeit, an Integrität, an Wahrheit, an Ehrlichkeit, an Mitgefühl und an allem, was Liebe in praktizierter Form ausmacht. Liebe wird aus menschlicher Sicht oft sehr einseitig gesehen. Dabei ist Liebe so vieles. Liebe ist auch zulassen, Liebe ist auch sein lassen. Denn ich sage euch ganz deutlich: Manche Menschen werdet ihr nicht erreichen können, auch wenn euch das Herz blutet! Sie werden sich abwenden und ihr müsst sie gehen lassen, denn dann ist das ihr Weg und er ist nicht besser oder schlechter als eurer. Ihr habt einen gewissen Ehrgeiz in euch, weil ihr wisst, was möglich ist.

Andere Menschen haben diesen Ehrgeiz nicht. Sie spüren auch das Sehnen nach dem Licht, nach der göttlichen Einheit nicht so stark wie ihr. Lasst ihnen ihren eigenen Rhythmus, ihr eigenes Tempo und seid da als mitfühlende Brüder und Schwestern. Und auch das bringe ich zum Abschluss wieder ins Gedächtnis: Wenn ihr mit Menschen zu tun habt, von denen ihr ganz deutlich spürt, dass hier nichts mehr geht und sie sich auf die dunkle Seite ausrichten, dann lasst die Finger davon! Sonst schädigt ihr euch nur selbst. Unterschätzt die andere Seite nicht! Sie hat es ganz besonders auf hell strahlende Lichter abgesehen. Jeder Lichtarbeiter, der schachmatt gesetzt wird, der zurückgewiegt wird in seinen Schlummer, ist ein Sieg für die andere Seite. Merkt euch: Da wo viel Licht ist, ist auch viel Dunkelheit! Auch das kommt jetzt verstärkt zum Vorschein und deshalb lautet meine Ermahnung und Bitte an euch: Achtet auf euer eigenes Licht!

Siegfried: Welche Rolle werden in Zukunft Religionen und andere Glaubenssysteme spielen?

Metatron: Das wird Gott sei Dank bald ein Ende haben. Die Menschen werden erkennen, dass der Kern der Religionen immer derselbe ist. Alle diese Glaubensgemeinschaften und Religionen wurden meistens auf hohe spirituelle Lehrer zurückgeführt. Sie wurden vom liebenden Schöpfer gesandt und haben die gleichen Wahrheiten verkündet, jeder zu seiner Zeit, jeder so wie es die Menschen annehmen konnten. Da gab es natürlich Zeiten, in denen nur ganz wenig an spirituell reiner Lehre durchgegeben werden konnte, aber den

Menschen war damals nicht mehr zuzumuten. Sie befanden sich am Anfang ihrer Entwicklung. Ihr seid jetzt sehr weit gediehen und euch kann zugemutet werden, mit den höchsten spirituellen Wahrheiten vertraut zu werden. Zu euch muss nicht mehr in Gleichnissen gesprochen werden. Es kann jetzt Klartext geredet werden. Ihr werdet euch von Religionen, Glaubenslehren und auch menschlichen Lehrern abwenden, weil ihr erkennt, dass ihr selbst unmittelbaren Zugang zu höchsten geistigen Lehren habt. Ihr braucht euch nur nach innen, an eure eigene geistige Führung wenden. Dort liegt die Quelle zu höchster spiritueller Weisheit.

Siegfried: Einer dieser spirituellen Lehrer war Rudolf Steiner. Er hat einmal folgendes gesagt: „Alles Vergängliche ist ein Gleichnis." Was hat er damit gemeint?

Metatron: Er wusste mehr als alle anderen. Mit dieser Aussage meinte er, dass alles Materielle vergeht und dass sich alles Wahrnehmbare verändert. Auch ihr werdet euch immens verändern. Dieser Wandel wird kein Ende haben. Ihr werdet auch erkennen, dass sich eure spirituellen Lehren verändern werden. Ihr werdet Gesetzmäßigkeiten, die ihr in euren Kinderschuhen auf dem spirituellen Weg als Wegweiser benutzen konntet, über Bord werfen. Dann werdet ihr höhere geistige Gesetze haben, die besser zu eurem Entwicklungsstand passen. Eines Tages werden auch sie ihre Gültigkeit verlieren, weil ihr nur noch Liebe seid und das das einzige Gebot ist. Ihr werdet erkennen, dass Materie nur Energie ist, die durch Gedankenkraft in Form gehalten wird. So wird eines nach dem anderen an Wichtigkeit verlieren, weil ihr euch ständig in Entwicklung befindet. Das ist kein Verlust, denn alles, was ihr hinter euch lässt, wird euch erleichtern. Alles war zu seiner Zeit wichtig.

Siegfried: Danke! Kannst du uns zum Abschluss noch ein paar praktische spirituelle Tipps mit auf den Weg geben?

Metatron: Ich habe heute schon vieles einfließen lassen, aber eines möchte ich euch noch mitgeben: Findet euch in Gruppen zusammen! In alten Zeiten war es besonders wichtig, in Gruppen zusammenzuleben. Dann haben sich die Menschen separiert. Jetzt geht der Weg wieder zurück in die Gemeinschaft, in das Miteinander. Ihr werdet die Schätze wieder entdecken, die eine menschliche Gruppe bietet. Jetzt gerade nehmt ihr wahr, dass ihr mehr als die Summe der anwesenden Einzelpersönlichkeiten seid. Gemeinsam ist euch energetisch viel mehr möglich. Ihr verbindet euch und transformiert euch gegenseitig hoch. Einer gibt dem anderen. Es ist sehr heilsam und stärkend für euch, wenn ihr Gruppen von Gleichgesinnten bildet. Einer würdigt den anderen, einer schätzt den andern, einer respektiert den anderen. Ihr müsst wieder lernen, euch als Teil eines Ganzen zu sehen. Das ist eine großartige Vorbereitung für das Leben im Goldenen Zeitalter. Dort lebt jeder seine eigene Größe, nimmt den Platz ein, der ihm gebührt. Gleichzeitig reiht er sich in eine Gemeinschaft von Gleichwertigen ein. So ist es auch bei uns. In der galaktischen Föderation gibt es keinen Besseren, keinen Schlechteren, keinen Höheren, keinen Niedrigeren. Es sind lauter gleichwertige Gruppen, die sich gegenseitig unterstützen und bestärken. Es wird euch immens voranbringen, wenn ihr am Gegenüber Menschlichkeit praktizieren könnt. Ihr seid ja gekommen, um anderen zu geben. In der Einsamkeit kann heute kein Lichtarbeiter mehr existieren. Die Zeiten der Eremiten sind längst vorbei.

Ihr müsst Spiritualität und Liebe aktiv leben! In der Gruppe könnt ihr eure Erfahrungen weitergeben, denn jeder von euch ist ein Lehrer und ein Vorbild für andere. Das wird euch einen ungeheuren Wachstumsschub geben.

Siegfried: Danke für deine wunderbaren Ausführungen! Wenn du willst, kannst du uns zum Abschluss noch etwas sagen.

Metatron: Ja, ich möchte euch noch etwas ans Herz legen. Es ist nämlich in diesen Zeiten gar nicht so leicht, in seiner Mitte und sich selbst treu zu bleiben. Manche Lichtarbeiter meinen, Kompromisse eingehen zu müssen. Aber ich warne euch: Jeder Kompromiss, der sich gegen eure innere Stimme richtet, verunreinigt und schwächt euch. Von euch wird erwartet, dass ihr es schon besser wissen müsstet. Wenn ihr aus der geistigen Welt von eurer eigenen Führung Weisungen bekommt, dann befolgt sie in eurem eigenen Interesse. Sonst landet ihr in einer Sackgasse. Geht keine Kompromisse ein! Denkt nicht: „Nun ja, das hört sich alles wichtig und richtig an. Wenn ich Zeit habe, werde ich es tun. Aber ich habe ja so viel um die Ohren." Seid kompromisslos. Steht zu euch und eurem Weg. Bittet um Führung, wenn ihr nicht wisst, wo euer Weg weitergeht. Euer Potential will und muss gelebt werden, wenn ihr eurer Aufgabe gerecht werden wollt. Seid gesegnet im Lichte des Schöpfers! Ich schicke euch den Segen der Engel!

Unsere Gesprächspartner in der Geistigen Welt

Arkturianer

Der Arkturianer ist ein Bewohner des Sternes Arcturus, im Sternbild Bärenhüter. Er ist der vierthellste Stern am Nachthimmel und etwa 36,7 Lichtjahre entfernt. Die Arkturianer sind hochentwickelte Lichtwesen, die noch nicht von uns allen wahrgenommen werden können, weil sie auf einer höheren Dimensionsebene leben. Sie arbeiten eng mit der Weißen Bruderschaft zusammen, um uns beim Aufstieg in die fünfte Dimension zu unterstützen.

Djwal Khul

Djwal Khul gehört zur *Weißen Bruderschaft*. Von seinen irdischen Inkarnationen ist die des Caspar, einer der drei Weisen aus dem Morgenland, am bekanntesten. Der Name Djwal Khul stammt aus seiner letzten Inkarnation als tibetischer Mönch, der die Erleuchtung erlangte. Er ist ein Meister der *Theosophischen Gesellschaft* um Alice Bailey und Helena P. Blavatsky. Sein Wirkungsbereich ist der sogenannte zweite Strahl der Liebe und Weisheit verbunden mit dem smaragdgrünen Strahl der Heilung. Er ist bekannt unter dem Synonym *Der Tibeter*.

El Morya

El Morya ist Mitglied der *Weißen Bruderschaft* und Lenker des ersten Strahles mit der Farbe blau. Seine berühmtesten Inkarnationen waren der biblische Abraham, der Weise aus dem Morgenland Melchior, König Arthus (ca. 5. bis 6. Jhdt.), der mittelalterliche Märtyrer Thomas Becket (1118-1170), der Heilige Thomas Morus (1478-1535), der irische Dichter Thomas Moore (1779-1852). Seine letzte Inkarnation war als indischer Prinz El Morya Khan. Er steht für die konsequente Umsetzung des göttlichen Willens. El Morya ist der persönliche Meister von Siegfried.

Franz von Assisi

Franz von Assisi (ca. 1182-1226), auch bekannt als der Heilige Franziskus, war ein italienischer Heiliger und Ordensgründer. Er lebte streng nach dem Vorbild des Jesus von Nazareth und gilt als erster Stigmatisierter der Geschichte. Von ihm ist überliefert, dass er mit Tieren kommunizieren konnte. Franz von Assisi war eine Inkarnation des Aufgestiegenen Meisters Kuthumi.

Galaktische Föderation

Die Galaktische Föderation ist ein Zusammenschluss von verschiedenen außerirdischen Zivilisationen, die sich der Wahrung der kosmischen Gesetzmäßigkeiten verschrieben haben. Zur Galaktischen Föderation gehören unter anderen die Sirianer, die Plejadier, die Arkturianer, die Venusier, die Aldebaraner. Es ist geplant, die Menschheit in die Galaktische Föderation aufzunehmen, sobald ihr Bewusstseinsniveau ausreichend hoch ist.

Hilarion

Hilarion ist ein Meister der *Weißen Bruderschaft* und war unter anderem als Apostel Paulus inkarniert. Derzeit lenkt er den fünften Strahl der göttlichen Wissenschaft. Seine letzte Inkarnation war die des zypriotischen Einsiedlers und Heilers Hilarion von Gaza (291-371).

Jesus

Jesus von Nazareth ist Mitglied der *Weißen Bruderschaft*. In seiner weiterentwickelten Wesenheit trägt er den Namen *Sananda*. Ursprünglich stammt er von der Venus. Er steht dem sechsten Strahl der Hingabe mit der Farbe rubinrot vor.

Kuthumi

Kuthumi ist Mitglied der *Weißen Bruderschaft* und hat derzeit das Amt des Weltenlehrers inne. Er hat die Leitung des zweiten Strahls der Liebe und Weisheit an die Meister Lanto und Konfuzius abgegeben. Seine bekanntesten Inkarnationen waren Pharao Thutmosis III. (1486-1425 v. Chr.), der griechische Philosoph und Mathematiker Pythagoras von Samos (570-510 v. Chr.), der Weise aus dem Morgenland Balthasar, der Heilige Franz von Assisi (ca. 1182-1226), der indische Mogul und Erbauer des Taj Mahal Shah Jahan (1592-1666). Seine letzte Inkarnation war als Kut Humi Lal Singh in Indien. Kuthumi ist neben Saint Germain der persönliche Meister von Gaby.

Leonardo da Vinci

Leonardo da Vinci (1452-1519) war ein italienischer Maler, Bildhauer, Architekt, Anatom, Mechaniker, Ingenieur und Naturphilosoph. Gegen Ende seines Lebens sah das weise Universalgenie das Ende der Menschheit voraus und malte verschiedene Studien der Sintflut, die man in seinen Heften fand. Heute inspiriert er aus der Geistigen Welt Techniker und Erfinder bei der Entwicklung neuartiger Technologien (Freie Energie).

Lady Rowena

Lady Rowena ist Mitglied der *Weißen Bruderschaft* und wirkt in der Geistigen Welt in den Bereichen Schönheit und Harmonie. In Atlantis war sie Priesterin im Tempel der Freiheit und Liebe. Ihre bekanntesten Inkarnationen waren die französische Nationalheilige Jeanne d'Arc (1412-1431), die Schottische Königin Mary Stuart (1542-1587), die Königin von Frankreich Marie Antoinette (1755-1793), die Heilige Bernadette Soubirous von Lourdes (1844-1879).

Lianella

Lianella ist eine Bewohnerin der Venus. Sie wurde uns durch Jesus vermittelt und gab uns einen medialen Einblick in ihr Leben. Die Venus ist auf der physischen Ebene unbelebt, jedoch existiert auf ihr in einer höheren Dimension eine sehr weit entwickelte Zivilisation.

Maria

Maria ist die Mutter von Jesus und eine Meisterin der *Weißen Bruderschaft*. Ihre Seelenessenz stammt, ebenso wie die ihres Sohnes, von der Venus. Maria ist die Verkörperung des weiblichen Aspektes Gottes.

Metatron

Metatron ist ein hochrangiger Engel. Normalerweise steigen Menschen nicht in das Engelreich auf, aber bei Metatron war das der Fall. Er ist der Begleiter des globalen Aufstiegs. Er transformiert das göttliche Licht so, dass es den Menschen in seiner Intensität nicht schadet.

Serapis Bey

Serapis Bey ist Mitglied der *Weißen Bruderschaft* und wirkt auf dem vierten Strahl der Reinheit. Seine bekanntesten Inkarnationen waren Pharao Amenophis III., (ca. 1403-1353 v. Chr.) und Leonidas I. König von Sparta (ca. 480 v. Chr.).

Sivas

Sivas ist ein Bewohner des Sternes Sirius A, dem hellsten Stern am Nachthimmel. Sein Volk, die Sirianer, ist Mitglied der Galaktischen Föderation. Es hat den Aufstieg, vor dem wir uns gerade befinden, schon lange hinter sich. Die Sirianer helfen der Menschheit beim Dimensionswechsel. Viele UFO-Sichtungen stehen in Zusammenhang mit den Sirianern.

Weiße Bruderschaft

Die Weiße Bruderschaft, auch *Bruderschaft des Lichts* genannt, ist ein Zusammenschluss von spirituellen Meistern in der Geistigen Welt. Die meisten von ihnen waren mehrmals auf der Erde inkarniert. Alle Religionsgründer und viele herausragende Persönlichkeiten der Menschheitsgeschichte arbeiten in der Weißen Bruderschaft zusammen, um uns Menschen bei der spirituellen Entwicklung behilflich zu sein. Unter anderem bedienen sie sich dabei der Kommunikation durch Medien wie Gaby. Die Wirkungsbereiche sind in *sieben Strahlen* unterteilt.

STRAHL	FARBE	MEISTER	PRINZIP
1	BLAU	EL MORYA	WILLE GOTTES
2	GOLDGELB	KONFUZIUS und LANTO	LIEBE, WEISHEIT
3	ROSA	LADY ROWENA	FREIHEIT
4	WEISS	SERAPIS BEY	REINHEIT, AUFSTIEG
5	GRÜN	HILARION	WISSENSCHAFT, HEILUNG
6	RUBINROT	JESUS	HINGABE
7	VIOLETT	SAINT GERMAIN	TRANSFORMATION

Über Mag. Siegfried Trebuch

Siegfried Trebuch wurde 1970 in Salzburg geboren. Mit 20 ging er in die USA, um an der Harvard University Physik zu studieren. Eine tiefgreifende spirituelle Erfahrung veranlasste ihn jedoch, seinen bisherigen Lebensplan völlig umzukrempeln. Er entschied sich, seine naturwissenschaftliche Laufbahn abzubrechen und kehrte nach Salzburg zurück, um Politikwissenschaft und Soziologie zu studieren. Schon während des Studiums beschäftigte er sich intensiv mit spirituellen Traditionen aus aller Welt. Er verbrachte viel Zeit in spirituellen Zentren, begann regelmäßig zu meditieren und besuchte zahlreiche Seminare. Nach Abschluss des Studiums war er an der Universität Salzburg tätig. 2006 absolvierte er eine einjährige Ausbildung zum Reinkarnationstherapeuten bei Mathias Wendel in München. 2007 startete er das *Internetportal für Bewusstseinsentwicklung* und zwei Jahre später die *Radiosendung Dimensionssprung*, in der er namhafte Persönlichkeiten wie Dieter Broers, Armin Risi, Dr. Rüdiger Dahlke oder Dr. Masaru Emoto interviewte. Eine Sendung zum Thema Lichtnahrung führte ihn mit dem deutschen Medium *Gaby Teroerde* zusammen, woraus eine fruchtbare Zusammenarbeit entstand. Siegfried Trebuch ist heute freier Autor, Vortragender, Radio- und Fernsehproduzent für spirituelle und gesellschaftliche Themen.

www.SiegfriedTrebuch.com
www.Dimensionssprung.at

Über Gaby Teroerde

Gaby Teroerde wurde 1962 in Mühldorf am Inn geboren. Sie ist Mutter von drei Söhnen. Am 12. November 2005 sagte eine innere Stimme zu ihr, dass sie nicht mehr essen müsste. Sie würde sich schon doppelt ernähren, einmal durch physische Nahrung und einmal durch „Licht". Seither lebt sie von *Lichtnahrung*. Diese Stimme, die zu ihr sprach war Kuthumi, ein *Aufgestiegener Meister* und Mitglied der *Weißen Bruderschaft*, der unter anderem als Pythagoras und Franz von Assisi inkarniert war. Gaby Teroerde pflegte und entwickelte ihre mediale Gabe konsequent und wurde zu einem sogenannten „offenen Kanal" was bedeutet, dass sie sich auf Wunsch mit verschiedensten geistigen Wesen verbinden und Informationen durchgeben kann. Seit 2009 arbeitet sie intensiv mit *Siegfried Trebuch* zusammen, wodurch sich ihre Medialität noch weiter entfaltete. Sie ist nun in der Lage, geistige Wesenheiten für eine gewisse Zeit in ihren Körper *hineinzulassen* (Inkorporation). Diese sprechen und sehen dann durch sie. Sie arbeitet hauptberuflich als Medium der *Weißen Bruderschaft*. Gaby Teroerde und Siegfried Trebuch veranstalten regelmäßige Live-Channeling-Abende und Vorträge.

www.GabyTeroerde.com

Danksagung

Unser Dank gilt zu allererst unseren geliebten Freunden in der Geistigen Welt! Ohne Euch wäre dieses Buch nicht entstanden. Es war uns eine Ehre, dass ihr Euer wertvolles Wissen und Eure aufbauenden Visionen mit uns geteilt habt!

Viele fleissige Hände sorgten dafür, dass die Channeling-Aufnahmen rasch transkribiert wurden. Ein großes Dankeschön für Eure Hilfe bei dieser zeitraubenden Arbeit! Danke an unsere verlässliche Perle Brigitte für Ihren Einsatz beim Transkribieren und Korrekturlesen! Ihrem scharfen Blick entging nichts.

Einen besonderen Dank möchten wir auch unserem treuen Publikum, den vielen Veranstaltungsbesuchern bei Channeling-Abenden und Vorträgen, den unzähligen Website-Besuchern, den Radio-Dimensionssprung-Hörern und den CD-Käufern aussprechen. Ihr helft uns, die Botschaft weiter zu tragen und die Welt ein kleines Stückchen besser zu machen.

Siegfried Trebuch
Gaby Teroerde

CHANNELINGS • VORTRÄGE • MEDITATIONEN

RADIO DIMENSIONSSPRUNG

Was ist Bewusstsein? Was passiert 2012? Wie wirkt das Gesetz der Anziehung? Wie geht es mit der Weltwirtschaft weiter? Woher kommen die Kornkreise? Was wussten die Maya? Gibt es UFOs und Außerirdische? Was ist auf der Sonne los? Wer baute die Pyramiden? Ist es möglich Energie aus dem „Nichts" zu gewinnen? Wie könnte die Zukunft der Menschheit aussehen?

Diesen und weiteren Fragen geht Siegfried Trebuch auf **RADIO DIMENSIONSSPRUNG** nach. International renommierte Experten geben Interviews und Vorträge zu Themen, die die Welt bewegen. Hier eine Auswahl der Gäste: **JAY GOLDNER, ROBERT FLEISCHER, JOHANN KÖSSNER, DR. MASARU EMOTO, ARMIN RISI, TIBOR ZELIKOVICS, DIETER BROERS, PROF.DR. CLAUDIA VON WERLHOF, RÜDIGER DAHLKE, GORAN KIKIC, u.a.**

Themenschwerpunkte

Bewusstsein • Spiritualität • Medialität • Channeling • Astronomie • Kornkreise • Exopolitik
• UFOs • Außerirdische • 2012 • Mayakalender • Freie Energie • Zukunftsvisionen

Alle Sendungen hören Sie kostenlos auf

www.Dimensionssprung.at